中国建投
远见成就未来

中国建投研究丛书·报告系列
JIC Institute of Investment Research Books·Report

Smart Cars Herald the Coming Life:
The Bright Future of Chinese Intelligent Vehicle Industry

中国智能汽车科技
强国之路

建投华科投资股份有限公司◎主编

经济管理出版社
ECONOMY & MANAGEMENT PUBLISHING HOUSE

编　委　会

编委会主任（按拼音字母排序）：

戴琼海　李　骏

编委会秘书长：

李庆文

主　编：

单　学

编委会成员（按拼音字母排序）：

边明远　　陈　涛　　陈轶嵩　　邓小芝　　樊　琛

公维洁　　郭应时　　何举刚　　李　丹　　李丰军

李开国　　李克强　　李　强　　李　乔　　李晓晖

李星宇　　刘宗巍　　王亚飞　　殷承良　　余　凯

原　野　　赵福全　　朱启昕

编辑说明

中国建银投资有限责任公司（以下简称集团）是一家综合性投资集团，投资覆盖金融服务、先进制造、消费服务及地产等领域，横跨多层次资本市场及境内外区域。集团下设的投资研究院（以下简称建投研究院）重点围绕国内外宏观经济发展趋势、新兴产业投资领域，组织开展理论与应用研究，促进学术交流，培养专业人才，提供优秀的研究成果，为投资研究和经济社会发展贡献才智。

《中国建投研究丛书》（以下简称《丛书》）收录建投研究院组织内外部专家的重要研究成果，根据系列化、规范化和品牌化运营的原则，按照研究成果的方向、定位、内容和形式等将《丛书》分为报告系列、论文系列、专著系列和案例系列。报告系列为行业年度综合性出版物，汇集集团各层次的研究团队对相关行业和领域发展态势的分析和预测，对外发表年度观点。论文系列为建投研究院组织业界知名专家围绕市场备受关注的热点或主题展开深度探讨，强调前沿性、专业性和理论性。专著系列为内外部专家针对某些细分行业或领域进行体系化的深度研究，强调系统性、思想性和市场深度。案例系列为建投研究院对国内外投资领域的案例的分析、总结和提炼，强调创新性和实用性。希望通过《丛书》的编写和出版，为政府相关部门、企业、研究机构以及社会各界读者提供参考。

本研究丛书仅代表作者本人或研究团队的独立观点，不代表中国建投集团的商业立场。文中不妥及错漏之处，欢迎广大读者批评指正。

总　序

一千多年前，维京海盗抢掠的足迹遍及整个欧洲。南临红海，西到北美，东至巴格达，所到之处无不让人闻风丧胆，所经之地无不血流成河。这个在欧洲大陆肆虐整整三个世纪的悍匪民族却在公元 1100 年偃旗息鼓，过起了恬然安定的和平生活。个中缘由一直在为后人猜测、追寻，对历史的敬畏与求索从未间歇。2007 年，维京一个山洞出土大笔财富，其中有当时俄罗斯、伊拉克、伊朗、印度、埃及等国的多种货币，货币发行时间相差半年，"维京之谜"似因这考古圈的重大发现而略窥一斑——他们的财富经营方式改变了，由掠夺走向交换；他们学会了市场，学会了贸易，学会了资金的融通与衍生——而资金的融通与衍生改变了一个民族的文明。

投资，并非现代社会的属性；借贷早在公元前 1200 年到公元前 500 年的古代奴隶社会帝国的建立时期便已出现。从十字军东征到维京海盗从良，从宋代的交子到曾以高利贷为生的犹太人，从"郁金香泡沫"带给荷兰的痛殇到"南海泡沫"树立英国政府的诚信丰碑，历史撰写着金融发展的巨篇。随着现代科学的进步，资金的融通与衍生逐渐成为一国发展乃至世界发展的重要线索。这些事件背后的规律与启示、经验与教训值得孜孜探究与不辍研习，为个人、企业乃至国家的发展提供历久弥新的助力。

所幸更有一批乐于思考、心怀热忱的求知之士勤力于经济、金融、投资、管理等领域的研究。于经典理论，心怀敬畏，不惧求索；于实践探索，尊重规律，图求创新。此思索不停的精神、实践不息的勇气当为勉励，实践与思索的成果更应为有识之士批判借鉴、互勉共享。

调与金石谐，思逐风云上。《中国建投研究丛书》是中国建银投资有限责任公司组织内外部专家在瞻顾历史与瞻望未来的进程中，深入地体察和研究市场发展及经济、金融之本性、趋向和后果，结合自己的职业活动，精制而成。该《丛书》企望提供对现代经济管理与金融投资多角度的认知、借鉴与参考。如果能够引起读者的兴趣，进而收获思想的启迪，即是编者的荣幸。

是为序。

张睦伦

2012 年 8 月

目　录

导　论 ……………………………………………………… 1

一、智能汽车产业发展现状 ………………………………… 2

（一）全球群雄逐鹿：特斯拉引领示范，主机厂
联合布局 ……………………………………… 2

（二）智能化与网联化协同，智能汽车 =
单车智能 + V2X ……………………………… 8

二、智能汽车应具备的功能要素 …………………………… 16

（一）感知与定位系统 …………………………… 17

（二）智能驾驶系统 ……………………………… 21

（三）车联网 ……………………………………… 22

（四）车载信息娱乐系统 ………………………… 24

（五）安全防护系统 ……………………………… 26

三、智能汽车生态产业链 …………………………………… 29

（一）价值环节 …………………………………… 30

（二）关键技术 …………………………………… 31

（三）产业链 ……………………………………… 33

四、智能汽车发展层级 ………………………………………… 35

　（一）美国智能汽车发展分级 ………………………… 35

　（二）中国汽车驾驶自动化分级 ……………………… 37

五、政府层面对智能网联汽车的推动 …………………… 39

第一章　机遇

智能汽车：中国制造业转型升级的载体 ……………… 45

一、智能汽车是汽车产业未来发展的战略方向 ……… 47

　（一）汽车产业全面深刻变革的驱动力 …………… 47

　（二）汽车产业价值链变化的特征与趋势 ………… 47

　（三）汽车产业格局变化的特征与趋势 …………… 48

　（四）汽车产品属性变化的特征与趋势 …………… 49

二、智能汽车是智能制造全面升级的重要抓手 ……… 51

　（一）智能汽车技术的内涵和范畴 ………………… 51

　（二）智能汽车中智能化与网联化的关系 ………… 52

　（三）智能制造体系的内涵和战略要点 …………… 53

　（四）智能制造时代的未来图景与升级路径 ……… 54

三、智能汽车是智能社会生态系统的关键支撑 ……… 55

　（一）智能汽车是"4S"体系中的重要节点 ……… 55

　（二）发展智能汽车的"1+1+1"商业模式 ……… 57

　（三）汽车企业面向出行服务商的转型策略 ……… 57

四、智能汽车是制造业转型升级的核心载体 ………… 59

　（一）汽车产业融合发展的方向辨识 ……………… 60

　（二）汽车制造体系升级的战略方向和发展机遇 …… 61

　（三）汽车服务体系升级的战略方向和发展机遇 …… 62

第二章　重构

《智能汽车创新发展战略》——中国建设智能汽车强国的行动纲领 …… 65

第三章　颠覆

特斯拉引领第三次智能化浪潮 ………………………………… 73

一、特斯拉引领智能汽车变革 ………………………………… 74

　　（一）自研 FSD 车载 AI 计算芯片 …………………………… 76

　　（二）可以全栈掌控的车载操作系统 ………………………… 78

　　（三）海量驾驶数据闭环 ……………………………………… 80

　　（四）中央集中式电子电气架构 ……………………………… 83

　　（五）总结：特斯拉率先实现了软件定义汽车 ……………… 85

二、中国车企的应对之道 ……………………………………… 86

　　（一）充分把握中国消费者的独特需求 ……………………… 86

　　（二）开放的技术路线 ………………………………………… 87

　　（三）有远见和执行力的领导者 ……………………………… 88

　　（四）拼图式合作 ……………………………………………… 89

　　（五）培养强大的本土核心零部件产业 ……………………… 91

　　（六）结语 ……………………………………………………… 91

三、车载 AI 芯片发展趋势与地平线的实践 ………………… 92

　　（一）车载 AI 芯片发展趋势 ………………………………… 92

　　（二）地平线车载 AI 芯片产业化实践 ……………………… 99

第四章　协同

各领域合作协同发展　建设完善智能网联汽车行业生态 …… 113

一、技术协同 …………………………………………………… 115

（一）关键技术 ·· 116

（二）融合创新 ·· 119

二、产业协同 ·· 123

（一）产业发展逻辑转变 ······································ 123

（二）拉动智能网联大生态链 ································ 125

（三）价值链重构 ·· 129

三、部门协同 ·· 130

（一）现状 ·· 130

（二）问题与挑战 ·· 132

（三）破局思路 ·· 135

第五章　发展基石

智能汽车基础设施体系分析 ······································· 137

一、坚持中国特色的车路协同技术路线，实现智能车辆与智能

道路的同步发展 ··· 138

（一）中国特色的车路协同技术分析 ······················ 138

（二）智能车辆与智能道路发展现状 ······················ 142

（三）智能汽车与智能道路协调发展思考 ·················· 147

二、引领 5G 革命、云计算革命，以做大做强智能汽车产业为抓手，

落实实施新基建纲领 ··· 149

（一）新基建的内容与意义 ·································· 150

（二）5G、云计算国内产业现状分析 ······················ 152

（三）"新基建"背景下智能汽车产业面临的机遇与挑战 ······ 155

（四）新基建背景下智能汽车产业发展建议 ··············· 157

第六章　安全

实现智能汽车信息安全监控，打造国家数据安全防控体系 …………… 159

一、汽车信息安全监控平台 ………………………………………… 160

二、数据安全防控体系 …………………………………………… 165

　　（一）车载电子控制单元二进制数据（ECU） ……………… 166

　　（二）车辆总线通信数据 …………………………………… 167

　　（三）对外通信的无线数据 ………………………………… 167

　　（四）操作系统安全 ………………………………………… 167

　　（五）三方服务应用防护 …………………………………… 168

第七章　榜样

国外主要国家和地区智能网联汽车发展应用简析 …………………… 171

一、美国 …………………………………………………………… 172

　　（一）发展历程 ……………………………………………… 172

　　（二）管理体系 ……………………………………………… 175

　　（三）标准体系 ……………………………………………… 175

　　（四）发展规划 ……………………………………………… 177

　　（五）研究计划及项目 ……………………………………… 187

　　（六）产品技术分析 ………………………………………… 193

二、欧洲 …………………………………………………………… 196

　　（一）发展历程 ……………………………………………… 196

　　（二）管理体系 ……………………………………………… 199

　　（三）标准体系 ……………………………………………… 200

　　（四）发展规划 ……………………………………………… 202

　　（五）研究计划及项目 ……………………………………… 206

（六）产品技术分析 ·············· 212

三、日本 ·············· 216

  （一）发展历程 ·············· 216

  （二）管理体系 ·············· 219

  （三）标准体系 ·············· 220

  （四）发展规划 ·············· 222

  （五）研究计划与项目 ·············· 233

  （六）产品技术分析 ·············· 241

四、对比分析 ·············· 243

五、借鉴与思考 ·············· 248

  （一）持续更新顶层规划 ·············· 248

  （二）加快完善法律法规 ·············· 248

  （三）推进关键技术研发 ·············· 248

  （四）形成社会普遍共识 ·············· 249

  （五）调整相关配套机制 ·············· 249

第八章　企业案例 ·············· 251

十年铸剑探索前行，一朝出鞘再创辉煌

  ——一汽智能汽车发展历程 ·············· 252

以"北斗天枢"为指引，向智能出行科技公司转型

  ——长安汽车智能化发展之路 ·············· 267

电动＋自动驾驶将开创汽车的未来

  ——蔚来的智能电动车 ·············· 277

小鹏汽车智能化之路 ·············· 297

以"四化一高"为指引，向智慧交通运输解决方案提供者转型

  ——一汽解放智能化发展领航之路 ·············· 309

导 论

建投华科投资股份有限公司总经理 单学

一、智能汽车产业发展现状

（一）全球群雄逐鹿：特斯拉引领示范，主机厂联合布局

1. 特斯拉：独辟蹊径，快速迭代

特斯拉是自动驾驶商业化引领者，独辟蹊径推动智能化发展。特斯拉于 2014 年 10 月推出 Autopilot 1.0，首次实现自动驾驶系统商业化，目前正在向 L3 级别迈进，2020 年推出了无人驾驶出租车。

（1）采用集中式电子电气架构，减少线束长度，提高大数据处理能力。

不同于传统分布式电子电气架构，特斯拉采用集中式电子电气架构，减少线束长度，并能够提高大数据处理能力。特斯拉电子电气架构包含 CCM、BCMLH、BCMRH 三大模块。中央计算模块（CCM）整合了信息娱乐系统（IV）、辅助驾驶系统（ADAS），以及外部连接和车内通信系统域功能；左车身控制模块（BCMLH）和右车身控制模块（BCMRH）分别负责车身与便利系统、底盘与安全系统和部分动力系统的功能；自动驾驶等级越高，越需要超高传输速度将海量数据直接通过 FSD 芯片进行处理，然后及时反馈到执行层。

特斯拉通过升级电子架构可以有效减少线束的长度，Model 3 约为 1.5 千米，Model Y 仅为 100 米。特斯拉直接跨越域集中电子电气架构，采用域 ECU 车载电脑的方式，其自研的 FSD 芯片每秒能完成 144 万亿次计算，能同时处理每秒 2300 帧的图像，并且能够应对 L5 级别自动驾驶所需的感知层数据量和计算能力。

（2）应用 OTA 升级系统，自动驾驶功能通过无线网络进行 OTA 持续更新。

汽车 OTA 主要分为固件在线升级（Firmware - over - the - air，FOTA）

和软件在线升级（Software – over – the – air，SOTA）两类，前者是一个完整的系统性更新，后者是迭代更新的升级。传统车企受陷于车辆网络安全、来自经销商的压力等，普遍依赖线下升级，更新车内固件需要到4S店或者定点维修机构，耗时效率低下；而特斯拉通过OTA升级不仅可以更新软件，如实现Autopilot功能、地图、娱乐系统、车辆控制等功能升级，还可以刷新固件而获得整车性能优化。特斯拉是全球率先应用OTA升级系统的车企，其自动驾驶功能通过无线网络进行OTA持续更新，可实现对软件系统甚至自动驾驶算法的更新从而进行性能优化（见表1）。

表1 特斯拉OTA升级软件版本功能介绍

时间	软件版本	新增功能
2015年11月	7.0	自动变更车道、自动泊车
2016年1月	7.1	垂直自动泊车、遥控召唤
2016年9月	8.0	雷达探测范围扩大、实时路况3D效果显示、弯道角度显示、周边车辆行驶方向显示、车厢过热保护
2017年4月	8.1	辅助转向最高时速提升至130千米、Model X头枕/座椅/鸥翼门高度调整优化
2018年10月	9.0	辅助转向与自动变车整合、行车记录仪、手机APP互联、盲区警告、Atari游戏集成
2019年9月	10.0	岗哨模式、Joe降音模式、可视化驾驶功能优化、增加媒体游戏资源

资料来源：华西证券研究所。

例如，特斯拉推出续航升级选项可为Model 3提升5%的续航；加速升级服务可将Model 3的0~100千米/时从4.4秒降到3.9秒；推出座椅加热服务可以解锁座椅加热功能等。

OTA将成为未来实现完全自动驾驶功能数据更新最切实可行的方式，全球主要整车厂OTA布局进展如表2所示。

表 2 全球主要整车厂 OTA 布局进展

时间	车企	进展
2016 年 11 月	丰田	采用 OTA 技术更新 ECU
2017 年 1 月	大众	通过订阅或试用等方式可以获得软件方面的升级，例如导航等
2017 年 5 月	福特	通过 OTA 为搭载 Sync 3 的 2016 款车新增 Android Auto 及 Apple CarPlay 系统
2017 年 7 月	沃尔沃	部分车主可使用 OTA 升级车载地图
2017 年 7 月	通用	计划 2020 年以前推出能进行 OTA 的信息娱乐系统

资料来源：华西证券研究所。

（3）ADAS 数据积累远超对手。

根据 Lex Friedman 测算，截至 2019 年末，特斯拉累计交付搭载 Autopilot 硬件的车辆 85 万辆，Autopilot 激活状态下特斯拉已积累行驶数据 30 亿英里①；数据被应用于 Autopilot 功能优化，OTA 推送，形成良性循环；Autopilot 3.0 将搭载自主研发的 FSD 芯片，保障运算需求。2015 ~ 2021 年，特斯拉 Autopilot 累计行驶里程增长趋势（估算，英里）如图 1 所示。

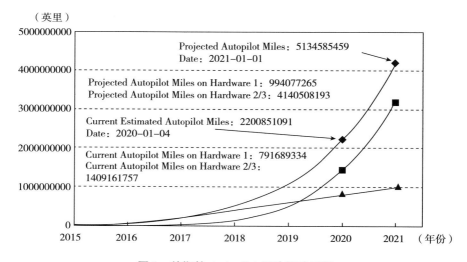

图 1 特斯拉 Autopilot 累计行驶里程

资料来源：华西证券研究所。

---

① 1 英里 = 1.609344 千米。

2. 科技公司：商用先行，一步到位

目前，国内外科技公司已经开展不同程度的自动驾驶商业化示范，以求快速抢占市场份额。一方面，掌握有核心技术的科技企业选择在特定领域展开自动驾驶网约车的试运营服务；另一方面，一些国家或城市提出支持政策，准许企业开展自动驾驶商业化应用的部署，提升商业化应用的日程。

Alphabet 公司（Google 母公司）旗下子公司 Waymo 于 2017 年 11 月开始在驾驶座上不配置安全驾驶员的情况下测试自动驾驶汽车，并推出无人出租车服务，冲击商业化运营。Waymo 商业化进展如表 3 所示。

表 3　Waymo 商业化进展

时间	进展
2018 年 3 月	打造自动驾驶版捷豹 I – PACE，2000 台加入 Waymo 车队
2018 年 12 月	在美国凤凰城推出无人出租车服务 Waymo one
2019 年 4 月	Waymo one APP 上传至谷歌商店
2019 年 6 月	与 Lyft、雷诺日产联盟达成战略合作协议
2019 年 7 月	模拟路测里程达 100 亿英里
2019 年 10 月	在尼克斯上线无安全员的无人出租车

资料来源：华西证券研究所。

国内科技公司方面，百度 Apollo 开发平台已加盟 148 家汽车相关企业，Apollo 自动驾驶平台开放进程如表 4 所示。

表 4　Apollo 自动驾驶平台开放进程

时间	版本	进展
2017 年 4 月	Hello Apollo	发布 "Apollo" 计划，宣布开放自动驾驶平台
2017 年 7 月	Apollo 1.0	封闭场地循迹自动驾驶

续表

时间	版本	进展
2017 年 9 月	Apollo 1.5	固定车道自动驾驶
2018 年 1 月	Apollo 2.0	简单城市路况自动驾驶
2018 年 4 月	Apollo 2.5	限定区域视觉高速公路自动驾驶
2018 年 7 月	Apollo 3.0	量产园区自动驾驶
2019 年 1 月	Apollo 3.5	城市道路自动驾驶
2019 年 7 月	Apollo 5.0	量产限定区域自动驾驶
2021 年预计		高速公路及城市道路全自动驾驶

资料来源：华西证券研究所。

3. 传统车企：联合布局渐进式发展

传统车企联盟化成为趋势，包括大众－福特、戴姆勒－宝马、通用－本田等国外车企通过共享技术推动自动驾驶商用化。目前 L2 级自动驾驶系统搭载率显著提升，L3 级别正在开始渗透。随着主机厂不断加大投入，持续发力，有望加速推动 L3 级及以上自动驾驶系统的渗透。

2017 年，福特汽车用 10 亿美元收购 Argo，大众汽车 2019 年斥资 26 亿美元投资 Argo，大众－福特联盟成型；2016 年，通用汽车用 10 亿美元收购 Cruise，本田汽车 2018 年斥资 7.5 亿美元投资 Cruise，通用－本田联盟成型。具体的国外车企联盟关系和合作研发成果如图 2 所示。

国内方面，传统车企稳健前行，造车新势力重点发力。长城汽车通过与阿里巴巴、腾讯、百度、华为、AutoBrain、Hexagon Metrology 的深度合作，开发出了 i－Pilot 智能驾驶系统；吉利汽车则是与腾讯、百度、华为、联通形成合作伙伴关系，开发了 G－Pilot 自动驾驶策略。长城汽车 i－Pilot 系统和吉利汽车 G－Pilot 策略发展现状及未来发展规划分别如图 3、图 4 所示。

2019年26亿美元投资Argo　　　2017年10亿美元收购Argo

2017年量产奥迪A8（L3级）　　2021年量产L4级自动驾驶汽车
2019年计划量产奥迪Elaine（L4级）（目前尚未实现）
2021年推出Sedric（L5级）

2016年10亿美元收购Cruise　　2018年7.5亿美元投资Cruise

2017年凯迪拉克CT6搭载Super　　2025年推出L4级自动驾驶汽车
Cruise3.0
2019年计划量产Cruise AV（L5级）（目前尚未实现）

2021年将量产车型iNext（L3级）　　2021年测试L4/L5级自动驾驶汽车
2021年发布L5级自动驾驶汽　　2022年实现L4级出租车实际运营
车，并且于2030年量产

2018年推出多功能自动驾驶出　　2020年推出10款无人驾驶
行平台e-Palette　　　　　　　汽车
2020年推出适合高速场景的L3
级自动驾驶汽车

图2　国外车企联盟关系和合作研发成果

资料来源：华西证券研究所。

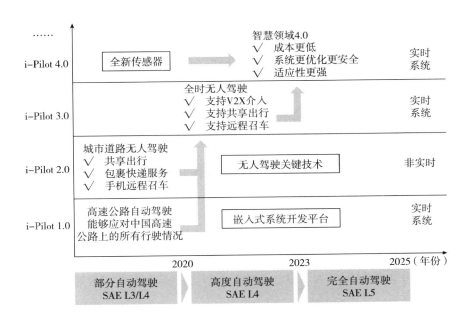

图3　长城汽车i-Pilot智能驾驶系统

资料来源：华西证券研究所。

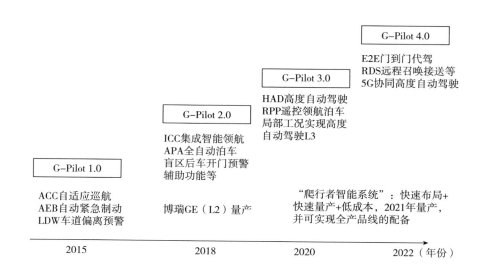

图4 吉利汽车G-Pilot自动驾驶策略

资料来源：华西证券研究所。

国内造车新势力则重点发力智能网联，推崇"电动车平台＋品牌力提升"战略。蔚来汽车推出了 Nio Pilot 高级辅助驾驶系统，通过三目前向摄像头、4 个环视摄像头、5 个毫米波雷达、12 个超声波传感器、1 个驾驶状态检测摄像头实现高级辅助驾驶功能。小鹏汽车与德赛西威联合开发 L3 级 X Pilot 高级辅助自动驾驶系统，上线了 ICA 智能巡航辅助功能，以巩固自身在自动驾驶汽车领域的竞争优势。

（二）智能化与网联化协同，智能汽车＝单车智能＋V2X

2020 年 2 月 24 日，发改委、工信部等 11 部委联合发布《智能汽车创新发展战略》强调智能化与网联化协同，重点关注网联式车联网；提出车用无线通信网络（LTE - V2X 等）实现区域覆盖，新一代车用无线通信网络（5G - V2X）在部分城市、高速公路逐步开展应用，高精度时空基准服务网络实现全覆盖；明确国内市场化主导，开放国际合作，实现技术可控，培育智能汽车创新发展平台等新型市场主体。智能汽车将通过单车智能加车联网（V2X）的模式实现自动驾驶功能。智能汽车发展模式如图 5 所示。

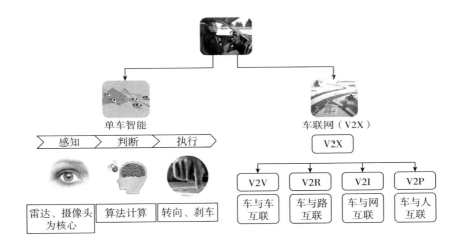

图 5　智能汽车发展模式

资料来源：华西证券研究所。

1. 单车智能化先行：政策 + 电动化驱动，ADAS 渗透率提升

现阶段，高级驾驶辅助系统（ADAS）正处于由 L2 向 L3 迈进阶段，全球主要国家和地区陆续将 ADAS 系统纳入各国汽车安全评分体系，具体如表 5 所示。

新能源汽车已成为智能网联的最佳载体，一是因为电动机几乎可实现瞬时响应，二是电动车能够搭载大功率电子设备，从而支持 ADAS 系统的搭载与使用。2018 年，整体 ADAS 渗透率由高到低为插电混动汽车、纯电动汽车、燃油汽车，ADAS 渗透率提升空间由高到低则是纯电动汽车、插电混动

表 5　主要国家和地区的汽车安全政策

国家和地区	时间	具体政策
美国	2015 年 11 月	美国高速公路安全管理局（NHTSA）：从 2018 年起重新调整五星级评价制度，配备自动制动系统（AEB）是新车获得五星评价的必要条件
	2016 年 3 月	NHTSA 与通用、丰田等 20 家车企（占美国市场份额 99% 以上）达成协议：2022 年前，在美销售所有新车安装 AEB 系统
	2017 年 9 月	NHTSA 联合美国交通部发布了《美国自动驾驶指导方针》更新版，各州及地方政府、汽车制造商可根据其指导原则进行自动驾驶汽车的生产、测试活动
	2018 年 2 月	美国加州行政立法办公室投票批准了加州交管局的新规定，允许彻底无人的自动驾驶上路
欧盟	2014 年 1 月	欧洲新车碰撞测试中心（E-NCAP）将 AEB 系统和车辆前部防撞纳入评分体系
	2015 年 11 月	E-NCAP 宣布，将把行人探测及防撞纳入 2016 年的检测中；新生产的重型商用车要强制安装车道偏离警告系统及 AEB 系统
	2019 年 2 月	联合国欧洲经济委员会宣布，日本和欧盟等 40 个国家和地区于强制导入 AEB 系统的草案达成协定。未来将要求乘用车和轻型商用车必须安装 AEB 系统，最快将于 2020 年开始使用
日本	2014 年 11 月	日本要求商用车必须配备 AEB 系统，将 AEB 系统纳入安全评分系统
	2015 年 5 月	国土交通省将开始对装有自动刹车等系统的乘用车进行安全性能评级
	2017 年 6 月	正式出台了由远程监控来控制系统的无人驾驶汽车公路测试许可标准
	2019 年 11 月	日本已拟定方针，要将 2021 年改款新车标配 AEB 系统入法。除了一般车款外，还纳入轻自动车
中国	2014 年 10 月	在世界 NCAP 大会上，中国汽车技术研究中心主任赵航表示，2018 年 C-NCAP 标准或将 AEB 系统加入测试内容
	2016 年 2 月	《机动车运行安全技术条件（修订稿）》明确指出 11 米以上客车需安装 LDW 车道偏离预警系统（LDW）和前方碰撞预警系统（FCW）
	2016 年 8 月	"2016 自动驾驶汽车开发及测试技术研讨会"上，工信部安全生产司副司长金鑫表示，AEB 系统国家标准已经完成立项和标准起草工作，预计 2017 年发布，2018 年加入 CNCAP 标准

续表

国家和地区	时间	具体政策
中国	2017 年 2 月	工信部出台《乘用车轮胎气压监测系统的性能要求和试验方法》，要求2019 年起，中国市场所有新认证乘用车必须安装轮胎压力监测系统（TPMS）。我国将于 2019 年 1 月 1 日起，在 M1 类车上强制安装 TPMS系统；2020 年 1 月 1 日起，所有车将强制安装
	2017 年 3 月	交通部出台《营运客车安全技术条件》，于 2017 年 4 月 1 日起正式实施，要求 9 米以上营运客车必须具备 LDW 系统和 FCW 系统，并给出 13个月过渡期
	2017 年 4 月	出台《C - NCAP 管理规则（2018 年版）》，加入 AEB 试验，主要分为自动紧急制动系统（AEBCCR）试验和行人自动紧急制动系统（AEBV-RU_Ped）。在安全评分体系中加入 FCW、AEB、LDW、PDS 等
	2017 年 6 月	《智能网联汽车信息安全白皮书》中首次建立了智能网联汽车信息安全方法论，从本质层面解智能网联汽车信息安全之所急
	2018 年 1 月	发改委发布《智能汽车创新发展战略（征求意见稿）》，提出到 2020年，智能汽车新车占比达到 50%，中高级别智能汽车实现市场化应用；到 2025 年，新车基本实现智能化，高级别智能汽车实现规模化应用；到 2035 年，中国率先建成智能汽车强国
	2019 年 2 月	中国安全产业协会制定《商用车自动紧急制动系统 AEBS 后装技术规范和性能测试要求》，开始建立标准体系
	2019 年 7 月	工信部完成《道路车辆先进驾驶辅助系统（ADAS）术语及定义》《道路车辆盲区监测（BSD）系统性能要求及试验方法》《乘用车车道保持辅助（LKA）系统性能要求及试验方法》三项汽车行业推荐性国家标准的制定和修订工作
	2020 年 2 月	发改委、工信部等 11 部委联合发布《智能汽车创新发展战略》，提出到2025 年，实现有条件自动驾驶的智能汽车达到规模化生产，实现高度自动驾驶的智能汽车在特定环境下市场化应用；展望 2035～2050 年，中国标准智能汽车体系全面建成、更加完善

资料来源：华西证券研究所。

汽车、燃油汽车。2016～2018年，燃油汽车、插电混动汽车和纯电动汽车这三类汽车ADAS自动驾驶覆盖率具体情况如图6、图7、图8所示。

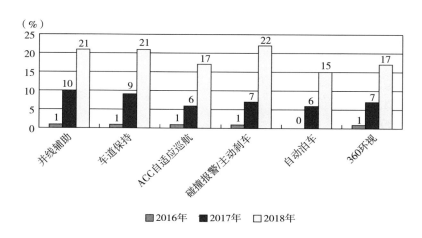

图6 中国燃油汽车ADAS覆盖率

资料来源：华西证券研究所。

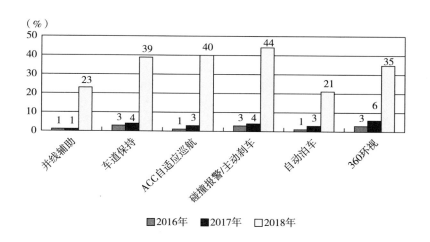

图7 中国插电混动ADAS覆盖率

资料来源：华西证券研究所。

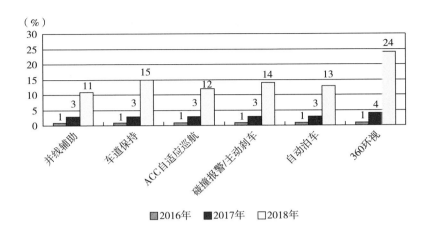

图 8　中国纯电动 ADAS 覆盖率

资料来源：华西证券研究所。

政策强制标配叠加汽车电动化加速，使 ADAS 渗透率有望大幅提升，既实现从插电混动到纯电动的渗透，又实现从高端车向中低端车的普及。预计 ADAS 市场规模 2020 年将达 700 亿元，2025 年可突破 1500 亿元。其中，新能源汽车 ADAS 市场规模增速更加可观，预计 2020 年为 350 亿元，2025 年突破 1000 亿元。

2. 车联网发展提速："政策 +5G + 科技巨头"入局，车联网加速发展

车联网作为单车智能化的重要补充，应用场景极其丰富，在智能驾驶、智能交通、智能检测、智能服务等领域应用空间巨大。车联网可以实现车与车（V2V）、车与路（V2R）、车与互联网（V2I）、车与人（V2P）之间的通信，意味着车辆拥有更丰富的信息来源。车联网协同控制可实现提前预警、可在危急情况下主动控制执行端进行紧急制动等，因此更加安全。根据美国

高速公路安全管理局统计数据，车联网的存在使中轻型车和重型车能避免80%和71%的交通事故，交通堵塞减少60%，短途运输效率提高70%，现有道路通行能力提高2～3倍，停车次数减少30%，行车时间降低13%～45%，油耗降低15%。

车联网通过多模块实现全局通信，为智能驾驶提供决策和计算冗余，保证及时安全，具体的车联网通信设备系统如图9所示。

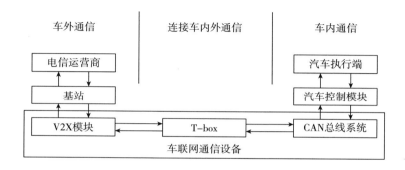

图9 车联网通信设备系统

资料来源：华西证券研究所。

目前，我国已出台诸多车联网相关政策，致力加大针对车联网的扶持力度，相关政策如表6所示。

表6 我国车联网相关政策

时间	具体政策
2016年2月	国家重大专项LTE－V车联网专业通信标准化项目启动，将完成研发通信协议软件、算法、车联网室内外验证等重要任务
2016年3月	"十三五"期间要积极发展智能网联汽车，具有驾驶辅助功能的智能网联汽车当年新车渗透率达50%

续表

时间	具体政策
2016 年 7 月	"智能网联汽车发展技术路线图"研究已基本完成，计划于 8 月对外发布
2016 年 8 月	《推进"互联网＋"便捷交通　促进智能交通发展的实施方案》研究制定 V2X 通信标准和设备接口规范开展专用无线频段分配工作，研发并利用具有自主知只产权的 LTE 开展智能汽车示范应用
2017 年 6 月	《国家车联网产业标准体系建设指南（智能网联汽车）（2017 年）》（征求意见稿）将智能网联汽车标准体系架构定义为基础、通用规范、产品与技术应用和相关标准四个部分；根据内容范围、技术等级上的共性和区别，将这四部分细分成 14 个子类
2017 年 9 月	《合作式智能交通系统车用通信系统应用层及应用数据交互标准》通过对道路安全、通行效率和信息服务等基础应用的分析，定义在实现各种应用时，车辆与其他车辆、道路交通设施及其他交通参与者之间的信息交互内容、交互协议与接口等，来实现车用通信系统在应用层的互联互通
2018 年 1 月	发改委发布《智能汽车创新发展战略》（征求意见稿）提出到 2020 年，智能汽车新车占比达到 50%，中高级别智能汽车实现市场化应用；到 2025 年，新车基本实现智能化，高级别智能汽车实现规模化应用；到 2035 年，中国将率先建成智能汽车强国
2018 年 3 月	中国工信部装备工业司发布了《2018 年智能网联汽车标准化工作要点》提出加快推进先进驾驶辅助系统（ADAS）标准的制定，如盲区监测（BSD）、汽车事件数据记录（EDR）、乘用车和商用车自动紧急制动（AEB）、乘用车车道保持辅助（LKA）等六项已立项国家标准的研究制定
2018 年 8 月	《智能网联汽车自动驾驶功能测试规程（试行）》提出自动驾驶功能的各检测项目对应测试场景、测试规程及通过条件
2018 年 12 月	出台《车联网（智能网联汽车）产业发展行动计划》，到 2020 年，将实现车联网产业跨行业融合取得突破，具备高级别自动驾驶功能的智能网联汽车实现特定场景规模应用，车联网用户渗透率达到 30% 以上，智能道路基础设施水平明显提升。2020 年后，技术创新、标准体系、基础设施、应用服务和安全保障体系将全面建成，高级别自动驾驶功能的智能网联汽车和 5G – V2X 逐步实现规模化商业应用，"人 – 车 – 路 – 云"实现高度协同
2019 年 5 月	《2019 年智能网联汽车标准化要点》落实标准体系建设指南，系统布局技术领域，加快重点标准制修订，履行国际协调职责，加强标准交流与合作，从而智能网联汽车标准化工作
2019 年 9 月	国务院发布《交通强国建设纲要》，加强智能网联汽车（智能汽车、自动驾驶、车路协同）研发

资料来源：华西证券研究所。

车联网通信速率方面，随着 5G 的快速发展将彻底解决数据传输问题，从而缓解 V2X 的通信延迟。5G 具备的高可靠性、超低时延和广连接等特征，可充分满足车联网数据采集和处理的及时性要求。根据赛迪顾问预计，2016年中国车联网市场规模为 366.4 亿元，到 2018 年上升至 486 亿元，近三年增速稳定在 14% 左右。在扶持政策和 5G 的推广应用驱动下，预计 2021 年有望突破 1000 亿元。分市场结构看，2018 年软件及服务占比约 14%，随着车联网的不断发展成熟，硬件占比预计会下降，软件及服务占比有望显著提升。

此外，华为作为 5G 行业的领军者，入局车联网做智能网联汽车增量部件的供应商，也为车联网的加速发展积极助力。与华为存在合作关系的汽车厂商、软件厂商如图 10 所示。

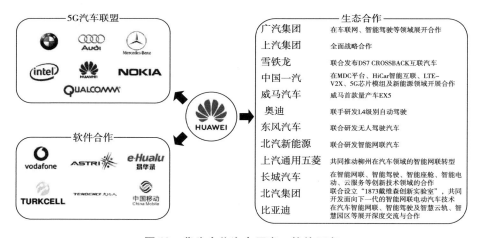

图 10　华为合作汽车厂商、软件厂商

资料来源：华西证券研究所。

二、智能汽车应具备的功能要素

智能车辆是一个集环境感知、规划决策、多等级辅助驾驶等功能于一体的综合系统，它集中运用了计算机、现代传感、信息融合、通信、人工智能及自动控制等技术，是典型的高新技术综合体。从功能角度上看，智能汽车应具有的核心功能要素包括：感知与定位系统、智能驾驶系统、车联网、车载信息娱乐系统、安全防护系统（见图11）。

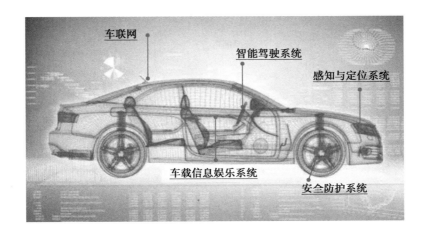

图11 智能汽车核心功能要素

资料来源：根据网络资料收集。

（一） 感知与定位系统

感知系统以多种传感器捕获的数据以及高清地图的信息作为输入，经过一系列的计算和处理，来预估车辆的状态和实现对车辆周围环境的精确感知，可以为下游决策系统模块提供丰富的信息。智能汽车需要持续观察周围的环境，精确计算在各种范围内的位置。与轮式机器人所需要的传感器相似，自动驾驶汽车所配备的传感器可分为三大类：环境感知传感器（Surrounding - sensing）、定位传感器（Localization）、自感应传感器（Self - sensing）。智能汽车传感器如图12所示。

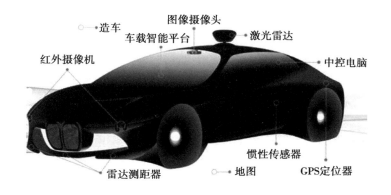

图 12　智能汽车传感器

资料来源：根据网络资料收集。

　　环境感知传感器利用外部感应传感器（Exteroceptive Sensors）感知交通标示、道路状态、天气状况、包括其他车辆在内的障碍物状态（位置、速度、加速度等）以及它们未来的状态。环境感知传感器决定了智能汽车与外界环境交互的能力，是自动驾驶汽车的硬件架构基础。环境感知传感器分为自主式和协同式两大类。自主式传感器通常是以电磁波的形式发射能量并测量返回时间以确定距离等参数，现有的自主式环境感知传感器有超声波雷达、毫米波雷达和激光雷达等。而接受来自车联网或者车路协同网络输出感知消息的则属于协同式环境感应，例如基于光和红外的相机。各种传感器在性能、价格、稳定性等方面各有优劣，其中雷达、毫米波雷达、摄像头市场潜力最大。激光雷达（LiDAR）能释放多束激光，接收物体反射信号，计算目标与自身的距离。应用较多的是利用反射信号的折返时间计算距离（Time of Flight），也有连续波调频（CWFM）方法。与雷达和摄像头相比，激光雷达可以通过多束激光高频发射获取的反射数据形成周边物体的高清 3D 的"点云"图像。虽然激光雷达成本较高，但其良好的成像性能，依然使其成为了最重要的传感器。预计随着固态激光雷达技术成熟和产量提升，成本将降低到可承担的范围内。毫米波雷达是激光雷达的补充，毫米波雷达成像能力较低，但是穿透能力较强，所以除了在倒车提醒等短距场景外，还可以在不良天气、夜晚等激光雷达性能不佳的环境下发挥作用，是激光雷达的有力补充。摄像头也是激光雷达的补充，由于摄像头录入的是图像信息，数据量较大，较依赖图像识别，相比激光雷达的"点云"，对计算机的要求高很多，这也将提高整体成本，因此摄像头获取的图像信息将主要负责交通标志识别等少数领域。智能汽车常用传感器对比如表7所示。

表7　智能汽车常用传感器对比

性能	超声波雷达	摄像头	红外线	激光雷达	毫米波雷达
成本	很低	适中	适中	很高	适中
探测角度	120°	30°	30°	15°~360°	10°~70°
远距离探测	弱	弱	一般	强	弱
夜间环境	强	弱	强	强	强
全天候	弱	弱	弱	弱	强
不良天气环境	一般	弱	弱	弱	强
温度稳定性	弱	强	一般	强	强
车速测量能力	一般	弱	一般	弱	强
路标识别	×	√	×	×	×

资料来源：国金证券。

　　定位是一台自动驾驶车辆的基础功能，需要告诉车辆相对于全球和本地的精确位置。目前广泛使用的定位方法是利用GPS等外部感应传感器，精度可以从几十米到几毫米不等，具体取决于信号强度和所用设备的质量，精度越高，价格也就相对越昂贵。在市区等复杂路况场景下，所需的定位精度不超过10厘米，如果定位误差过大，那么自动驾驶汽车在城市道路行驶时会由于位置信息不准发生剐蹭等车辆安全问题，重则引发交通事故。

常用的定位技术主要有卫星定位、惯性导航（Inertial Navigation System，INS）、航迹推算（Dead – Reckoning，DR）、地图匹配（Map Matching，MM）和传感器感知等技术（见表8），为了获得高精度通常使用定位传感器组合，如 GPS/INS 组合导航技术，GPS 输出的位置和速度信息可以提高 INS 导航解算精度，而 INS 可以在 GPS 卫星信号覆盖不好的区域或位置，短时间内提高组合导航系统的精度，以及 GPS/INS/GIS 组合导航技术，该组合导航是在 GPS/INS 系统获取车辆定位信息后，进一步通过 GIS 系统中地图匹配算法将定位数据与电子地图进行匹配，对车辆位置进行实时加权修正。该组合导航技术能有效克服 GPS 信号长时间受阻、定位间断或失效时，惯性导航定位误差积累偏大的问题，提高了导航定位的精度、扩展了使用范围。

表8　三种主流定位导航方式对比

方法	优点	缺点
GPS 导航 北斗导航	全天候、全球性、无积累误差，三维定位精度高	数据更新频率低，载体高速运动、受遮挡时，易丢失卫星定位信号，导致误差大，甚至无法定位
航迹推算	稳定可靠，定位精度高，不受温度、天气及周边环境影响	道路铺设成本高，不易在城市广泛推广，长距离电磁导航需要消耗大量电能
惯性导航	独立导航性，数据更新频率高，短期精度高，全天候工作，良好的隐蔽性和抗干扰性	误差随时间积累，长时间使用导航精度下降

资料来源：《自动驾驶汽车感知系统关键技术综述》。

自感应传感器较为大众熟悉，通常包括里程表、惯性测量单、陀螺仪和来自控制器局域网（CAN）总线的信息等，使用本体感应传感器（Proprioceptive Sensor）可以测量车辆当前的状态，包括速度、加速度、角速度和转向角。

当前因为自动驾驶方案尚处于探索期，因此各家厂商的感知系统也没有统一标准。比如自动驾驶两大巨头特斯拉 Autopilot 和 Google 的感知方案具有明显差异：特斯拉感知方案由环绕车身的 8 个摄像头、1 个毫米波雷达和 12 个超声波传感器组成。而谷歌 Waymo 的感知方案以激光雷达为主，采用了三种不同的激光雷达，摄像头只是辅助。虽然各家感知方案各有特色，且是传感器融合是行业共同认可的趋势，感知传感器融合可以改进来自传感器的两个或多个数据源的测量结果，发挥各个分立传感器的优势，提供冗余、完备、准确、时效的环境目标信息，从而提高系统决策的正确性和安全性。

（二）智能驾驶系统

智能驾驶与自动驾驶经常相伴出现，但是两者是不同的概念，智能驾驶更为宽泛，它指的是机器帮助人进行驾驶，以及在特殊情况下完全取代人驾驶的技术，自动驾驶可以理解为是高等级的智能驾驶。推动当前智能汽车浪潮的主要技术推动力便是后者——自动驾驶。人们对自动驾驶的渴望诞生许久。20 世纪 70 年代末，筑波大学机械工程实验室的工程师们在日本的道路上测试了世界上第一辆自动驾驶乘用汽车。20 世纪 80 年代，这一行动转移到了欧洲，西德武装部队大学教授恩斯特·迪克曼斯（Ernst Dickmanns）用自己设计的自动驾驶设备改装了一辆梅赛德斯－奔驰货车。20 世纪 90 年代，美国开始参与这个领域，卡耐基梅隆大学带头开始研究自动驾驶。进入 21 世纪，五角大楼对这一新兴技术越来越感兴趣，美国国防高级研究计划局（美国军方最独立的研究资助机构，DARPA）在 2004 年、2005 年和 2007 年组织了一系列公开竞赛——DARPA 城市挑战赛，百万美元的丰厚的奖金和无价的声望，吸引了来自学术界和产业界的数十支团队，虽然声势胜于以往，但对自动驾驶依然是个小众话题。直到 2016 年，Google Aloha Go 的横空出世，将人工智能带入大众视野，显著的技术提升为自动驾驶带来了新突破。2004 年第一届 DARPA 挑战赛，赛程全长 100 千米，当时没有完成调整，而现在无人驾驶出租车运营公司 Waymo 行驶里程已超 3220 万千米。不得不让人感叹，16 年间技术进步是多么的迅速。

虽然自动驾驶已经取得了实质性突破，但是距离大规模商用尚存在一定差距，还处在攻坚探索期。根据智能驾驶实现功能和应用场景，我国将智能驾驶分为六级：0～5 级。L0 到 L5（0～5 级）可以分为两个阵营：L0、L1 和 L2 需要驾驶者时刻观察路况，无法做到自动驾驶；而 L3、L4 和 L5 在自动驾驶时，驾驶者无须接管汽车，因此准确来说，L0、L1 和 L2 称为驾驶辅助更加合适。L0～L2 级功能技术实现难度相对而言要简单，比如很多车有自动刹车装置，其技术原理非常简单，就是在汽车前部装上雷达和红外线探头，当探知前方有异物或者行人时，会自动帮助驾驶员刹车。另一种技术与此非常类似，即在路况稳定的高速公路上实现自适应性巡航，也就是与前车保持一定距离，前车加速时本车也加速，前车减速时本车也减速。这种智能驾驶虽然技术并没有高大上的玄机，但可以在极大程度上减少交通事故，从而减少交通损失。

当前大部分汽车公司处于 L0～L2，特斯拉和奥迪可以实现 L3 级，Google Waymo 一骑当先已实现 L4 级驾驶，并且驾驶里程超过 3200 万千米。我国目前国内的自动驾驶行业呈现出"一超＋多强＋创业公司"的形势，其中"一超"指的是百度的 Apollo，其在技术储备、试验里程、无人驾驶牌照数量等方面拥有绝对优势。而"多强"指的是某些车企和科技类公司，比如长安和广汽都计划在 2025 年实现 L4 级别无人驾驶，阿里和腾讯也都在无人驾驶领域早早布局。

（三）车联网

车联网可以实现人、车、路、云平台之间的全方位链接和信息交互，催生了大量新的产品应用。根据联网技术不同，车联网分为车内网、车际网和车云网应用，根据需求对象不同，可以分为自动驾驶、安全出行、效率出行、交通管理、商业运营、涉车服务等应用。车联网的主要服务应用基本是三大类：以用户体验为核心的信息服务类应用、以车联网驾驶为核心的汽车智能化应用和以协同为核心的智慧交通类应用，这里重点分析后两者。

以车联网驾驶为核心的汽车智能化应用。目前，仅靠单车智能实现自动驾驶是非常有挑战性的事情，因此车联网在车辆智能驾驶领域的作用越来越被人所重视。此类应用主要与车辆行驶过程中的智能化相关，利用车上传感器，随时感知行驶中的周围环境，收集数据、动静态辨识、侦测与追踪，并结合导航地图数据，进行系统运算与分析，主要有安全类和效率类等各种应用。安全类应用与车辆行驶安全及道路通行效率息息相关，有助于避免交通事故的发生。例如，通过网联技术，行驶在高速公路等快速路段的前车，在感知到事故后可提早通知后面车辆事故信息，避免连环追尾事故。效率类应用主要是通过车车、车路信息交互，实现车辆和道路基础设施智能协同，有助于缓解交通拥堵、降低车辆排放等。典型应用有交叉路口智能信号灯、自适应巡航增强、智能停车管理等。例如，交叉路口智能信号灯应用通过网联技术来收集周边车辆速度、位置等信息，对信号灯参数进行动态优化，提高交叉路口车辆通行效率。

以协同为核心的智慧交通类应用。此类应用是在自动驾驶的基础上，与多车管理调度及交通环境等智慧交通相关，最终支持实现城市大脑智能处置城市运行和治理协同。智慧交通主要是基于无线通信、传感探测等技术，实现车、路、环境之间的大协同，以缓解交通环境拥堵、提高道路环境安全、优化系统资源为目的。在实现高等级自动驾驶之后，应用场景将由限定区域向公共交通体系拓展。在公共交通系统场景下，车辆的路径规划和行为预测能力对车辆的智能化和网联化水平提出了更高要求，需要更完善的自动驾驶控制策略、行驶过程全覆盖的 5G – V2X 网联技术以及云平台的高效衔接调度。该类应用除依赖技术突破外，还涉及伦理、法规等，距实际成熟应用尚需时日，如自动驾驶出租车、自动驾驶公交车、智能配送等。

车联网通信技术旨在将"人—车—路—云"等交通参与要素有机地联系在一起，不仅可以为交通安全和效率类应用提供通信基础，还可以将车辆与其他车辆、行人、路侧设施等交通元素有机结合，弥补了单车智能的不足，推动了协同式应用服务发展，因此车联网建设被我国政府定为"新基建"重点方向之一，市场空间得以提升。仅考虑路测基础设施改造费用，根据中信建投证券测算，2020 ~ 2025 年，预计全国有 49 座一二线城市完成路测改造，市场规模整体就达到了 628 亿元。

（四）车载信息娱乐系统

车载信息娱乐系统（In – Vehicle Infotainment，IVI），是采用车载专用中央处理器，基于车身总线系统和互联网服务，形成的车载综合信息处理系统。IVI 能够实现包括三维导航、实时路况、IPTV、辅助驾驶、故障检测、车辆信息、车身控制、移动办公、无线通信、基于在线的娱乐功能及 TSP 服务等一系列应用，极大地提升了车辆电子化、网络化和智能化水平。

车载信息娱乐系统是基于车联网与智能驾驶之上的应用系统。随着汽车智能化、网联化、电子化的提升，车载信息娱乐系统经历了三个阶段（见图13）：1.0 阶段，IVI 只有电台或 CD 机、U 盘接入形式，可以完成接听电话、播放音乐等简单功能。2.0 阶段，可以通过手机镜像，在车端直接使用手机里的一些 APP。在前两个阶段，在信息系统层面，汽车只是作为手机等外部终端的显示设备，是附属品。3.0 阶段，汽车开始通过独立的调制解调器或者手机发送的热点 Wi – Fi 连入互联网，可以进行车辆数据监控、实时导航、网页浏览、直接使用车载 APP，并且可以通过手机 APP 对车辆进行远程监控和操作。

1.0 收音机

2.0 USB链接

3.0 手机镜像

4.0 独立组网

图 13　车载信息娱乐系统发展阶段

资料来源：《车载信息娱乐系统——概念和结构》。

　　在第四阶段，汽车逐渐被人们认识到有可能成为下一代的智能终端，车载信息娱乐系统进入高速发展期。越来越多的互联网公司加入 IVI 软件及整车设计制造，并正在车载信息娱乐系统领域占据支配地位，目前 IVI 虽然还未出现统一标准，不同车商推出了自己的 IVI 操作系统，但是这些系统基本都是与互联网公司合作开发，即使目前独立开发系统的汽车厂商大部分也是互联网出身的新锐厂商，如特斯拉、蔚来等（见表9）。

表 9　IVI 系统及研发厂商汇总

IVI 系统	开发者
MBUX	奔驰
Idrive	宝马＋百度
MMI	奥迪
Duer	北汽＋百度

续表

IVI 系统	开发者
Banma	上汽 + 阿里
GKUI	吉利 + 科大讯飞
inJOY	广汽 + 腾讯
Version	特斯拉
NOMI	蔚来
Living Energy	威马

资料来源：本书编写组。

虽然车载信息娱乐系统的发展速度已远超从前，但是依然面临着很大挑战，一方面需要依赖于自动驾驶和车联网技术的不断提高，另一方面也需要各研发商深耕于驾驶场景，根据车辆这一产品的特殊性，满足用户使用车辆过程中的多样化需求，尤其是针对一些场景定制化开发相关服务功能，从而将汽车从"驾驶"这一单一场景，逐渐进化成集"家居、娱乐、工作、社交"为一体的智能空间。当前汽车市场"四化"发展浪潮已经启动，消费者也不再片面地看重发动机性能、车辆外观等，实际用车体验的分量正在逐步提升，未来车载信息娱乐系统将成为消费者核心购买因素，这一系统将成为各家汽车厂商重点投资领域。

（五）安全防护系统

智能汽车作为一个新的产品形态，除了传统汽车所具有的物理系统和电气系统安全防护问题外，由于其融合云计算、人工智能、物联网等新技术，故而还需要解决一些新形势的安全问题，直接关系到生命和财产安全。智能汽车信息安全架构如图 14 所示，整体安全由云端安全、通信安全、车辆安全等多个部分构成，其中车载端作为智能网联汽车内外通信的重要节点，是车辆安全的重要组成部分，保障汽车内部总线和子系统不因车辆具有联网功能而增加安全风险。

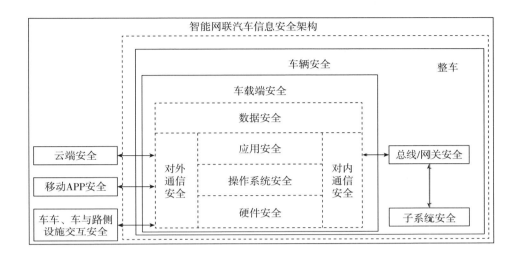

图 14　智能汽车信息安全体系架构

资料来源：《智能网联汽车信息安全评价测试技术规范（征求意见稿）》。

1. 智能汽车信息安全威胁分析

云服务平台：云服务平台可能存在安全漏洞，使攻击者利用 web 漏洞、数据库漏洞、接口 API 安全注入漏洞等攻击云平台，窃取敏感信息，以及面临拒绝服务供给等问题。除了传统云服务平台漏洞外，云端与两端的传输安全、云端 OTA 升级整车零部件的安全问题多次出现。

车载终端：车载终端包括 IVI、T－BOX、汽车网关、其他 ECU 电子器件、传感器、外部接口等，IVI、T－BOX 等组件一般包含操作系统、APP 应用和大量的第三方库，并且具有丰富的通信连接。一方面，操作系统、第三方库、协议栈等可能含有大量的已知漏洞，攻击者可以通过已知漏洞攻入汽车内部网络，进而进行下一步渗透测试。另一方面，ECU 电子器件、车内 CAN 网络可能存在漏洞，攻击者可以通过 IVI 或者 T－BOZX 进一步供给网关或其他 ECU 电子器件（例如动力域 ECU），进而形成完全控车威胁。

手机终端：移动 APP 成为智能网联汽车的标配，由于获取成本极低，通过技术手段可以破解通信密钥、分析通信协议，并结合车联网远程控制功能干扰用户使用，同时也可协助对 IVI/T – BOX 进行渗透测试，通过攻击车联网关键部件影响车辆行驶安全。

通信网络：车与云、车与车的通信存在被攻击风险，主要风险如下：一是认证安全，用户通信网络未验证发送者的身份信息，存在伪造身份、动态劫持等风险。二是传输安全，车辆信息没有加密或加密强度弱，或所有车型都能使用相同的对称密钥，进而导致信息暴露。三是协议安全，公众通信网络还面临协议伪装等风险。特别是在自动驾驶情况下，攻击者有可能利用伪造信息来诱导车辆发生误判，进而影响车辆自动控制，导致交通事故发生。

2. 智能汽车信息安全应对措施

针对以上风险，智能汽车需要在各层面做好技术应对：

硬件安全技术要求：汽车零部件应避免存在用以标注芯片、端口和管脚功能的可读丝印；禁用设计验证阶段所使用的调试接口，若必须保留，则必须采用一定的安全访问控制措施；通过硬件措施来防范对固件的提取和逆向。

操作系统安全技术要求：汽车操作系统应及时进行补丁升级；提供安全调用控制与呈现能力；对必须保留的本地或远程管理功能，则必须采取必要的安全访问控制措施；通过技术手段对整个系统进行必要的机密性、完整性和可用性防护。

应用安全技术要求：保证安装在汽车上的应用软件具备相应的来源标识和保密性、完整性和可用性的防护措施，可以对抗逆向分析、反编译、篡改、非授权访问等各种针对应用的安全威胁，并确保应用产生、使用的数据得到安全的处理、车载端应用与相关服务器之间通信的安全性，保证应用为用户提供服务时，以及应用在启动、升级、登录、退出等各模式下的安全性。

通信安全技术要求：汽车敏感或重要信息通信过程，要对通信双方实施双向身份认证，对通信进行必要的加密处理；要能够防范重放攻击和中间人攻击。

数据安全技术要求：数据安全技术要求采取加密等安全工作机制保证采集、存储、传输过程中用户数据、车企数据以及供应商数据的安全性，确保数据的保密性、完整性和可用性得到有效防护，同时具有清除机制，保护数据生命周期各环节的安全性。

第三方库安全技术要求：禁止使用安全漏洞频发、认证鉴权等明显不符合安全要求以及缺乏高效更新机制的第三方库。

OTA 升级安全技术要求：OTA 升级过程中车端与服务端采用安全的双向认证、建立安全通道以及对 OTA 升级包进行验证，确保 OTA 升级包的完整性、机密性和可用性。

总线安全技术要求：车内总线通信发送节点不被恶意应用调用从而向车内网络发送恶意数据，同时车内总线通信接收节点应对接收到的车内数据信息进行合法性校验，必要时可以对关键的信息采用一定保护机制（例如防重放机制、加密机制）。

三、智能汽车生态产业链

我们从价值环节、关键技术和产业链三个角度对智能汽车生态产业链进行全景分析。

（一）价值环节

我们用"STEEP"作用力模型，对智能汽车产业各个环节的驱动因素和价值因素进行分析。价值环节主要看新产业对不同环节是否提供了足够的价值，是否足以应对制约力量，并推动产业向前发展。智能汽车产业价值分析如表 10 所示。

表 10　智能汽车产业价值分析

价值环节	驱动因素	制约因素
社会环节	驾驶体验人性化、社会消费升级、城市化下驾驶环境的变化、"新世代"消费者壮大	基础设施配套的完善程度、使用场景变化、核心驾驶体验的变化
科技环节	通信技术成熟、人工智能技术在交通行业的应用、人机交互功能的丰富、新能源汽车技术成熟	人工智能验证周期、技术迭代快于产品周期
经济环节	新兴产业带动效应、需求和供给的错配、新兴资本市场的造富效应	产业配套成熟度、产品应用落地周期
环境环节	行车安全性、污染物排放、能源约束	安全性、环保性验证
政治环节	新兴经济体产业振兴诉求、争夺标准制订的先发优势	传统汽车厂商和相关供应链的阻力

资料来源：本书编写组。

智能汽车产业像所有的新产业一样，都存在各个环节的驱动因素以及制约因素。从以上驱动和制约因素可以看出智能汽车产业在"四新"条件下更有可能快速推进，"四新"分别是新兴经济体、新兴产业、新兴融资体系和"新世代"消费者。一是我国作为新兴经济体，有产业振兴的诉求；二是已经形成了具有一定竞争力的新兴产业，如新能源汽车制造产业、人工智能产业及相关的配套产业；三是逐步建立和完善了以风险投资、股权投资、资本市场为代表的新兴直接融资体系；四是我国"新世代"消费者的规模庞大，购买力可观。

（二）关键技术

我们将支持智能汽车的关键技术分为上、中、下三层，分别对应信息交互、信息处理、信息采集和传输（见表11）。

表11　智能汽车的关键技术

关键技术	具体内容			
上层（信息交互）	人车交互	自动驾驶	—	—
中层（信息处理）	驾驶辅助	高精度定位	车载计算系统	—
下层（信息采集和传输）	环境感知	车载通信	交通大数据	网络安全

资料来源：本书编写组。

1. 环境感知

环境感知技术的主体是各类型传感器组成的环境感知系统，主要执行由传感器获取信息的融合判断，并能进行异常处理。环境感知技术是智能汽车的关键底层技术之一，其稳定性和应对复杂环境的感知能力直接决定了智能汽车的总体性能。目前广泛应用在汽车上的传感器主要包括视觉传感器、激光雷达和毫米波雷达。

2. 车载通信

车载通信技术可以概括为 V2X，即 V2I（车对基础设施）、V2N（车对网络）、V2V（车对车辆）、V2P（车对行人）、V2D（车辆到设备）和 V2G（车辆到网格）等。目前主要有两种 V2X 通信标准，分别是 WLAN 标准和蜂窝网络标准。基于 WLAN 的 V2X 可以实现短程通信（V2I 和 V2V），优点是可靠性高，标准制定过程相对容易。但未来主流应该是利用蜂窝网络实现 V2X 通信，目前各国均在推进相关标准的制定，3GPP 和 5GAA 在全球标准的制定和推广上起主要作用。

3. 交通大数据

智能汽车除了仰赖自身的能力，还需要一些基础设施的配合，最重要的就是交通大数据。交通大数据包括高精度地图、智能信号控制系统、智能路况感知和处理系统等，可以将全局路况信息通过通信系统与车辆进行动态交互，确保行车安全的同时大幅提升通行效率。

4. 网络安全

随着汽车逐渐智能化，网络安全成为智能汽车大规模应用的基础保障技术。网络安全一方面要降低被入侵风险，最核心的是控制权限，加强加密工作，建立一套自主、完整的安全网络体系；另一方面，智能汽车生产企业也要确保软件开发安全，减少代码漏洞，从源头端减少风险。

5. 驾驶辅助

驾驶辅助即低级别的自动驾驶技术，主要实现前车跟随、车道维持、自动变道等低级别的无人驾驶或驾驶跟随。目前驾驶辅助技术已经应用在了许多品牌的中高端车型上，处于快速推广阶段。

6. 高精度定位

高精度定位是智能汽车实现自动驾驶的重要辅助功能，也是交通管理机构实现对路况精确掌握的重要技术。高精度定位将依靠卫星定位、蜂窝定位等方式，通过算法的整合，实现全天候、全路况、全时高精度定位。

7. 车载计算系统

相较于一般计算设施的部署条件，车载计算系统对功耗、抗震性能、体积等均有较高的要求，同时要实现智能汽车的各项功能，车载计算系统的性能至关重要。要实现高性能、低功耗的车载计算系统，除了依靠半导体制造工艺的进步外，可能还需要发展负责不同功能的车载专用芯片。

8. 人车交互

智能汽车对人车交互的频次要求更好，交互内容更多。如何在更好的人车交互体验以及行车安全性上进行平衡，就成为智能汽车人车交互系统设计的重点。目前人车交互系统除了中控大屏外，行驶中交互主要依靠语音识别来进行，但语音识别存在交流效率低、识别准确率不足等问题，因此多模交互系统将是未来主要发展方向。

9. 自动驾驶

不同于驾驶辅助，自动驾驶是实现基本或完全无人干预的情况下的点到点行驶。自动驾驶是智能汽车要实现的最重要的技术之一，也是诸多新兴技术的整合。

（三）产业链

从产业链分解来看，国内智能汽车配套产业链的竞争力仍然与国际一流企业有较大的差距，特别是在车载计算系统、网络安全等核心领域，国内企业仍处在起步阶段。智能汽车产业链分布如表12所示。

表 12　智能汽车产业链分布

技术类型	具体产品	国内厂商	国际厂商
环境感知	激光雷达	雷神智能、禾赛科技	Ibeo、博世、Velodyne
	毫米波雷达	华域汽车	德国大陆、博世、奥托立夫
	车载摄像头	舜宇光学	Sekonix、Kantatsu、富士
车载通信	LTE－V/C－V2X	华为、中兴、联芯科技	高通、英特尔、爱立信、博世、LG
	DSRC	—	Kapsch、Cohda、恩智浦、高通
交通大数据	智慧交通、智慧城市	海康威视、大华股份、高德地图、滴滴、千方科技	UBER、谷歌地图
网络安全	车辆网络安全解决方案	—	德国大陆、Keysight
驾驶辅助	ADAS 系统	华域汽车、地平线机器人	耐世特、德国大陆、博世
高精度定位	定位系统	北斗、四维图新、千寻位置	GPS、HERE、DeepMap、TomTom
车载计算系统	汽车电子	安氏半导体、汇川技术、蓝海华腾	英飞凌、恩智浦、意法半导体、瑞萨电子、德州仪器、赛灵思、安森美
	车载芯片	地平线机器人	英伟达、英特尔、高通、恩智浦
	车载操作系统	—	微软、Linux、谷歌、QNX
人车交互	中控平台	均胜电子、德赛西威	哈曼、LG、德尔福、博世
	语音交互	科大讯飞、百度、思必驰	Nuance、苹果、亚马逊
自动驾驶	自动驾驶解决方案	百度、上汽集团	Waymo、特斯拉

资料来源：本书编写组。

　　从另一个角度来看，发展智能汽车，将有力地促进半导体、集成电路、通信技术、网络安全等战略性新兴产业的发展。我国有庞大的消费市场、门类齐全的制造业基础、完善高效的基础设施以及素质较高的工程师和劳动力，智能手机产业对大陆电子制造业的发展和带动作用已经证明，一个规模庞大、附加值较高的科技产品产业会对上游诸多产业的发展和升级形成强大的推动力，而智能汽车无疑属于这样的产业。

四、智能汽车发展层级

目前，业界对智能汽车的定义，是在普通汽车的基础上增加了先进的传感器（雷达、摄像）、控制器、执行器等装置，通过车载传感系统和信息终端实现与人、车、路等智能信息交换，使汽车具备智能的环境感知能力，能够自动分析汽车行驶的安全及危险状态，使汽车按照人的意志到达所需要去的地方，最终达到替代人来操作的目的。

（一）美国智能汽车发展分级

根据美国国家公路交通安全管理局（National Highway Traffic Safety Administration，NHTSA）对智能汽车定义的划分，完全实现无人驾驶的智能汽车发展将经历五个阶段。

1. 无智能化（L0）

第一个阶段是完全无智能化。在这一阶段中，驾驶员是整个智能化系统的唯一决策者和执行者，驾驶者通过控制方向盘、油门、刹车、当位、起动机等执行机构实现对车辆的管理。

2. 具有特殊功能的智能化（L1）

第二个阶段是具有特殊功能的智能化。在这一阶段中，车辆开始具备一个或者多个的自动控制功能，通过警告的方式反馈驾驶者执行操作，避免车祸的发生。在这个阶段里，智能化系统起到部分决策功能，而执行权依旧归驾驶者所有，所以通常把这个阶段的智能化技术称为智能化技术的辅助驾驶阶段。

根据不同的运作方式，智能化技术的辅助驾驶阶段又可分为两种：第一种是自主式辅助驾驶技术，在这种技术的架构里，车辆与车辆间不产生信息通信，车辆间以各自独立的形式参与到道路交通秩序中。涵盖其中的技术包括前方碰撞预警系统、车道偏离预警系统、车道保持系统、盲区侦测系统、夜视系统、自适应大灯等。第二种是协同式辅助驾驶技术，这一技术相比于自主式辅助驾驶技术加入了车联网的观念，将车与车的通信融入辅助驾驶技术中。换言之，协同式辅助驾驶技术将此前独立的自主式辅助驾驶技术编制成了一个网络，每一辆车的辅助驾驶系统不再独立存在。

3. 具有多项功能的智能化（L2）

第三个阶段是具有多项功能的智能化。在这一阶段中，智能汽车将至少拥有两个原始控制功能，并且将这两个或两个以上的原始控制功能融合起来，实现从驾驶员手中接管这些原始功能的执行权，也就是半自动的驾驶技术。同样地，半自动的驾驶技术在眼下的汽车社会里也得到了相应的普及，最直观的就是自适应巡航系统以及前方碰撞预警系统功能融合而来的防追尾自动刹车，在感应到即将发生碰撞时，系统将采取比驾驶者更为迅速的反应来接管车辆制动踏板的执行权。

4. 具有限制条件的无人驾驶（L3）

第四个阶段是具有限制条件的无人驾驶。这一阶段意味着智能化汽车发展进入了高度自动驾驶的阶段。在这个阶段里，智能化汽车可以在某个特定的交通环境下实现完全自主的驾驶。在这个阶段里，车辆可通过自动检测环境的变化来判断是否将车辆的执行权交还驾驶者。眼下众多科技公司和汽车企业所发布的无人驾驶汽车基本就是处于这个阶段，需要封闭环境的道路测试条件。作为量产阶段的运用，有限制条件的无人驾驶将被率先运用在低速拥堵路况或者泊车情况下的无人驾驶。系统对于车辆执行权的控制包括方向盘、油门、刹车等。目前这一阶段还多处于实验室阶段。

5. 全工况无人驾驶（L4）

第五个阶段是全工况无人驾驶。这一阶段里的车辆可以在任何道路环境下实现车辆的全面自动驾驶，汽车完全自动控制车辆，全程检测交通环境，能够实现所有的驾驶目标，驾驶员只需提供目的地或者输入导航信息，在任何时候都不需要对车辆进行操控，也可称之为"完全自动驾驶阶段"。

（二）中国汽车驾驶自动化分级

2020 年 3 月，国家工信部公示了《汽车驾驶自动化分级》推荐性国家标准报批稿，拟于 2021 年 1 月 1 日开始实施。基于驾驶自动化系统能够执行动态驾驶任务的程度，根据在执行动态驾驶任务中的角色分配以及有无设计运行条件限制，《汽车驾驶自动化分级》将驾驶自动化分为 0～5 共 6 个等级。

1. 应急辅助：0 级驾驶自动化

驾驶自动化系统不能持续执行动态驾驶任务中的车辆横向或纵向运动控制，但具备持续执行动态驾驶任务中的部分目标和事件探测与响应的能力。需要指出的是，0 级驾驶自动化不是无驾驶自动化，0 级驾驶自动化可感知环境，并提供报警、辅助或短暂介入以辅助驾驶员（如车道偏离预警、前碰撞预警、自动紧急制动等应急辅助功能）。此外，不具备目标和事件探测与响应的能力的功能（如定速巡航、电子稳定性控制等）不在驾驶自动化考虑的范围内。

2. 部分驾驶辅助：1 级驾驶自动化

驾驶自动化系统在其设计运行条件内持续地执行动态驾驶任务中的车辆横向或纵向运动控制，且具备与所执行的车辆横向或纵向运动控制相适应的部分目标和事件探测与响应的能力。对于 1 级驾驶自动化，驾驶员和驾驶自动化系统共同执行动态驾驶任务，并监管驾驶自动化系统的行为和执行适当的响应或操作。

3. 组合驾驶辅助：2 级驾驶自动化

驾驶自动化系统在其设计运行条件内持续地执行动态驾驶任务中的车辆横向和纵向运动控制，且具备与所执行的车辆横向和纵向运动控制相适应的部分目标和事件探测与响应的能力。与 1 级类似的是，对于 2 级驾驶自动化，驾驶员和驾驶自动化系统也是共同执行动态驾驶任务，并监管驾驶自动化系统的行为和执行适当的响应或操作。

4. 有条件自动驾驶：3 级驾驶自动化

驾驶自动化系统在其设计运行条件内持续地执行全部动态驾驶任务。对于 3 级驾驶自动化，动态驾驶任务接管用户以适当的方式执行动态驾驶任务接管。

5. 高度自动驾驶：4 级驾驶自动化

驾驶自动化系统在其设计运行条件内持续地执行全部动态驾驶任务和执行动态驾驶任务接管。对于 4 级驾驶自动化，系统发出接管请求时，若乘客无响应，系统具备自动达到最小风险状态的能力。

6. 完全自动驾驶：5 级驾驶自动化

驾驶自动化系统在任何可行驶条件下持续地执行全部动态驾驶任务和执行动态驾驶任务接管。对于 5 级驾驶自动化，系统发出接管请求时，乘客无须进行响应，系统具备自动达到最小风险状态的能力。此外，5 级驾驶自动化在车辆可行驶环境下没有设计运行条件的限制（商业和法规因素等限制除外）。《汽车驾驶自动化分级》中明确的驾驶自动化等级与划分要素的关系如表 13 所示。

表 13　驾驶自动化等级与划分要素

分级	名称	车辆横向和纵向运动控制	目标和事件探测与响应	动态驾驶任务接管	设计运行条件	典型场景
0 级	应急辅助	驾驶员	驾驶员及系统	驾驶员	有限制	倒车提醒
1 级	部分驾驶辅助	驾驶员和系统	驾驶员及系统	驾驶员	有限制	车道偏离修正或自适应巡航
2 级	组合驾驶辅助	系统	驾驶员及系统	驾驶员	有限制	同时进行车道偏离修正和自适应巡航
3 级	有条件自动驾驶	系统	系统	动态驾驶任务接管用户（接管后成为驾驶员）	有限制	交通拥堵下自动驾驶
4 级	高度自动驾驶	系统	系统	系统	有限制	机器人出租车
5 级	完全自动驾驶	系统	系统	系统	无限制	任何条件下任意功能

资料来源：《汽车驾驶自动化分级》。

五、政府层面对智能网联汽车的推动

根据德国国际合作机构（Gesellschaft fur Internationale Zusammenarbeit，

GIZ）的分析，政府对智能网联汽车的推动主要分为六个层面：

一是物理和数字基础设施建设，包括对道路基础设施、道路远程信息处理、标牌、防撞栏、车道宽度和路缘的调整，以及足以支撑高速车辆的高性能的蜂窝网络。在网络方面，由于目前对数字基础架构的最低要求缺乏明确的定义，汽车制造商提出了自己的解决方案，但尚未获得运营商和服务提供商的全面认可，主要阻力来源于运营商不愿替换现有的基础架构和服务。因此如果政府从政策层面推动相关标准的制定，将在很大程度上推进智能网联汽车的落地。

二是车辆行驶时的法律价值观问题。自动驾驶功能的开发需要应对有关车辆如何复杂的价值观问题，例如，如果出现突发异常情况，车辆应该如何权衡乘客的安全和行人的安全？面对非乘车人违反交通规则时，如何判断紧急避险的后果等。在这一方面，德国已经启动了相关的讨论和立法程序，中国政府可以适当借鉴并跟进相关立法。

三是 ICT 基础设施和网络安全。在中国这样的大型经济体中，大规模运行的车辆网络系统将给车辆安全和隐私保护带来重大挑战。2015 年，美国汽车公司克莱斯勒（Chrysler）证明了黑客可以通过互联网远程访问其吉普车的数字系统。从政府的角度，网络安全是最低要求，必须制定相关标准要求制造商解决这些关键问题。

四是政府在资金上的支持。智能网联汽车前期开发成本很高，而在批量之前靠销售车辆很难获得足够的发展资金。政府可以考虑在测试、销售等环节给予一定补贴，鼓励制造商加快研发进度。

五是要将智能网联汽车在环境和减少拥堵上的好处内在化。经济学上把一个经济行为对其他非关联方的好处叫作"外部性"，智能网联汽车能大大提高交通运输效率，而且可以实现共享化行驶，具有很强的外部性。政府应当鼓励新的出行形态，如智能出租车、错峰运行等，使行为人能够充分享受到智能网联汽车的优点。

六是要平衡或补偿利益受损群体。智能网联汽车将会使不能开车的人、老人、残疾人和不拥有汽车的人都享受到类似于私人汽车的好处。但相应地，也会使众多汽车司机面临失业的风险。政府需要在公共政策中考虑对利益受损群体的补偿。

得益于中国政府强有力的推动支持，高水平的研发投入以及中国汽车市场的快速发展，中国的自动驾驶系统市场可能会迅速增长。我们认为，中国将成为未来运输技术发展的最大、增长最快的市场。

中国已采取了一系列措施来支持其智能联网汽车和自动驾驶汽车的发展：

在工业和信息产业部（Ministry of Industry and Information Technology，MIIT）的指导下，建立了国家智能联网汽车创新中心来领导智能联网汽车的发展。它将协调政府、制造商和技术供应商，来开发用于智能联网汽车开发的整体生态系统。

2020 年，国家发改委等多部委联合发布了《智能汽车创新发展战略》，并已在北京/河北、长春、重庆、杭州、上海、武汉和无锡正式建立了七个国家级智能互联和自动驾驶汽车试点城市。

中国的工信部在起草该行业的指导方针和政策方面发挥了关键作用，其中北京海淀区和亦庄区被提名为智能联网汽车示范区。海淀检测中心（133000 平方米）已开发成数百种不同的静态和动态交通场景，类似于中国的城市和农村公路网，并配备了互联网和通信设施，可用于进一步研究和测试互联车辆。北京汽车、百度、北汽福田、海润科技和 Holomatic 等企业已经开始在海淀基地进行车辆测试。亦庄（433000 平方米）的另一处设施即将完工。

Mobileye（英特尔公司）、北京公共交通公司和北汽集团在 2019 年宣布，他们正在探索一项合作，以在中国商业化部署自动公交服务。

参考文献

［1］高新宇，刘璐，丁田妹．智能网联汽车技术与标准发展研究［J］．内燃机与配件，2020（17）：174－175．

［2］工业和信息化部．汽车驾驶自动化分级［Z］．2020．

［3］国家发展改革委，中央网信办，科技部，工业和信息化部，公安部，财政部，自然资源部，住房城乡建设部，交通运输部，商务部，市场监管总局．智能汽车创新发展战略［Z］．2020．

［4］国金证券．汽车行业自动驾驶系列报告之四：传感器篇，多传感器融合［R］．2018．

［5］华西证券．研究智能汽车系列一：智能网联势不可挡，把握浪潮［R］．2020．

［6］李稻葵．智能驾驶将颠覆汽车产业［J］．新财富，2016（4）：108－110．

［7］刘凡．车载信息娱乐系统——概念和结构［EB/OL］．知乎，https：//zhuanlan．zhihu．com/p/39782973，2018－07－15．

［8］王耀．关于车联网的看法访谈记录［Z］．

［9］王艺帆．自动驾驶汽车感知系统关键技术综述［J］．汽车电器，2016（12）：12－16．

［10］谢卉瑜，杜志彬，孙亚轩．自动驾驶汽车感知系统概述［J］．时代汽车，2019（18）：29－30．

［11］中国电动汽车百人会．全球自动驾驶测试与商业化应用报告［R］．2019．

［12］中国汽车工业协会．智能网联汽车信息安全评价测试技术规范

（征求意见稿）［R］．2019.

［13］中国信息通信研究院．车联网白皮书（2018）［Z］．2018.

［14］中信建投证券．中信建投 2020 年物联网系列报告之一：车联网，新基建重要方向，5G 应用明珠［R］．2020.

［15］Ronan Glon，Stephen Edelstein. The History of Self – driving Cars ［EB/OL］. https：//www. digitaltrends. com/cars/history – of – self – driving – cars – milestones/，2020 – 07 – 31.

［16］J. Van Brummelen，Marie O'Brien，D. Gruyer，H. Najjaran. Autonomous Vehicle Perception：The Technology of Today and Tomorrow ［J］. Transportation Research Part C：Emerging Technologies，2018，89（4）：384 – 406.

［17］无人驾驶的 100 年历史［EB/OL］．搜狐网，https：//www. sohu. com/a/417102223_ 114877，2020 – 09 – 08.

第一章　机遇

智能汽车：中国制造业转型升级的载体

清华大学汽车产业与技术战略研究院　赵福全、刘宗巍新一轮科技革命正在引发全球制造业进入空前广度、深度和速度的转型升级期，并将由此改变全球经济与科技竞争的总体格局。为抢占先进制造的战略制高点，各主要工业强国相继提出了向智能制造的制造业转型升级国家战略，如德国的"工业4.0"、美国的"工业互联网"、日本的"再兴战略"、法国的"新工业法国"等。正因如此，中国致力于通过工业化与信息化的深度融合，不断"提质增效"，最终走向"智能制造"，建成制造强国。

而汽车产业作为民用工业中的集大成者，正是中国实现工业化与信息化深度融合和制造业转型升级的突破口。以充分互联协作为基础、大规模定制化生产为目标的智能制造，越是在复杂产业、复杂产品上实现，就越为困难，但也越能产生更大的效果和价值。产业链条长、涉及环节多、差异化消费需求强烈的汽车产业，既是智能制造应用最难的产业，又是其应用效果最大的产业。正因如此，智能汽车将成为中国汽车及整个制造业转型升级的最佳载体。

另外，智能汽车代表着汽车产品向网联化、智能化的演进趋势，可以为人们提供更安全、更节能、更环保、更便捷的自由移动方式和综合解决方案，其意义不仅在于汽车产品与技术的升级，更有可能成为汽车及相关产业全业态和价值链体系重塑的重要组成，从而推动人类社会迈入全面智能化的新时代。当前主要发达国家均高度重视智能汽车的发展，投入力度不断加大，将之视为解决人类未来智慧出行问题以及构建智能社会的战略支撑。由于智能汽车涉及面广、挑战大、机遇多，我们应从科技创新、制造业升级、交通出行革命以及跨界融合创新的战略高度上，认识发展智能汽车的重大战略意义。

一、智能汽车是汽车产业未来发展的战略方向

当前汽车产业向低碳化、信息化、智能化发展的趋势日益明显，传统汽车产业将逐步向智能汽车产业升级成为业界普遍共识。智能汽车将彻底改变传统汽车的产品形态和服务模式，给汽车产业价值创造的内容和方式带来全方位的变化，从而驱动汽车产业转型升级，并在本质上重塑汽车产业价值链。

（一）汽车产业全面深刻变革的驱动力

本轮汽车产业的深刻变革是科技革命与制约因素内外共同作用的结果。一方面，新一轮科技革命的主要代表技术都将在汽车领域得到广泛应用，从而为产业升级提供了强劲的科技驱动力；另一方面，能源消耗、环境保护、交通拥堵和行车安全四大汽车社会问题，给产业可持续发展带来的压力与日俱增，要求汽车产业必须化压力为动力，应对挑战、把握机遇，提供全新的解决方案。由此导致本轮变革呈现全面转型升级的特征，涵盖了产品形态的重新定义、产业发展的全面创新、制造体系的重大升级和产业生态的深度重塑。

（二）汽车产业价值链变化的特征与趋势

从价值链维度看，汽车产业价值链已不能再以原有规律进行分析和评估。基于汽车产业"连接＋数据"趋势对各个环节全面影响的系统研究，笔者对制造业"微笑曲线"理论进行了修订和发展，从理论层面阐释了未来汽车产业的价值链规律，即在新形势下汽车产业价值链将呈现"总量上升、重

心后移"的基本特征与发展趋势。总量上升意味着汽车产业价值体量将整体上扬，比以前创造更大的商机和价值；重心后移则是指汽车产业价值内涵向服务端，尤其是出行领域深度扩展，这一传统汽车企业很少关注的领域，将由于汽车产业价值链外延而产生巨大的商业发展空间。

传统汽车产业价值链聚焦"制造"，而未来新的汽车产业价值链则是"制造＋服务"的集成。"服务"的增加并不只是体现在"微笑曲线"的后端，而是贯穿于汽车设计研发、采购物流、生产制造、销售及售后服务的各个环节，包括设计端的软硬分离、众筹众包，制造端的分散式制造、模块化分工，销售服务端的用户画像、精准营销以及全新的保险、金融等。这是汽车产业价值链"总量上升"的主要原因。

与此同时，汽车服务体系的升级与扩展趋势日益凸显，不仅将对整个汽车后市场，更将对人类出行方式产生深刻影响，从而形成全新的出行生态圈。未来在自动驾驶技术的支撑下，汽车共享程度将逐步提高，这将使汽车的拥有、使用、维护、管理、服务以及回收等模式都发生根本性改变，出行服务逐渐被越来越多的汽车企业关注并作为核心业务来布局发展。由此，汽车产业的微笑曲线呈现出"价值重心后移"的全新特征。

为应对上述变化，各类企业都必须努力围绕汽车全产业链实现数据的全面打通和价值的深度挖掘。对于汽车企业来说，要重视自身全产业链的数字化、信息化、数据化、智能化升级，这将带来企业运营效率的全面提升，并产生新的商业机遇与价值；对于信息通信技术企业而言，应重点探索及把握云平台、大数据、软件操作系统、人工智能等在汽车产业系统化应用的战略机遇。

（三）汽车产业格局变化的特征与趋势

从产业格局维度看，汽车领域的竞争格局正在发生重大改变，呈现"多方参与、竞争合作"的复杂态势。除了整车企业、供应商和经销商以外，信息通信技术企业、全新硬软件科技公司，新的运营商、服务商、内容商以及基础设施公司等不断融入汽车产业，使原本垂直线型的产业价值链逐渐演变成交叉网状的出行生态圈。在汽车发展史上，产业第一次进入边界渐趋模糊的局面。不只汽车产业的内涵在不断扩展，而且汽车与众多产业的关联度也越来越高，形成了"你中有我，我中有你"的新格局。然而产业边界可以模糊，但是企业经营边界必须明确。汽车产业边界渐趋模糊与企业经营必须有边界，正在成为新时期汽车产业的主要矛盾。

汽车产业格局重构带来的最大挑战在于，无论新旧企业都面临着同样一个难题：究竟未来产业的核心在哪里？自己的核心业务应该如何定位？汽车产业从未像今天这样生机勃勃而又倍加复杂，诸多不同参与方都成为未来出行服务生态圈中不可或缺的重要组成部分，而没有任何一类企业能够拥有全部所需的能力。换言之，任何一类参与方都是不可或缺的，每一方都有各自的优势和短板，也都有不同的机遇和挑战。

为应对产业生态发生的巨变，各类企业都必须理清关键问题、找准自身定位，明确产业分工，调配内外资源，构建起自己的产业"朋友圈"并不断扩展，同时不断提升自身在"朋友圈"中不可替代的独特能力和优势，进而抢占未来竞争的战略制高点。实际上，当前全球主流车企几乎都在以收购、合资、战略合作以及孵化等手段，加强在车联网、大数据、自动驾驶和移动出行服务等领域的布局。通过日益复杂的产业生态重塑，来确保自己的核心战略地位。

（四）汽车产品属性变化的特征与趋势

从产品属性维度看，汽车将逐步由带有电子功能的机械产品，向带有机械功能的电子产品转变。在此过程中，汽车产品中硬件和软件的构成比例将发生显著变化。当前，汽车主要还是由硬件主导产品定义，各个不同的汽车品牌也主要基于硬件性能区分各自的产品定位和差异。未来，智能汽车中软件的比重将越来越大，直至超过硬件，由此汽车的产品属性和品牌定义都将发生根本性改变，并最终进入软件定义汽车的新时代。同时，硬件和软件的开发基于完全不同的思维逻辑和方法：硬件靠换代升级才能实现技术进步，而软件则可以通过迭代开发及"空中下载"（Over the Air，OTA）技术进行在线升级，来实现产品的不断完善和技术的优化升级，以满足日益提升的用户体验需求。相应地，硬件的开发也必须采取全新的理念，即必须为支撑软件的不断迭代升级而做好充分的预留。未来最好的汽车一定是软硬能力充分发挥并且结合得最好的产品，为此，传统制造业思维和互联网思维必须有效组合、相互融合。

随着软件在汽车产品中作用的不断增大，未来汽车设计师必须导入全新的产品设计、开发及试验验证理念：为有效实现产品设计功能并拓展产品用户体验，必须从目前的"轻软重硬"向"软硬并重"进而向"重硬更重软"的开发理念转变；为将产品性能发挥到极致，必须"软硬融合"；从产品开发方法及开发周期差异化的角度，必须"软硬分离"；从产品性价比的角度，必须"软硬平衡"，以确保在车辆全生命周期中的产品性价比竞争力。未来，随着产业向软件定义汽车的纵深方向发展，硬件将与软件解耦，硬件的标准化和抽象化以及整车操作系统将变得更加重要，这将使汽车的软件开发可以向更多的参与企业开放，最终通过软件的多样化实现硬件能力的最大化，并进一步实现产品功能和应用服务的最大化和个性化。在此前景下，硬软两方工程师的优势互补、互为支撑成为成功开发未来汽车的基础和前提。

二、智能汽车是智能制造全面升级的重要抓手

与一般制造业不同，关联广泛、高度复杂的汽车产业在本轮深刻变革中呈现出制造体系与产品形态双向并行、互为促进的趋势。一方面，智能汽车将为整个工业体系的智能化升级提供先导、基础和载体，也唯有汽车智能制造体系方能满足打造智能汽车的需求；另一方面，智能汽车将为智能制造体系的升级提供最强的拉动，两者互相影响、互为促进，进而形成全新的汽车产业。汽车将与未来科技、未来产业、未来产品、未来社会以及未来能源、未来环境、未来交通、未来生活形成紧密关系，从而使汽车的内涵与外延不断扩展。

（一）智能汽车技术的内涵和范畴

新一轮科技革命是驱动包括汽车产业在内的全球制造业发生深刻变革的根本原因。技术进步永远是产业发展和社会进步的核心驱动力，跨界合作、融合发展已是大势所趋。能源环境、交通出行、信息通信、人工智能、城市建设等诸多领域都已成为汽车产业不可或缺的重要组成部分，多个产业共同打造汽车生态的时代正在到来。在此背景下，汽车技术的定义与范畴正在不断扩大，边界渐趋模糊，对此我们要有全新的认识。

总体来看，未来智能汽车核心技术的内涵将更加广泛、作用将更加重要，并将由此带来多方面的重大机遇。新能源方面，电池、电机、电控与新材料、新工艺等成为新的核心技术群，特别是"三电"技术，将为汽车产品带来全新属性以及更大的灵活性。智能网联方面，既涉及大数据、云计算、人工智能、信息安全等的进步，也包含了传统技术的电控升级。自动驾驶方

面，诸如感知（摄像头、雷达等传感器）、决策、执行等核心硬软件亟待攻关。基础设施方面，充电网络、道路环境数字化建设等关键领域不断深化。智能制造方面，物联网、增材制造、机器人以及新装备、新材料、新工艺等也正如火如荼。

可以说，在产业深刻变革的重构期，核心技术的机遇与挑战无处不在。这要求我们既要继承，又要舍弃，更要创新，必须坚持继往开来、持续创新，必须以前瞻视角、超前思维和战略高度，来通盘思考和梳理新汽车的产品形态与技术需求，系统布局和推动未来汽车核心技术的有效攻关与加快发展。

汽车产业及学科将比以往任何时候都更加需要跨领域、跨产业、跨学科、跨部门的集成创新和前瞻创新，唯有如此，方能把新时期汽车产业加倍扩展的载体效应与引领作用充分发挥出来。一方面，汽车关键技术范畴更广且彼此交叉呈网状结构，必须实现诸多领域内各项关键技术的引领性突破，才能实现整体的跨越式提升，这样原来的跟随式创新模式难以为继；另一方面，汽车技术创新本身不是孤立存在的，而是必须与产品形态、用户体验、商业模式和应用场景等多维度创新有机结合起来，形成全面立体的创新体系。在这个前瞻创新和集成创新的大体系中，政产学研各方必须各司其职，各尽其力。

（二）智能汽车中智能化与网联化的关系

智能汽车作为全球业界公认的发展方向和重大机遇，包含了车辆智能化与网联化这两个紧密关联但并不相同的维度，即传统汽车以及新能源汽车作为产品载体，实现与外界环境的充分连接，通过智能化和网联化的技术使能和赋能，这样才构成了智能汽车的全部内涵。其中，主要使用电能直接驱动的新能源汽车是智能网联技术的适宜载体，而传统燃油车通过电子电器架构升级，同样可以而且也必须向智能化、网联化方向进化。

车辆本身的智能即智能化，主要体现在自动驾驶和人机交互两方面，前者将由当前的辅助驾驶系统（Advanced Driver Assistance System，ADAS）逐步发展而来，后者最终将以智能座舱的形式体现在汽车产品中，同时人工智能是自动驾驶和人机交互获得能力提升的关键；而车辆与外界的互联即网联化，主要体现在通过端、管、云，打通车内与车外，实现云-端一体化的融合计算、控制及服务。而车辆一旦与外界环境，包括人、其他车辆、基础设施、其他智能硬件以及各种服务设施联通，就可以为各种商业模式的创新和出行服务的集成创造无限可能的发展空间。

对于智能汽车而言，智能化和网联化都是不可或缺的重要内容，企业的关注点绝不能仅限于自动驾驶，像产品载体升级、人机交互、端管云乃至外部生态，同样是未来汽车产品竞争力的核心组成部分。总体而言，实现智能是最终目的，网联是核心手段，两者密不可分、互为支撑。汽车的智能需要网联才能真正发挥作用，而网联将使汽车智能的水平进一步提升；两者共同作用，才能确保未来汽车能够更加聪明，从而更好地帮助人、解放人、理解人，这也是智能汽车的终极诉求所在。

（三）智能制造体系的内涵和战略要点

前面提到，唯有汽车智能制造体系方能满足打造智能汽车的需求。智能制造的内涵是大规模定制化的制造体系，显然这与制造业的本质，即以最低成本、最快速度、最高质量满足消费者的个性化需求，实现更加精益求精的制造，正相符合。具体来说，这将是一个由数据驱动的互联、互动、智能的制造体系，"工业4.0"指向就在于此。在此，笔者对智能制造体系进行了系统梳理，它不仅包括智能工厂，也包括智能设计、智能生产、智能物流和智能服务等。

未来智能制造体系下的智能工厂和传统意义上的工厂截然不同，它是未来企业的数据中心、交互中心、判断中心、决策中心和控制中心，是面向整个产业生态的一个总体概念和实施平台。同时，智能工厂还必须与智能生产、智能物流等相互匹配和有效集成，从而把需求、设计、生产、物流和服务等各个环节彻底打通，充分实现互联、互动和智能，由此才能真正实现大规模定制化的生产。这将是未来制造业转型升级的必然方向。

对于智能制造的战略要点，笔者将其提炼概括为：由万物互联到大数据，再到标准与端口，最后实现全面大集成。这种大集成既是指纵向的集成，即企业沿着产业链与上下游的其他企业联系在一起；也是指横向的集成，即企业打通自己内部的需求、设计、生产、物流、服务等环节，从而跨越原有产业链，完成端到端的连接，创造全新的价值。也就是说，互联是基础，数据是核心，标准是规则，集成是终极形态，最终实现更加智能的制造业。

（四）智能制造时代的未来图景与升级路径

展望智能制造时代的未来图景，企业的核心竞争力将大不相同。从工厂的变化来看，传统工厂是集中式、计划式、强中心化和固定配置资源的，而智能工厂是分散式、需求式、去中心化和动态配置资源的。传统工厂只生产产品，通过价值链来实现价值，而智能工厂不仅生产产品，还会产生大量数据，并且通过数据来产生和驱动价值。传统工厂主要靠品质竞争，通过过硬的产品质量乃至品质来支撑品牌，而智能工厂既要做好质量，更要实现定制化的产品以及个性化的服务，并由此定义品牌内涵，相比之下，制造出高质量的产品只是一个基础条件，而通过定制化产品来满足个性化需求的服务，才是智能制造更核心的竞争力。

总体来看，智能制造的升级路径可划分为三个阶段：数字化、数字化+

网联化、数字化＋网联化＋智能化。其中，数字化是基础，将贯穿智能制造的始终，其核心是通过将信息转变为数据，为网联化提供支撑；网联化是在数字化之上实现互联，从而使分散资源得以集成利用，同时使人可以更灵活地控制机器；智能化则是在数字化、网联化之上增加了人工智能，由此机器与机器之间可以进行互动，从而使网联的效果更为显著。发达国家在制造体系升级过程中先后经历了数字化、网联化和智能化的不同阶段，既有基础牢固的优势，也有逐次升级的不足。对中国而言，应充分发挥后发优势，并行推进"三化"，前瞻实施融合发展，即站在智能化需求的视角和高度对数字化和网联化进行系统布局。这其中，如果说人工智能是通向智能制造的桥梁，那么数字化则是重要的"桥头堡"，因此数字化是中国企业的当务之急。而在实施智能制造"三化"升级的进程中，作为制造业的集大成者，汽车产业将是最佳的应用平台。同时，汽车产业的智能制造也是打造智能汽车的重要支撑和先决条件。

三、智能汽车是智能社会生态系统的关键支撑

从社会发展维度看，能源、交通和通信的升级是人类社会历次发生重大变革的主要驱动力，而当前这三者的改变同时作用于汽车产业。汽车早已不是简单的代步工具，而是基于信息流，打通未来社会人流、物流和能源流的关键要素。对于智能汽车的多元战略价值，我们必须站在人类移动出行革命的战略高度重新认识。

（一）智能汽车是"4S"体系中的重要节点

智能汽车（Smart Vehicle，SV）作为可移动的核心节点，将连接和支撑

智能交通（Smart Transportation，ST）、智慧能源（Smart Energy，SE）以及智慧城市（Smart City，SC），使城市实现空前顺畅、高效、灵活的运转。由此，人类将真正进入智能社会，并通过技术、产品、企业、产业及社会的互联互通和资源重组，实现社会分工和商业模式的全面重构。

未来"4S"相互促进和彼此融合，代表着人类社会进入智能时代的发展方向和理想图景。在此前景下，未来汽车产业将从根本上重塑"人－车－社会"的全新模式，因此我们必须从移动出行、社会及载体的角度来看待智能汽车。

在"4S"的视角下审视，智慧城市是未来城市升级的方向，而智能交通是智慧城市重要的组成部分。目前，中国的汽车及交通产业多头管理问题严重，相关信息分散，且缺乏沟通交流机制，普遍存在"信息孤岛"现象。在汽车智能化、网联化的带动下，基于车载传感器、交通信号系统、路侧设备以及随身移动智能设备（如智能手机）等收集的海量信息，交通数据有望实现规模增长，快速达到商业化应用水平，从而促进智慧城市信息平台兴起和发展。

运营未来城市信息平台的企业将与各类大型数据中心、小型数据企业、政府数据管理部门等充分对接，并基于云存储、云计算等技术手段，实现数据资产的集中储存、管理、交易和服务，形成充分联通的"信息海洋"，从而可以在最大程度上发挥大数据的作用，为用户提供标准、统一、高效、完整的生活服务组合。特别需要注意的是，出于国家信息安全考虑，相较外国企业，本土企业参与城市信息平台建设的机遇更大，具备信息技术和资源优势的本土企业理应提前规划布局，主动配合和推动政府完成相关工作。而在此过程中，智能汽车作为可以移动的网联终端，不仅是车辆数据、用户数据和环境数据的重要收集平台，而且也是整个交通、能源、城市大数据的重要应用平台，从而成为未来智能社会生态系统中的重要节点。

（二）发展智能汽车的"1＋1＋1"商业模式

为有效推动智能汽车发展，笔者提出了"1＋1＋1"的商业模式，3个"1"分别代表三个不同的参与方。具体来说，传统整车及零部件企业仍然是发展智能汽车的主角和基础，是第一个参与方；进入智能网联时代，信息通信技术（ICT）及科技企业将成为不可或缺的重要一极，它们所提供的信息、网联、控制软件及平台、人工智能等技术支撑决定了汽车智能化的程度，这是发展智能汽车的第二个参与方；而提供公共资源的政府将成为极为重要的第三个参与方，因为在智能汽车产业化进程中，基础设施建设、城市及交通平台的搭建以及政策法规标准制定等，无不有赖于政府强有力的推进。

以上三方力量在发展智能汽车的征程中缺一不可，唯有有效集成，才能最终实现产品的快速产业化。对于汽车企业和ICT/科技企业来说，前者将为后者提供最有价值的应用载体（汽车产品），后者将为前者实现最广泛的使能赋能，双方既要对自身优势抱有充分自信，更要积极争取对方的有力支持。而政府往往是容易被忽视的一方，实际上在产业发生重构的今天，对于智能汽车生态的构建而言，政府力量从未像今天这样如此重要且不可或缺，这也正是中国发挥体制优势，实现智能汽车赶超的机遇所在。为此，地方政府应积极谋划以智能汽车示范带动智慧城市建设，并加紧实施；而各类不同企业在推进智能网联生态构建的过程中，也要主动积极寻求政府力量的支持。最终，智能汽车的发展需要智能交通及智慧能源的有力支撑，而三者的有效联动是建设智慧城市的关键。

（三）汽车企业面向出行服务商的转型策略

面向产业价值链向后端特别是出行服务领域延展的趋势，以及智能汽车在4S协同发展新格局中的定位，当前全球已有很多主流汽车企业宣称，将由汽车产品制造商向出行服务提供商转型，由此引出业界高度关注的一个关键问题：整车企业向出行服务商转型的目的、定位和策略，这不仅影响相关企业的转型成败，也与未来智能出行生态的演进密切相关。必须明确，智能汽车的设计制造与使用服务是完全不同的两种核心能力，前者的远景目标是围绕汽车产品实现大规模个性化生产，即智能制造；后者的终极诉求则是提供全天候汽车共享的出行服务。对于主流汽车企业而言，其优势在于更具"造好车"的基础，有能力打造未来个性化的汽车产品；而"用好车"的能力在于使汽车产品的使用更加高效便捷，这与"造好车"虽有交集，但重心不同，所需的核心能力也不同。

在制造业服务化的前景下，"造好车"和"用好车"其实都涉及全新的2C（面向消费者）和2B（面向企业或商家）模式，但内涵截然不同："造好车"面向车辆综合服务，2C的重点是提供定制化产品及涵盖车辆全生命周期的车主服务，2B的目标则是提供全产业链服务，即打造符合用户个性化需求的车辆；"用好车"面向移动出行服务，2C的诉求是基于智能化网联化提供定制化的出行方案，2B的诉求则是与其他行业共同为顺畅出行提供联合服务。这需要完全不同的能力、资源和相应的布局。车企如果追求"造好车"，这实际上是现有业务的延伸，需要打造智能制造的"小"平台，以实现车辆产品本身价值的最大化；而如果追求"用好车"，则是全新业务的拓展，需要打造出行服务的"大"平台，在此过程中要逐渐淡化车辆产品而强化出行服务。

因此，整车企业向出行服务商转型先要想清楚：究竟是为了更好地卖车，还是为了实现业务的转型？前者应以"造好车"为基础，适当向"用好车"扩展；后者则应考虑在"用好车"的范畴内选择核心点切入，并反过来对"造好车"提出与传统用车不同的需求。

显然，不同的企业一定有不同的最佳答案，并非所有的企业都适合向出行服务商转型。笔者认为，中小企业更应把精力放在"造好车"上；而大型车企以出行服务商为转型大方向无疑是正确的，但在具体实践中也不可能一步到位，必须思考资源匹配以及投入产出比等现实问题。如果过多过早地远离原来的优势领域进行尝试，就要有在相当一段时间为得不偿失的充分准备。实际上，智能汽车本身的发展也将是一个渐进的过程，企业不同、阶段不同、侧重点不同、所需能力也不同。为此，整车企业应当明确目标，逐步培育新能力，进而有序扩大出行服务业务的新尝试，包括与其他车企建立合作联盟，以有效控制投入、加快扩大新业务规模。

四、智能汽车是制造业转型升级的核心载体

未来在智能化、网联化技术的驱动下，整个制造业都将由"制造"向"制造＋服务"扩展，这实际上正是制造业转型升级的本质所在。随着"制造＋服务"的不断演进，产业划分的传统概念将逐渐失去意义。几乎所有产业的结构都将被重塑，每个产业都将打通"设计－生产－服务"的全链条。由此，"一产、二产、三产"的概念将不再适用，取而代之的是，可能是只有 A 产业、B 产业、C 产业的区分，且每个产业都将实现与第三产业（即服务业）的深度融合。

而汽车产业是上述全新产业概念下的典型，也就是说，未来的智能汽车产业既包括"二产"的制造，更包括"三产"的服务，将会形成一个统一的整体。从这个意义上讲，制造业转型升级的过程就是"制造＋服务"融合发展的过程。为此，笔者对汽车产业跨界融合的战略方向和发展机遇进行了系统梳理和综合分析，以助力业界准确识别转型升级路径。

（一）汽车产业融合发展的方向辨识

汽车产业的跨界融合体现了科技革命引发产业革命，进而延展成为生态革命的发展趋势。作为最能承载和呈现工业化与信息化深度融合效果的领域，汽车产业跨界融合的重点方向可以概括为"制造体系升级"和"服务体系升级"，其内容全面涵盖了汽车与先进制造、信息、能源、环境、交通、服务、城市规划及社会生活等诸多领域的深刻关联与相互影响，代表着以汽车为突破口、建设制造强国以及促进产业生态和生活模式转变的广阔前景。

制造体系升级的最终目标是以数据驱动、互联协作的智能制造体系。该体系是一个由需求、设计、生产、物流与服务等各个环节融合而成的智能系统整体，在本质上追求的是大规模制造与个性化、定制化生产的统一，最终指向"按需生产"的制造业"理想境界"。当前，ICT、大数据、云计算、人工智能等信息产业力量已深度融入汽车产业，不仅将为构建全新的汽车信息化、智能化产业链提供支撑，也将为汽车产业链与其他领域、环节的有效连接创造条件。因此，汽车制造体系的跨界融合升级已成大势所趋，更是时不我待。

服务体系升级结合了信息化、智能化技术的进步，为更好地满足交通出行需求以及解决现有交通问题创造了全新的可能。智能化、网联化、共享化已逐渐成为汽车出行服务的重要趋势，将会深刻改变交通系统和汽车生活。智能汽车作为出行服务的关键节点，在向低碳化、信息化、智能化不断升级的过程中，也与交通出行系统更加紧密地融合起来，进而影响整个交通的大格局。同时，智能交通系统的升级也对未来汽车提出了新的要求。此外，未来汽车还可提供可移动的储能供能服务，从而对整个能源系统产生重大影响，进一步丰富服务体系升级的内涵。因此，实现未来汽车产业服务体系的升级，具有重要的战略必要性和紧迫性。

（二）汽车制造体系升级的战略方向和发展机遇

1. 加强数字化工厂建设

新型数字化工厂可以在计算机虚拟环境中，对整个生产过程进行仿真、评估和优化，并将虚拟运行进一步扩展到整个产品生命周期；同时利用物联网技术和监控技术，可以实现全方位的工厂信息化管理，提高生产过程的可控性，减少生产线人工干预；最终集智能硬软件管理系统于一体，构建形成高效、节能、环保、舒适的高度智能化新型工厂。

汽车产业数字化工厂建设涉及多个领域的交叉融合，其核心是构建汽车制造业的赛博物理系统。为此，既需要数据管理软件、仿真测试系统、虚拟工厂设计、大数据分析、数字化管理及数字化工厂模拟等软件系统，也需要可靠的基础网络、物联网基础设施、柔性的制造系统、工业机器人、传感器、射频识别装置等硬件设备。目的是在汽车生产及服务领域，将大数据资源充分利用起来，帮助汽车企业提升竞争力。

汽车产业数字化工厂建设，对专用装备的制造提出了更高要求。为满足需求，装备制造业必须吸纳融合 IT、材料等相关产业的创新成果，加快转型升级。特别是在工业控制软件系统方面，目前中国远远落后于德国、美国等先进国家，因此在该领域加快追赶是非常紧迫的当务之急。

2. 推行设计/生产/服务一体化

设计/生产/服务一体化是指基于充分网联，联通产品全生命周期内的设计、制造和服务环节，形成三者的紧密协同、同步联动，以充分传递和应用数据流，有效调配资源，快速响应市场，提升产品竞争力。

与传统封闭串联的系统不同，设计/生产/服务实现一体化可以构成开放并联的系统。在此系统中，设计环节以用户需求为导向，实现开源的信息化；制造环节转变为需求式、去中心化，工厂车间采用动态配置实现柔性化生产和个性化定制，同时实现生产管控的高度智能化；服务环节则表现为全流程打通的新型商业圈，实现用户与企业的零距离互动。总之，未来的设计/生产/服务一体化必须把需求链、工程链、供应链充分互联起来，通过实时交互的信息和顺畅流动的数据实现增值。设计/生产/服务一体化工程最终将使全产业链数据得以有效集成，并在企业内、企业间乃至产业间实现交融互通，从而开启通向智能制造的大门。

（三）汽车服务体系升级的战略方向和发展机遇

1. 构建一体化智能出行平台

未来移动出行模式将呈现为多种交通工具并存、多元出行方式组合的形态，而一体化智能出行平台是其载体和中枢，其核心是通过联网通信实现出行工具与交通设施的高效协同运行。

未来城市智能出行系统将逐步达成"公共交通为主＋私人交通为辅＋智能交通为核心＋多种交通工具有效组合"的综合发展目标。

首先，公共交通为主，大力优化大中城市高运量的轨道、路面等多种公共出行解决方案，并配套以更加完善的"最初、最后一公里"出行手段确保便捷接驳。在这方面，可自动驾驶的微型短途电动汽车具有良好应用前景和节能环保优势，国家应予充分重视，尽快完善安全、质量等标准规范并引导产业优化布局。

其次，私人交通为辅，引导私家车在节约型社会中合理使用，同时鼓励分时租赁等共享交通创新模式；基于自动驾驶和车联网技术的普及发展，重点推进乘用车的全天候共享化应用，提高交通工具的利用率，在有限资源的约束下满足更高的出行需求并提升出行效率；推广绿色出行的生活理念，并培育"轻拥有、重使用"的汽车共享文化。

最后，智能交通为核心，推进信息技术、移动互联技术与传统交通行业深度融合；打造融合各种交通工具及基础设施信息于一体的多元出行服务平台，基于实时信息交互，有效提升出行效率。由此，实现交通系统中各子元素（人、交通工具和基础设施等）之间的智能互动和无缝连接，从而显著提升整个社会的运转效率和出行者的极致体验。

本质上讲，一体化出行平台可以视为一种由各类信息平台中心、网络通信、大数据、云平台、智能基础设施支持的，具有实时在线、共享服务、无人驾驶等特点的全新出行生态系统。而智能汽车作为这一生态系统的重要节点，将全面信息化、智能化、服务化，并通过综合出行信息服务平台，有效汇集和使用交通大数据，在城市内和城市间的无缝出行中发挥关键作用。

2. 推动共享交通健康发展

共享交通在汽车产业服务体系升级中占有重要地位。特别是汽车共享模式可以有效提高单台车辆的使用效率，能够在多种资源约束下，用相同的汽车保有量满足未来更大的出行需求，因此具有重要的战略价值。中国未来的发展要求有与之相匹配的移动运载能力，而按照现有的用车模式，社会资源和环境都难以承载所需的巨大汽车保有量。为解决这一问题，一方面，应大力发展公共交通（本质上其实也是一种共享交通），完善多种交通工具及其有效组合；另一方面，则应充分利用信息化、智能化技术手段，通过商业模式创新，提升车辆的利用率。

共享交通是以智能化、网联化为基础的共享出行模式，其发展将是一个逐步演进、渐趋成熟的进程。互联通信技术和大数据平台将使充分的共享交通真正成为可能。高等级的自动驾驶将使车辆可以在更多场景下实现无人移动和接驳,从而极大地提升用户体验和共享效率,支撑共享出行模式的广泛推广。而移动出行则将逐渐生活化和服务化,使车辆成为可移动的"第三生活空间"。

3. 加深汽车与能源领域融合

汽车与能源领域的融合主要体现在,电动汽车作为可移动的储能供能单元与电网的融合。这项工作具有战略价值:一方面,汽车动力源趋向电动化的持续演进和共性节能技术的不断进步,将使车辆本身更加节能、低碳;另一方面,电动汽车作为国家战略加快发展,也要求我国必须加快以清洁能源替代煤电的能源结构调整。两方面相互结合,将使电动汽车在平衡电网负荷、提高电网效率方面发挥重要作用。

为使电动汽车同时作为能源需求侧和供给侧的相应资源发挥作用,充分体现其分布式移动储能的功能,建议国家应推动建设电动汽车与大电网及可再生能源相互融合的能源系统;开发并推动汽车与电网融合(Vehicle – to – Grid,V2G)技术的产业化;鼓励政府、电网及企业加强互动,共同推动智能充电体系建设,并有效融入能源互联网。

综上所述,智能汽车是中国汽车产业乃至整个制造业转型升级的载体、龙头和抓手,代表着把握全球产业重构战略机遇、建成新型制造强国的战略方向。发展智能汽车不仅将对未来汽车以及相关众多产业产生全方位的深远影响,而且将会影响整个人类社会生活形态,并为经济可持续增长创造全新动能。因此,对于未来的汽车产业、企业、产品、技术与商业模式等,我们必须重新认识、重新出发。

对于后发的中国来说,本轮汽车产业重构是千载难逢的历史机遇。我们必须把握住发展智能汽车的战略契机,加快推进汽车产业及整个制造业的转型升级,为做强汽车产业以及建设和谐汽车社会而努力奋斗。

第二章　重构

《智能汽车创新发展战略》
——中国建设智能汽车强国的行动纲领
清华大学车辆与运载学院　李克强、边玥远
国家智能网联汽车创新中心　李　乔、公维洁

随着新一代信息通信及人工智能技术的快速发展，汽车作为跨领域新技术应用的重要载体，正在加速向智能化和网联化转型，因此智能网联汽车将成为新一轮产业转型升级的重要标志和依托。当前，世界各国都在加速推进智能网联汽车创新发展，但汽车主要制造国家尚未对产业和技术发展路线形成统一共识，中国也没有成功经验和既定道路可以借鉴。因此，必须立足高新技术与产业发展要求，并结合我国国情，打造智能网联汽车创新发展的中国方案。

综观目前国外智能网联汽车技术与产业的发展，主要聚焦在单车智能领域，并已形成两大产业发展路径。

第一条路径是沿着单车智能化驾驶水平逐步提升的渐进式发展。该路径以众多传统汽车企业为代表，从辅助驾驶产品研制出发，进而在高速公路、拥堵城市道路等条件下实现部分或有条件自动驾驶，再通过软硬件的逐步迭代或升级，循序渐进地提升智能化程度。但该路径是以量产化的汽车产品作为首要发展目标，因此会依赖传统的汽车软硬件技术架构，难以满足智能驾驶汽车日新月异的发展需求。

第二条路径是以单车高度智能化驾驶为核心的阶跃式发展。该路径以Waymo、通用汽车Cruise为代表，通过搭载高性能传感器与计算芯片等组成的系统方案，不断提高车辆的复杂环境感知和智能决策能力，旨在移动出行、物流服务等方面探索高度自动驾驶技术的商业化应用。该发展道路已取得一定成果，比如，Waymo在美国亚利桑那州凤凰城、加州特定区域开展商业化运营探索；又如，通用汽车和科技公司Nuro向美国交通部提交豁免申请，希望在没有方向盘和驾驶员的情况下，合法地进行自动驾驶出行或物流运营。该技术实现路径为颠覆创新，但由于该路径的软硬件技术架构与传统汽车存在巨大差别，其安全性和可靠性有待检验，同时系统量产能力与成本因素也会影响和制约规模化生产。

虽然国际上已经形成两大发展道路，但中国的产业基础决定了不具备全面复制国际经验的条件，同时，现有产业路径亦存在部分关键技术缺失、产业基础仍较薄弱、产业链不完整等问题，产业发展方案尚不成熟。

目前，我国尚不具备直接复制国际智能网联汽车产业发展经验的条件。一方面，针对渐进式发展道路，我国仍不具备相关产业基础。当前，虽然国内主流自主品牌不断普及辅助驾驶功能的应用，但应该看到的是，辅助驾驶背后的技术多是采用国际零部件巨头的成套方案，在高精度传感、控制执行等产品量产化方面仍受制于人。另一方面，对于阶跃式发展道路，我国不具备先发优势。特别是在激光发射芯片、计算平台、开发测试工具等方面存在诸多"卡脖子"技术，不符合产业战略安全要求。进一步来看，考虑到目前国际上两大发展道路依然存在各种内生矛盾，技术和产业化挑战重重，跟随国际发展路径也不是最理想的选择。相较之下，我国智能网联汽车产业发展路径要符合国家战略和我国国情。

发展智能网联汽车要结合自身的技术、产业基础，虽然中国在汽车关键零部件、先进电子元器件等方面与国外相比存在一定差距，但我国也具备独特的发展优势，并集中体现在以下几点：首先，我国社会制度的优势有利于智能网联汽车跨领域跨部门协作，有利于集中优势资源突破关键技术和瓶颈环节；其次，科技变革的外部契机与汽车产业转型升级的内部动力兼备；再次，我国拥有规模超大、全球第一的汽车市场，将会发挥重要的技术汇集和风向引导作用；最后，中国拥有世界领先的信息通信产业，特别是下一代通信技术将有望提供满足车辆高速驾驶要求的低时延、高可靠信息交互环境。

作为机电信息一体化的新型产品和一种新兴业态核心，智能网联汽车具备了区别于传统汽车的两大特征。第一，智能汽车需要汽车、交通基础设施、信息通信基础设施（4G/5G、地图/定位、数据平台）等多个产业跨界融合在一起。第二，智能网联汽车的区域属性及产品社会属性增加，其行驶过程需要通信、地图、数据等本国属性的支撑和安全管理，每个国家都有自己的产业特色、技术基础、使用标准和规范，所以在中国开发和使用智能网联汽车，必然需要符合中国国情的技术路线、标准法规和产业发展道路，能够充分地利用中国的技术和产业创新资源，发挥创新优势。因此，通过发挥我国在体制机制、产业协同、市场牵引、基础设施等方面的优势，以建设汽车强国为根本目标，必将开创出中国方案智能网联汽车创新发展新路径。

探索中国智能网联汽车创新发展道路既具备必要性，也具备紧迫性。一方面，我国汽车产业已经进入新的发展阶段，而智能网联技术作为未来汽车产业发展的核心突破口之一，将推动我国汽车产业再上新的台阶，并将有力带动相关产业的协同发展。同时，智能网联汽车背后的信息安全、数据安全、产业战略安全问题也决定了我国必须要探索符合中国国情的自主可控的产业发展道路。另一方面，中国要尽快探索出智能网联汽车特色发展路径，我国传统汽车产业经历了几十年的跟随式发展，与国际差距仍然较大，新能源汽车通过抢抓机遇，实现了与国际并进式发展，而智能网联汽车则将成为我国汽车产业引领世界的重大历史机遇。

智能网联汽车技术交叉性强，产业融合度深，发展路径多样，其创新发展需要依托本国优势，加强战略谋划，加速跨领域深度交叉与融合创新，形成发展合力。2020年2月，国家发改委等11个部委联合印发《智能汽车创新发展战略》（以下简称《战略》），明确提出了建设中国标准智能汽车和实现智能汽车强国的战略目标，以及构建自主可控的智能汽车技术创新体系、跨界融合的智能汽车产业生态体系、先进完备的智能汽车基础设施体系、系统完善的智能汽车法规标准体系、科学规范的智能汽车产品监管体系、全面高效的智能汽车网络安全体系共六大重点任务，对我国智能网联汽车未来发展做出全面部署和系统谋划。

《战略》是加快建设智能网联汽车产业发展的"独立宣言"，指明未来发展方向，构建战略目标和重点任务：

（1）突出中国优势，发展中国标准智能网联汽车。区别于传统汽车产业，智能网联汽车具备明显的本地属性，其发展路径与本国的产业特色有关，并受到政策法规、标准体系、基础设施、交通环境等因素的影响。依托我国在道路交通设施、无线移动通信、北斗导航定位、路网地理信息等方面建设优势，未来要开展复杂系统体系架构基础前瞻技术研发，构建先进完备的智能网联汽车基础设施体系，从智能化路网设施、车用无线通信网络、高精度时空服务、车用基础地图、大数据云控平台等角度完善基础设施建设，相关措施必将进一步突出我国智能网联汽车在"车－路－云"协同方面的技术优势与演进特色。面对汽车智能化与网联化的发展趋势，我国也将建立中国标准智能网联汽车信息物理系统架构，协调以智能网联汽车为核心的各类复杂系统问题，真正实现"人－车－路－云"一体化发展。

（2）突破共性技术，推动基础平台建设。伴随着技术的交叉融合，智能网联汽车产业面临大量基础前瞻技术与共性交叉技术挑战，如何攻克相关挑战也已经成为各国智能网联汽车产业的共同难题。需要集中全行业力量，将关键基础技术的突破放在首要位置，足以显示其重要性。当前，我国正在通过智能计算平台、新型智能终端、云控平台、高精度动态地图及定位、信息安全等基础平台开发，加速共性技术突破。上述基础平台不仅是智能网联汽车的关键"新型零部件"，也是中国标准智能网联汽车的重要特征。智能网联汽车基础平台的技术突破和应用，可以为不同类型企业产品研发提供跨领域的共性交叉基础模块、中间组件和通用平台，形成我国未来汽车产业发展的基础支撑，加速产业协同创新发展。

（3）集聚创新资源，培育创新发展平台。智能网联汽车跨产业深度交叉融合的特征决定了需要形成跨行业协同创新的发展合力。发展智能网联汽车需要充分挖掘创新资源，加强开放合作、协同推进。因此，亟须加强培育智能网联汽车创新发展平台等新型市场主体，这些措施都将有力提升我国智能网联汽车创新能力。在创新主体探索方面，我国支持建设了国家智能网联汽车创新中心，以创新驱动为核心，通过汽车制造、信息通信、互联网等领域骨干企业相互合作，形成跨产业协同机制，集中突破智能网联汽车关键核心技术瓶颈，提升智能网联汽车基础试验条件和综合服务能力，支撑我国智能网联汽车行业发展。

（4）重视示范应用，打造多层次示范体系。测试验证与应用示范已成为智能网联汽车功能开发、技术验证以及认知提高过程中不可或缺的环节，可以有效加速技术研发进程与产业化步伐。未来，要对智能网联汽车测试评价技术、特定场景应用、封闭区域出行服务、示范区建设与评价、车联网先导区建设等都做出明确的部署，形成覆盖仿真测试、道路测试、特定场景示范到大规模城市级综合应用的多层次立体式示范体系，有效支持我国智能网联汽车创新发展。未来，将以雄安新区智慧城市和北京冬奥会、通州副中心智能交通等重大工程建设为契机，开展智能网联汽车示范运行，呈现智能科技成果，打造"人－车－路－云"一体化系统，加速产业应用步伐。

（5）迎接应用挑战，加速智能网联汽车市场化步伐。智能网联汽车给产业带来颠覆性变革，面对车辆控制权的切换和自动驾驶的出现，一方面，我国在法律法规、标准体系、产品监管等方面还存在众多挑战与空白；另一方面，伦理道德、数据安全等问题也都将长期伴随智能网联汽车的发展，甚至对商业化推广产生决定性影响。面对上述智能网联汽车应用的挑战，《战略》从健全法律法规、完善标准体系、推动认可认证、加强产品管理、构建网络安全体系等角度做出明确规定，破除发展障碍，培育良好的市场发展环境，同时也将从组织实施、扶持政策、人才保障、国际合作和发展环境上加强保障。这些措施的实施，表明了我国大力发展智能网联汽车的决心，也将有效打消人民群众对智能网联汽车的诸多疑虑，提升社会接受度，最终形成有利于智能网联汽车发展的良好社会环境。

　　《智能汽车创新发展战略》勾勒出未来30年中国智能汽车发展的宏伟蓝图，政策覆盖面广，对产业发展指导性强。中国标准智能汽车的六大体系任务将成为未来我国智能汽车产业发展的战略引领，亟须汽车从业者达成共识，以系统架构为指引，以智能网联相融合的技术路线为方向，以五大基础平台为支撑，共同实践中国方案创新之路。

第三章　颠覆

特斯拉引领第三次智能化浪潮

地平线公司　李星宇

一、特斯拉引领智能汽车变革

突如其来的疫情让全球汽车行业坠入寒冬，传统汽车巨头的销量普遍大幅下跌1/3，甚至遭遇"腰斩"，但特斯拉却逆势创造销量新高：2020年第一季度，中国狭义乘用车的总销量同比下滑40.8%，而特斯拉同期销量却暴增73%。

巨大的反差背后，昭示了传统汽车产业正面临百年以来最大的挑战：智能化变革。

目前特斯拉市值已达3800亿美元，超越丰田问鼎汽车行业市值冠军（见图1），表明资本市场已经充分认可了特斯拉引领的智能汽车发展方向。

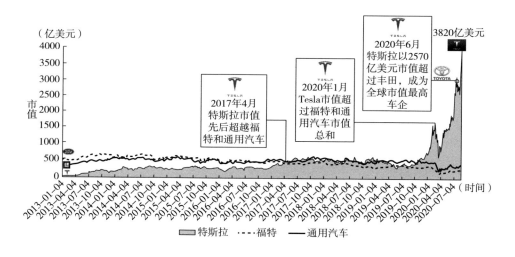

图1　特斯拉问鼎汽车行业市值冠军

资料来源：华西证券研究所。

虽然特斯拉以新能源汽车作为切入点，但相较于丰田、大众这些传统车企，新能源并不是其优势，真正让特斯拉获得竞争优势的，其实是其激进的智能化技术，正如苹果当年推出革命性的智能化产品 iPhone 颠覆了手机行业一样，特斯拉依靠以 Autopilot 为核心的智能汽车颠覆了传统汽车行业格局（见图2）。对于汽车行业来说，特斯拉是一个全新的物种，**正在以破坏性创新者的形象，重构整个汽车行业，并刺激行业以非线性的方式加速转变**。

特斯拉　　　　　　　　　　　　　苹果

- 相对丰田、大众等传统车厂，新能源车本身并不是其特殊竞争优势
- 依靠革命性智能化产品颠覆传统行业格局
- 智能化技术领先：芯片、计算平台、软件和数据
- 建立了强大的生态壁垒
- 出色的品牌营销：树立高端科技品牌形象

- 相对诺基亚、摩托罗拉，手机通信本身并不是其特殊竞争优势
- 依靠革命性智能化产品颠覆传统行业格局
- 智能化技术领先：芯片、软件和数据
- 建立了强大的生态壁垒
- 出色的品牌营销：树立高端科技品牌形象

图2　特斯拉颠覆性创新重新定义了智能汽车

资料来源：华西证券研究所。

伴随着 Model 3 和 Model Y 的全面国产化，特斯拉兵临城下，这是中国车企不得不面对的智能化挑战。

来自 IHS 对全球 140 家汽车行业公司的调查显示，汽车行业 2020 年用于前瞻技术的研发预算平均削减幅度达 17%，大部分企业都是"砍研发"，但新物种却在加大投入，危机加速了变革的进程，并扩大了差距。最终的结果是**加速了新物种的成长，以及旧势力的离场**。

"汽车行业面临着空前的产业大变革，从供给侧和需求侧来讲，没有一个领域像汽车智能化这样得到我们高度的认可。中国在智能汽车发力，不仅使中国的汽车产业结构得到优化，也将使汽车产业在技术变革时期能够取得相对的优势。"针对当前形势，中国汽车工程学会名誉理事长付于武这样表示。

智能化变革驱动下，**智能汽车正按照 IT 行业的逻辑和节奏向前发展**。

业界对 Model 3 的成本分析表明，与智能化相关的汽车电子已经占其成本的 24%，已经超过了机械部分 23% 的占比，我们认为到 2030 年，这一比例将增加到 45%，成为智能汽车最大成本，而这其中**最重要的零部件就是 AI 计算芯片**，其重要性如同电池之于新能源。

大幅度领先行业的背后，源于其定义了智能汽车时代的三大核心要素：**AI 计算芯片、车载操作系统和驾驶数据闭环**。接下来我们逐一分析。

（一）自研 FSD 车载 AI 计算芯片

FSD 的推出是特斯拉发展历史上的里程碑（见图 3），**真正奠定了特斯拉在智能化方面的领导者地位**，其中央集中式的电子架构、自有车载操作系统以及软件定义汽车的方式引领了行业的发展，发展的速度在加快，超出了绝大部分从业者的想象。

图 3　特斯拉 FSD 芯片

资料来源：华西证券研究所。

特斯拉在 2019 年 3 月推出了自研的 FSD 芯片，替换了基于英伟达芯片（2 颗 Parker SoC 芯片加 1 颗 Pascal GPU）的前代 Autopilot 系统硬件，最终 AI 计算性能提升达 21 倍，并推出了全新的 L2＋级别 ADAS 系统。通过持续远程升级软件功能，真正实现了软件定义汽车，大幅度拉开了相对于竞争对手的领先优势（见图 4）。

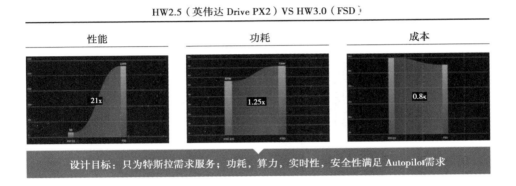

图 4 特斯拉 FSD 芯片带来压倒性的竞争优势

资料来源：华西证券研究所。

特斯拉和 SpaceX 的 CEO 埃隆·马斯克在回答投资者为何要自研芯片的提问时说："英伟达是一个伟大的公司，为满足众多客户的需求，他们需要做一个通用解决方案。而我们更关心专用设计，专用设计使软件在硬件上更好运行。我认为这种软硬件整合才是无与伦比的。"

从图 5 中可以看出，英伟达 Xavier 芯片更注重通用计算单元，即 GPU 和 CPU，其在芯片面积中的占比最大，而用于深度学习加速的单元则相对较小，而特斯拉 FSD 芯片中，专门用于深度学习加速的两个 NPU 单元的面积占比要大得多。这充分体现了特斯拉软硬结合，针对特定算法进行芯片设计的理念。

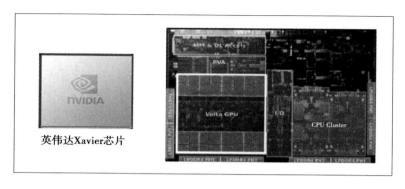

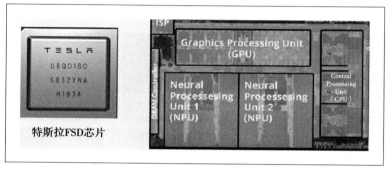

图5 英伟达 Xavier 芯片与特斯拉 FSD 芯片对比

资料来源：华西证券研究所。

实际上，特斯拉并非一开始就决定要做芯片，Mobileye 和英伟达的芯片都曾经使用过，但最后都无法满足特斯拉的需求。简单来讲：只有基于自身对于应用场景的深刻需求，才能理解对于芯片的需求，从而以软硬一体的设计理念打造自研芯片，实现超高的数据处理效能（见图6）。

（二）可以全栈掌控的车载操作系统

特斯拉 Autopilot 是基于开源 Linux OS 高度优化而来的，这一做法与传统车厂高度不同。

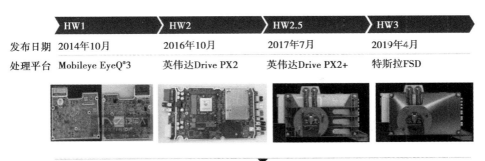

HW1	HW2	HW2.5	HW3
发布日期　2014年10月	2016年10月	2017年7月	2019年4月
处理平台　Mobileye EyeQ®3	英伟达Drive PX2	英伟达Drive PX2+	特斯拉FSD

芯片规划
三部曲

技术积累：
特斯拉在前三代产品中积累了对
自动驾驶算法和软件的深度理解

遭遇瓶颈：
供应商的芯片无法满足特斯拉对于
设计目标的要求：算法效率、功耗，
算力，实时性，安全性

按需定制：
从软件需求倒推芯片需求，实现
差异化竞争优势

图6　FSD芯片是特斯拉场景需求与软件迭代的自然结果

资料来源：华西证券研究所。

基于开源软件的最大优势在于进化速度。因为软件堆栈全透明，不依赖于供应商的黑盒软件，不会过多受制于他人，可以复用生态资源、快速开发与调试，并通过 OTA 升级快速迭代。同时有利于吸引人才，开源生态社区人才丰富是不争的事实。

特斯拉从 Autopilot 1.0 到 3.0 的进化，都是沿着功能集中化、资源共享化的道路前进的，而软件版本已经迭代到 V10.0，则体现了特斯拉软硬件解耦，通过软件定义汽车的实践（见图7）。对于消费者来说，每一次 OTA 系统升级都会带来新的体验，就不会感觉到这辆车会过时。最近通过 OTA 升级发布的"哨兵模式"和"狗狗模式"非常生动地体现了这一点。特斯拉通过 OTA 升级直接将 Model 3 的刹车距离优化了 6 米的案例就是最好例证。这在传统汽车开发流程中是无法想象的。

汽车智能化的实质，就是用软件去重新定义汽车，更加高效、快捷地实现丰富的智能化功能，最终实现自动驾驶，就像手机从功能机时代迈向智能机时代一样。从这个意义上讲，无论是特斯拉还是如今的华为，它们大举进军汽车行业的逻辑，绝非简单地复制，而是将自身的 IT 基因与汽车固有的基因进行新的编辑组合，进化出新物种。

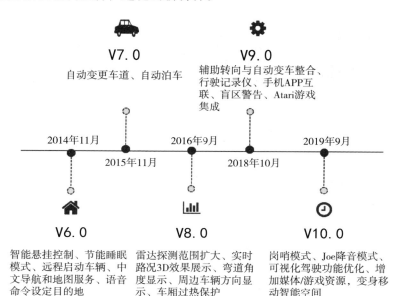

V7.0
自动变更车道、自动泊车

V9.0
辅助转向与自动变车整合、行驶记录仪、手机APP互联、盲区警告、Atari游戏集成

2014年11月
2015年11月
2016年9月
2018年10月
2019年9月

V6.0
智能悬挂控制、节能睡眠模式、远程启动车辆、中文导航和地图服务、语音命令设定目的地

V8.0
雷达探测范围扩大、实时路况3D效果展示、弯道角度显示、周边车辆方向显示、车厢过热保护

V10.0
岗哨模式、Joe降音模式、可视化驾驶功能优化、增加媒体/游戏资源，变身移动智能空间

图7 特斯拉车载 OS 支持软件功能高频迭代

资料来源：华西证券研究所。

（三）海量驾驶数据闭环

与过去软件开发的人海战术不同，特斯拉引领了软件开发的新模式，**这一新模式，开启了软件开发 2.0 时代**（见图 8），其核心驱动力就在于海量的实时驾驶场景数据。

软件开发 1.0 时代：核心是逻辑驱动，基于模块化/面向对象编程，靠的是程序员。

软件开发 2.0 时代：核心是数据驱动，基于机器学习，靠的是数据驱动的迭代闭环。

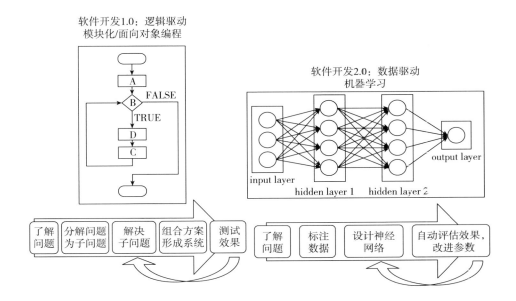

图8　数据驱动的软件开发 1.0 模式和 2.0 模式

资料来源：华西证券研究所。

在软件开发 2.0 模式下，程序员开始逐渐淡出，目标是全流程实现无人化升级，特斯拉将其称为假期模式，意思就是我们在度假的时候，系统都可以自动迭代，提升性能。

"当有新算法出现我们第一时间就想尝试，在影子模式下你就能把它推给车队，看看在现实世界中它表现如何。"特斯拉前工程部门副总裁斯图亚特·鲍尔斯（Stuart Bowers）这么说过。

智能汽车时代，**数据是数字能源**，在强大的计算平台加持下，驱动算法高速迭代，功能持续升级，打造出一个完整的软件进化闭环（见图9）。

截至 2020 年 8 月特斯拉 Autopilot 累计行驶总里程估计达 33 亿英里，作为对比，Waymo 测试总里程大约仅有 2000 万英里，不足特斯拉的 1/100。特斯拉强大的数据收集能力，配合其在真实道路上运行的百万级别车队，打造

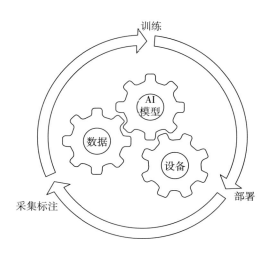

图9 基于数据驱动的软件迭代闭环

资料来源：华西证券研究所。

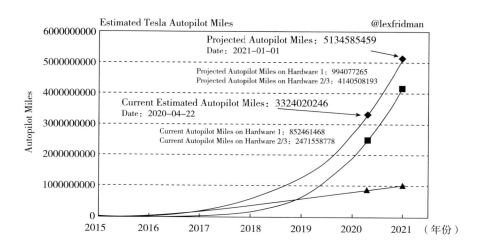

图10 特斯拉的数据量增长惊人

资料来源：华西证券研究所。

了高效的"AI 联合进化体",并显示出渐进式的自动驾驶发展路线比研究院模式的自动驾驶发展路线更有优势。

特斯拉在车企中第一个建立了完整的数据闭环,通过 OTA 的高频升级,已经在进化速度上大大领先于其他玩家,而**速度,是变革期最关键的竞争要素**。

(四) 中央集中式电子电气架构

在软件定义汽车的驱动下,智能汽车的电子架构正在加速从分布式向集中式演进,**未来的汽车会成为四个轮子上的超级计算机**,即车载中央计算机。

特斯拉的电子电气架构演进就是一个典型的例子(见图 11)。特斯拉 Model S 基于功能属性的不同有了较为明显的域划分,ADAS 模块横跨动力域与底盘域。到了 Model X,底盘域、车身低速容错及车身域合并形成中央车身控制模块,ADAS 功能进一步扩展成为以 Autopilot 为代表的域控制器架构,而热控制器与中控连到一起。再到 Model 3,则变成了典型的 C&Z 架构,即中央计算机和区控制器,其中中央计算机(即 HW 3.0)核心是自研车载 AI 芯片 FSD,三个区控制器分别是左车身控制器、右车身控制器和前车身控制器。这种新的计算架构大大加速了软件定义汽车的发展。

过去汽车智能化功能更多是以独立 ECU 单元的形式实现,例如车窗的智能化、车身的智能化等,其实是分布式 ECU 架构,而随着"软件定义汽车"的理念深入人心,汽车的电子电气架构也需要随之改变,目标是通过底层架构变化,加速软件开发。从分布式 ECU 架构到域架构,计算的集中度明显提升,后者按照功能不同聚类,有了"面向服务(SOA)的架构"这个概念,软硬解耦得以体现,而且通过以太网作为车内骨干网进行互联。这种趋势继续演进,就出现了中央计算架构,可以提供开放式软件平台,底层资

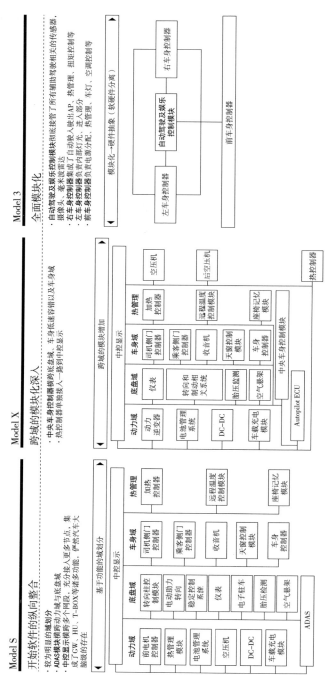

图 11　特斯拉的电子电气架构演进历程

资料来源：笔者整理。

源充分池化使中央可以共享，在未来进一步打通云端计算和车端计算，形成更大的协同式计算网络，但车端的边缘计算依然是智能化的基石（见图12）。

分布式ECU架构　　　　　域控制器架构　　　　　中央计算架构

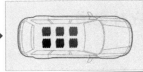 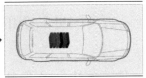

- 软件开发环境不一致
- 可扩展性差
- ECU之间协同困难
- 低速通信：CAN/LIN

- 按功能划分的集中化
- 面向服务（SOA）的架构
- 加速软硬件解耦
- 以太网作为骨干网

- 中央–区架构
- 开放式软件平台
- 资源池化
- 云计算+单车计算

图12　电子电气架构发展趋势

资料来源：华西证券研究所。

特斯拉已经大幅度领先了传统车厂，宝马预计2021年推出中央集中式的计算架构，通用和大众仍处于域控制或跨域融合阶段。在 Tier 1 中，安波福相对领先，半中央集中式的计算架构预计2022年推出，中央集中式的预计2025年推出。业界普遍认为，特斯拉的领先幅度至少在6年以上。

以特斯拉为代表的中央计算平台架构，大幅提升了智能汽车的进化效率，软件迭代效率较高。总结来看，车载电子电气架构的核心演进逻辑就是通过提供开放的、资源充足的硬件平台，让软件的开发更加高效。

（五）总结：特斯拉率先实现了软件定义汽车

整体来看，软件定义汽车的驱动下，**车载计算平台的技术发展有四大趋势：计算集中化、软硬件解耦、平台标准化以及应用生态化。三大核心支柱为：AI 计算芯片、车载操作系统以及海量数据闭环。**

软件定义汽车会对产业格局产生重大影响，使 OEM 在与顶尖 Tier 1 博弈的过程中，重新获得优势，不断将过去属于 Tier 1 的功能拿回来重新自行开发。

二、中国车企的应对之道

伴随着 Model 3 和 Model Y 的全面国产化，特斯拉兵临城下，这是中国车企不得不面对的挑战。如何破局？

可以说，**马斯克执掌的特斯拉是一个难以复制的成功特例**。除了上面提到的三大硬实力以外，特斯拉在使命愿景、人才、组织等软实力方面同样难以企及，包括：马斯克超强的个人号召力，乔布斯式的管理风格，直接沟通模式（任何人都可直接向马斯克汇报问题）；业界顶级的技术精英组成的小型团队，招聘信息中常用词都是 "a small team of experts"。

与特斯拉抗衡，还是要从自己的基本面出发，去寻找合适的发展路径，而不是像素级的"复制"特斯拉。

在笔者看来，**汽车智能化变革恰恰是中国汽车产业的一个空前的机遇**。中国在智能汽车发展方面有相当多的优势：市场规模、消费者意愿、政策驱动、基础设施、人才和数据，自主品牌大有希望。

（一）充分把握中国消费者的独特需求

中国用户和美国用户对车的使用、体验、价格等方面的需求存在相当大的差异，因此体现在产品设计上也有很大差别，充分利用这种差别，做出差异化的功能，就有可能"杀出来"。国产 SUV 的异军突起就是因为本土车企准确抓住了中国消费者的独特心理和需求。

智能汽车时代，车企有更好的硬件基础去开发更加理解中国消费者需求的产品，并且以更快的速度去更新迭代，满足各种差异化的功能需求，过往的实践都证明：这方面中国企业比国际公司做得更好，互联网领域BAT的崛起就是明证。

（二）开放的技术路线

过去，自主品牌往往比较重视成本控制，但在智能汽车时代，这往往是致命的陷阱。软件定义汽车已经是大势所趋，传统汽车卖出去后功能就固定了，智能汽车在全生命周期里是可升级的，但这有一个前提：**需要充足的硬件预留，例如算力需要超配，**系统架构要有足够的弹性，才能为软件提供足够的发挥空间，在产品生命周期里确保有足够的可扩展能力和生命力。**计算平台的钱一定不能省。**

从终局来看，**硬件层面大家会逐渐趋同，主要靠软件层面打造差异化。**例如：智能推荐，通过大数据为用户提供在各种场景下的解决方案，通过数据挖掘为车辆进行健康管理等（见图13）。

正因如此，智能化零部件企业不能只给车企提供"黑盒子"的解决方案，而是要开放赋能，做好工具链和开源参考算法，构建支撑客户开发产品的各种资源，充分支持客户开发自己差异化的产品。

具体来说：

（1）电子电气架构是基础，从功能架构到服务型架构的转变，一个强大的、可扩展的、接口丰富的中央计算平台是最适合的开发平台。

（2）软硬件解耦是核心设计理念，底层的操作系统和应用开发也要解耦，否则很难形成生态。

（3）充分利用大规模本土数据的优势。

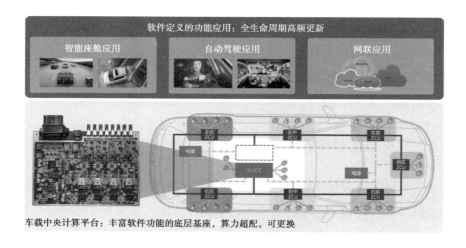

图13 软件定义汽车带来新的产品设计理念

资料来源：华西证券研究所。

（三）有远见和执行力的领导者

从各个行业转型期的历史看，胜负手从来都不是底子的厚薄，而是领导者。苹果刚刚推出 iPhone 的时候，诺基亚还占有超过60%的市场份额，并且研发经费是苹果的5倍，结果仅仅过了六年，手机业务就全军覆没。

几乎在特斯拉问鼎汽车行业市值冠军的同时，以激进的智能化变革著称的大众 CEO 迪斯遭到大众监事会的罢免，不再负责大众品牌。迪斯在年初向大众监事会表达了他对大众未来发展的担忧，并表示要加速向智能化转型，否则将重蹈诺基亚在智能手机领域的覆辙。

企业转型，差不多相当于从一部还在运转的老机器上拆零件，然后组装一部新机器出来。其难度之大可想而知，会触动多方的既得利益，迪斯的遭遇，是无数企业转型历史里反复上演过的故事。

德鲁克说："管理者的素质和绩效是企业唯一的有效优势。"因为在变革期，变革的速度是关键，而这一切**都必须有一个意志坚定、有远见、有行动**

力的领导者。也只有这样的领导者才能推动组织转型。

而**智能汽车在技术架构上从烟囱式向分层式转变，要求组织也必须同步变革**，这是成功的前提，如图 14 所示。

这也是为什么势单力薄的新势力常常能"干翻行业老司机"的原因。他们没有既得利益者的牵绊，有敢于冒险的创始人，有全新知识背景的人才队伍。

2019 年，新造车势力处于极度艰难的境地，很多人认为他们已经不堪一击，但我相信他们已经改变了行业，我们无法预知最终谁能活下来，但一旦他们生存下来，就很可能是行业的主导者。

（四）拼图式合作

特斯拉采用的是跟苹果一样的垂直整合模式（Integrated Design and Manufacture，IDM），从计算平台、软件到芯片都是自己做，这种模式在产业转型的初期非常有利，因为行动力有保证，速度最快，但往往后劲不足。今天的苹果已然创新乏力，就是明证。

而生态是比封闭更加强大、坚韧、有活力的组织形态，安卓生态的后来居上，占据 90% 的市场，绝非偶然，而是生态发展的必然结果。

未来的主流模式还是上游的零部件公司、科技企业与车企的协同合作，通过开放和协同创新，**以拼图式的合作改变了过去等级森严的塔状结构**，打通了智能汽车创新链，加速产品落地，并培养全新的智能汽车开发生态。

中国智能汽车行业的创新已经非常活跃，几乎每一个单点上都用大量初创公司在做，每一家把自己本分的事情做好，以车企为中心，协调组织起拼图式的合作，就是一个非常强大的组织，非常值得期待。

这一模式也倒逼中国车企需要更加开放。要坚信开放的力量，**技术的开放，让创新得以发生；组织的开放，让管理更加简单；格局的开放，让合作伙伴遍天下**。

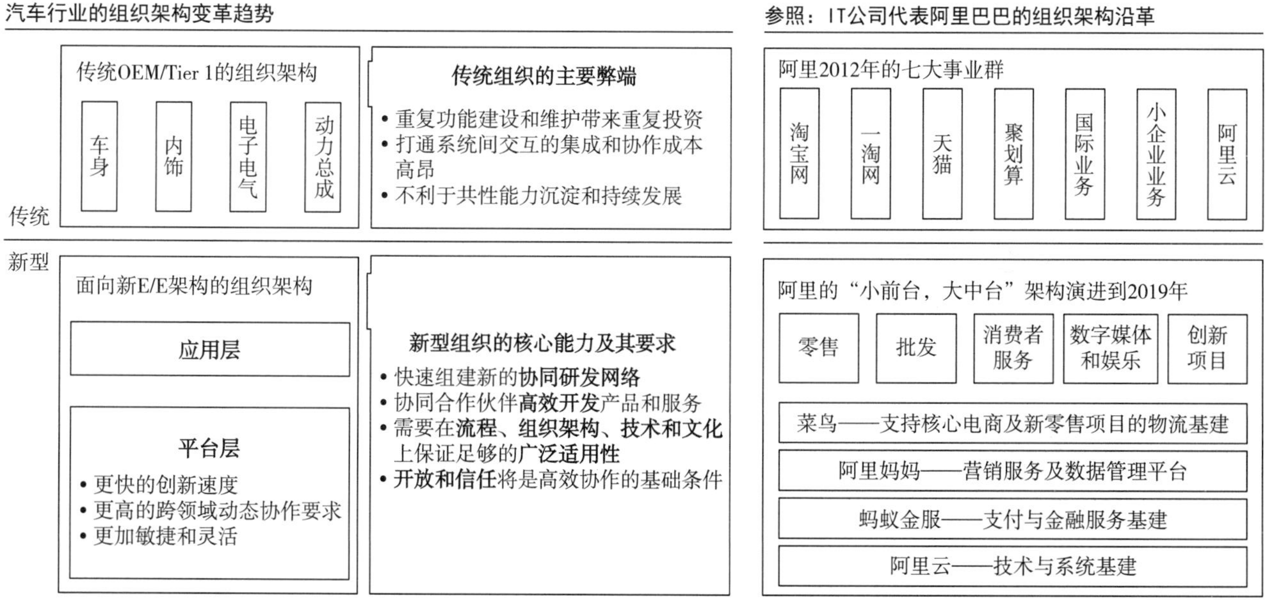

汽车行业的组织架构变革趋势

参照：IT公司代表阿里巴巴的组织架构沿革

传统　传统OEM/Tier 1的组织架构

| 车身 | 内饰 | 电子电气 | 动力总成 |

传统组织的主要弊端
- 重复功能建设和维护带来重复投资
- 打通系统间交互的集成和协作成本高昂
- 不利于共性能力沉淀和持续发展

阿里2012年的七大事业群

| 淘宝网 | 一淘网 | 天猫 | 聚划算 | 国际业务 | 小企业业务 | 阿里云 |

新型　面向新E/E架构的组织架构

应用层

平台层
- 更快的创新速度
- 更高的跨领域动态协作要求
- 更加敏捷和灵活

新型组织的核心能力及其要求
- 快速组建新的协同研发网络
- 协同合作伙伴高效开发产品和服务
- 需要在流程、技术和文化上保证足够的广泛适用性
- 开放和信任将是高效协作的基础条件

阿里的"小前台，大中台"架构演进到2019年

| 零售 | 批发 | 消费者服务 | 数字媒体和娱乐 | 创新项目 |

菜鸟——支持核心电商及新零售项目的物流基建

阿里妈妈——营销服务及数据管理平台

蚂蚁金服——支付与金融服务基建

阿里云——技术与系统基建

图14　组织变革是技术变革的前提

资料来源：笔者整理。

（五） 培养强大的本土核心零部件产业

中国的手机行业后来居上，就是一个可以参考的成功案例。苹果培养了强大的中国手机零部件产业，反过来又提供了本土品牌赖以成长的沃土。

这就要求本土车企需要更加开放和积极，为创新者提供商业实践的机会和空间，因为产品只有在实际使用中打磨，并且通过持续迭代升级才能真正走向成熟。过去国内的整车企业习惯于使用国外成熟零部件公司的产品，导致国产零部件公司因为缺乏市场而无法成长，其教训不可谓不深刻。

发改委等 11 部委联合印发《智能汽车创新发展战略》提出：建设智能汽车关键零部件五个产业集群，包括车规级芯片、智能操作系统和智能计算平台等，可谓切中要害。

尤其是芯片，以前，汽车供应链的"生死门"是发动机，今后很可能是上游的车载芯片。这一块如果没有突破，就很难谈未来。华为、地平线、芯驰等公司都在开发车规级 AI 计算芯片，这是一个非常好的开始。最新的案例是，长安联合地平线，基于其征程二代芯片开发了 NPU 智能座舱产品，用于 UNI－T 新品牌，预售不到三周就突破万台大关。

（六） 结语

20 世纪初，美国正是靠着汽车工业的崛起，从世界工业大国蜕变为工业强国。今天，汽车行业智能化变革再次给了中国的汽车人百年一遇的机会。

从技术角度讲，智能汽车是人工智能应用的旗舰物种，是绝对的硬科技。在这样一个时代拐点，在这样一个空前的机遇面前，有所作为，是时代的使命，更是我们这一代人应有的担当，跨越时间的维度去思考终局，我们有充分的信心开创属于中国的硬科技时代，创造新的历史，不负韶华，当作时代英雄，以中国力量引领全球科技的发展！

三、车载 AI 芯片发展趋势与地平线的实践

（一）车载 AI 芯片发展趋势

1. 车载 AI 芯片是人工智能科技的"珠穆朗玛"

车载 AI 芯片处于人工智能、智能汽车与集成电路三大战略性产业的交汇点，开发周期长、难度大，是硬科技、长跑道的创新，总结起来有如下几点：①可靠性：零缺陷率、AEC - Q100 车规级芯片质量标准；②安全性：功能安全、数据安全、预期功能安全；③实时性：满足高等级自动驾驶的时延要求；④高算力：如 L5 自动驾驶所需的算力可达旗舰级智能手机的 1000倍。车载 AI 芯片导入车型时间如图 15 所示。其中，车规级芯片是要求最高的器件（见表 1）。

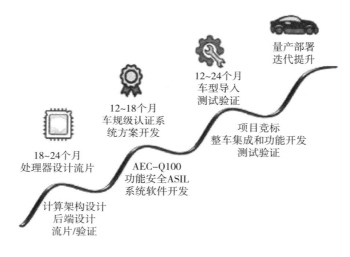

图 15　车载 AI 芯片导入车型时间

资料来源：华西证券研究所。

表1　车规级芯片是终端芯片中要求最高的器件

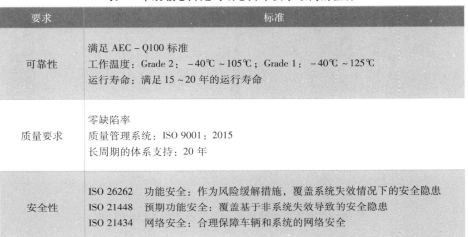

要求	标准
可靠性	满足 AEC–Q100 标准 工作温度：Grade 2：–40℃～105℃；Grade 1：–40℃～125℃ 运行寿命：满足 15～20 年的运行寿命
质量要求	零缺陷率 质量管理系统：ISO 9001：2015 长周期的体系支持：20 年
安全性	ISO 26262　功能安全：作为风险缓解措施，覆盖系统失效情况下的安全隐患 ISO 21448　预期功能安全：覆盖基于非系统失效导致的安全隐患 ISO 21434　网络安全：合理保障车辆和系统的网络安全

资料来源：华西证券研究所。

2. 算力不足已经成为智能汽车发展的核心瓶颈

　　智能汽车时代，AI 计算芯片就是数字发动机，提供智能汽车最重要的硬件基石：算力。**当前算力不足已经成为智能汽车发展的核心瓶颈**。算力就好比智能汽车的脑容量，进化史上，灵长目动物智力的提升，是伴随着大脑容量的不断提升而获得的，汽车的智能化也遵循同样的趋势，算力的持续提升是汽车智能化进步的标志。中央计算平台对于算力的需求较为多样化。AI 计算是异构计算中占比最大的部分，逻辑算力的需求也在提升。中央计算平台的两大应用是自动驾驶和智能座舱，前者以 AI 计算为主，后者以逻辑计算为主，需要用不同芯片来实现。每增加一级自动驾驶等级，算力需求数十倍上升。自动驾驶每往上走一级，所需要芯片算力就要翻一个数量级，要实现完全自动驾驶，我们需要天河二号级别的计算能力（见图16）。

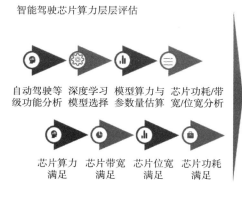

智能驾驶芯片算力层层评估

自动驾驶等
级功能分析

深度学习
模型选择

模型算力与
参数量估算

芯片功耗/带
宽/位宽分析

芯片算力
满足

芯片带宽
满足

芯片位宽
满足

芯片功耗
满足

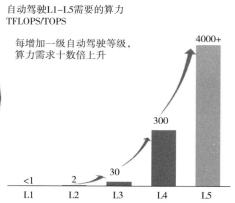

自动驾驶L1–L5需要的算力
TFLOPS/TOPS

每增加一级自动驾驶等级，
算力需求十数倍上升

图16　海量数据处理需求驱动自动驾驶 AI 算力剧增

资料来源：华西证券研究所。

3. 车载 AI 芯片超越手机芯片，将成为第一大半导体市场

车载 AI 芯片正在替代手机芯片，成为半导体行业发展新的驱动力。 近日，AI 芯片公司英伟达市值超过三千亿美元，大幅超越昔日王者英特尔，进一步印证了这一趋势。随着智能化对算力需求的指数级增长，预计到2030年，每辆汽车的车载 AI 芯片平均售价将达 1000 美元，整个车载 AI 芯片市场的规模将达到 1000 亿美元，成为半导体行业最大的单一市场。与电脑、手机芯片行业已经固化的格局不同，车载 AI 芯片正处于产业创新周期的起点（见图17），对中国的芯片行业是一个巨大的机遇。

4. AI 计算的"新"摩尔定律

AI 对算力的需求过去七年间提升了七个数量级，旧摩尔定律已经无法支撑 AI 对算力的需求，而且车规级 AI 芯片的软件成本增长比硬件更快，正急剧推高芯片开发成本。特斯拉之所以能领先竞争对手，主要在于自家的 FSD，

车载芯片复杂度剧增

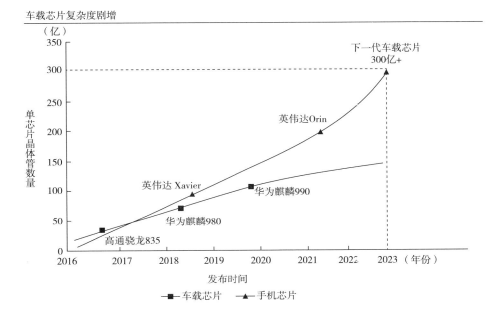

图 17　车载 AI 芯片的晶体管集成度超越了手机芯片

资料来源：华西证券研究所。

其相对于英伟达 Drive PX2，性能提升 21 倍，功耗只增加 1/4，成本还降了 20%。从特斯拉可以看出 AI 计算的"新"摩尔定律：软硬协同提升数据处理效能。

对于车载 AI 芯片来说，算力指标重要，能效比更重要。在传统芯片行业，算力、功耗和面积（Power，Performance and Area，PPA）是最经典的性能衡量指标。由于现在汽车自动驾驶对算力的追求，业界往往会把峰值算力当作衡量 AI 芯片的主要指标。地平线提供一个新的方法用以评估芯片的 AI 真实性能——在精度有保障范围内的平均处理速度（Mean Accuracy - guaranteed Processing Speed，MAPS），针对应用场景的特点，在精度有保障的前提下，包容所有与算法相关的选择，评估芯片对数据的平均处理速度。MAPS

评测方法关注真实的用户价值，将每颗芯片在"快"和"准"这两个关键维度上的取舍变化直观地展现出来，并在合理的精度范围内，评估芯片的平均处理速度（见图18）。这个方法具有可视化和可量化的特点。

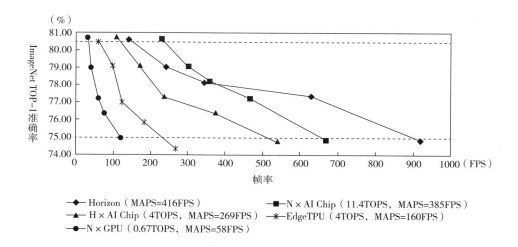

图18　MAPS 聚焦"快"和"准"两个关键评测维度

注：ImageNet 图像分类75%～80.5%精度范围内，MAPS 评估方式下的主流芯片测试结果（右一折线为地平线最新一代芯片测试结果）。

资料来源：华西证券研究所。

地平线致力于打造极致 AI 能效，确保芯片对于数据的处理能效比行业领先。未来一辆自动驾驶车辆平均每天产生 600～1000 TB 的数据计算，仅2000 辆自动驾驶车辆产生的数据量就超过 2015 年我们一天的数据用量，大规模设备端部署需要成本效率。要实现大规模部署，车载 AI 芯片就必须充分考虑芯片的能效比。地平线在 AI 处理器设计的初始就开始从算法和计算架构角度协同设计，将经典芯片设计思想和带宽利用率优化结合在一起，注重真实的 AI 能力输出，既守住主效能又兼顾灵活效能的 BPU 思想。

以 2020 年最先商用量产的地平线征程二代芯片为例，搭载自主创新研发的高性能计算架构 BPU 2.0（Brain Processing Unit），可提供超过 4TOPS 的等效算力，典型功耗仅 2 瓦，而且具有极高的算力利用率。典型算法模型在该芯片上处理器的利用率可以高于 90%，能够高效灵活地实现多类 AI 任务处理，对多类目标进行实时检测和精准识别，可全面满足自动驾驶视觉感知、视觉建图定位、视觉 ADAS 等智能驾驶场景的需求，以及语音识别、眼球跟踪、手势识别等智能人机交互的功能需求，充分体现 BPU 架构强大的灵活性。

征程二代芯片具备极高的算力利用率，每 TOPS AI 能力输出可达同等算力 GPU 的 10 倍以上。与此同时，征程二代还可提供高精度且低延迟的感知输出，满足典型场景对语义分割、目标检测、目标识别的类别和数量的需求。

5. 感知：汽车智能化的基石

从技术角度讲：在自动驾驶中导致致命事故的原因中，绝大多数为感知错误（见图 19）。如 2016 年美国一辆特斯拉 Model S 电动汽车，在途经十字路口的时候，撞上了一辆正在左转的卡车，原因为在强烈的日照条件下，驾驶员和 Autopilot 系统都未能检测到拖挂车的白色车身，因此未能及时启动刹车系统。再如 2018 年 Uber 自动驾驶测试车在亚利桑那州测试时造成一名女子死亡，其原因是自动驾驶系统无法准确识别到在人行横道外的行人。

不管智能汽车的应用是什么，都有一个共性的底层，就是感知。要想让汽车懂驾驶员、懂得理解整个道路环境，理解行人的意图，都需要汽车对物理世界有准确、丰富的感知。没有可靠的感知，自动驾驶决策的准确性就无从谈起。可以说，感知是实现汽车智能化的基础。

感知及 AI 安全依然是自动驾驶落地的主要挑战。软硬件分离催生感知平台，支撑上层多样化功能（见图 20）。感知是车对外部物理世界的数据化描述，没有二义性，容易标准化。未来随着智能化功能愈发复杂，我们就要

 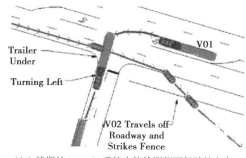

（a）Uber的系统没有准确识别到在人行道外的行人　（b）特斯拉Autopilot系统未能检测侧面行驶的卡车

图19　感知是智能化的基础

资料来源：华西证券研究所。

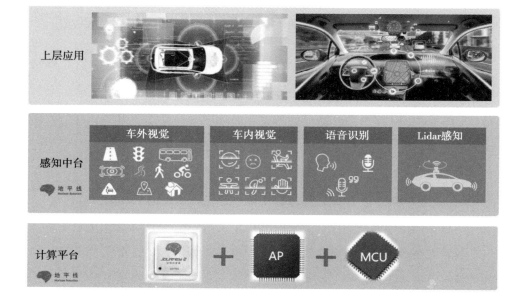

图20　感知中台支撑上层多样化应用

资料来源：华西证券研究所。

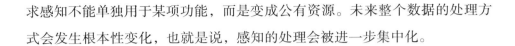

求感知不能单独用于某项功能，而是变成公有资源。未来整个数据的处理方式会发生根本性变化，也就是说，感知的处理会被进一步集中化。

（二）地平线车载 AI 芯片产业化实践

车载 AI 芯片已经成为决定竞争胜负最重要的筹码。智能化变革推动汽车行业按照 IT 行业的逻辑和节奏向前发展，同时也将掀起一场残酷的淘汰赛，作为智能化的基石，车载 AI 芯片的重要性毋庸置疑。今天，特斯拉依靠自研芯片战略的成功已然证明了这一点。

目前车载 AI 芯片行业中，海外代表性公司包括特斯拉、英伟达和 Mobileye，可喜的是，中国已经涌现出以地平线、华为为代表的车规 AI 芯片公司。中国目前拥有全球最顶尖的 AI 算法人才、最愿意尝试创新的用户、最丰富的应用场景、广泛的数据来源和全球领先的工业化能力，未来国内必将走出自主品牌车规级 AI 芯片重量级公司。

地平线选择从车载 AI 芯片这一最具挑战性的边缘芯片切入。从成立到现在，地平线走过了五年的时间，基本上都是在苦练内功，打磨产品，突破了很多行业甚至世界第一：全球第一个 AI 芯片创业公司，2017 年 6 月，地平线成为台积电全球第一个 AI 芯片客户。2017 年 12 月推出中国第一款边缘 AI 芯片，2019 年 8 月推出中国第一款车规级 AI 芯片——征程二代（见图 21）。

征程系列芯片可以同时支撑智能汽车智能座舱 AI 应用和自动驾驶应用，应用于智能座舱域和自动驾驶域，最终成为中央计算平台主控芯片。其中征程二代可以为车载智能化应用提供通用 AI 算力，对多类目标进行实时检测和精准识别，并提供高精度且低延迟的感知输出，可以支持智能驾驶域的 ADAS 软件，也可以支持智能座舱域的多模交互 AI 软件。

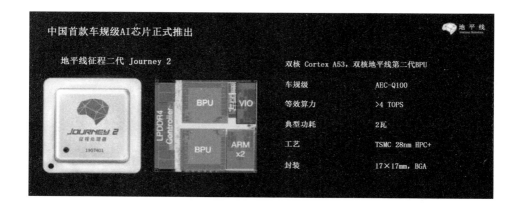

图 21 国内首款车规级 AI 芯片——征程二代

资料来源：华西证券研究所。

AI 算法是车规 AI 芯片的灵魂，也对芯片设计带来了更大的挑战，神经网络算法的迭代速度远超硬件的改进速度，一旦设计时考虑不当，将会造成芯片设计结束时算法全面落后的情况，需要针对 ADAS 应用进行极致优化。地平线创始人余凯博士是全球最顶尖的 AI 专家，公司拥有全球领先的算法团队，地平线利用 AI 算法能力全球领先的技术优势，在对自动驾驶和汽车智能化重要应用场景的关键算法发展趋势进行提前预判，前瞻性地将其计算特点融入计算架构的设计当中，使 AI 处理器经过一两年的研发，在推出的时候，仍然能够很好地适应时下最新的主流算法。因此和其他典型的 AI 处理器相比，地平线的 AI 处理器，随着算法的演进趋势，始终能够保持相当高的有效利用率，从而真正意义上受益于算法创新带来的优势。全球领先的 AI 算法能力是公司区别于 AMD、瑞萨、高通等传统芯片制造商的最大优势。公司掌握了算法和计算架构，再利用自己开发的编译器对算法和芯片同时进行极致优化，释放出所有的潜能。地平线车规级 AI 处理器对标 Mobileye 如图 22 所示。

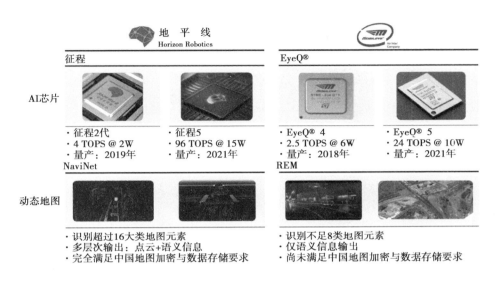

图 22　地平线车规级 AI 处理器对标 Mobileye

资料来源：华西证券研究所。

1. Matrix 2.0 自动驾驶计算平台

地平线 2020 年 1 月宣布推出新一代自动驾驶计算平台——Matrix 2.0，搭载地平线征程二代车规级芯片，可满足 L2～L4 级别自动驾驶需求（见图 23）。感知层面，Matrix 2.0 可支持包括摄像头、激光雷达在内的多传感器感知和融合，实现高达 23 类语义分割以及六大类目标检测，感知算法还能够应对复杂环境，支持在特殊场景或极端天气的情况下输出稳定的感知结果。

在 Robotaxi 领域，地平线与多家顶级自动驾驶运营公司达成合作，目前 Matrix 被应用于近千辆的测试车队并已开展商业运营服务；在整车厂领域，地平线与奥迪长期在高级别自动驾驶技术研发及产品化等方面展开合作，助力奥迪在无锡获得了 L4 路测牌照，奥迪中国首次在国内实际高速公路场景进行乘用车编队 L4 自动驾驶及车路协同演示也是采用 Matrix 计算平台。

图 23　地平线自动驾驶计算平台 Matrix 2.0

资料来源：华西证券研究所。

2. 单目前视 ADAS 解决方案

征程二代芯片能够高效灵活地实现多类 AI 任务处理，基于该芯片打造的面向全球市场的单目前视 ADAS 解决方案，可在 100 毫秒延迟内有效感知车辆、行人、道路线、交通标志、车牌、红绿灯六大类近百种目标的检测和识别（见图 24）。

不仅如此，地平线单目前视 ADAS 解决方案还专门针对中国道路和场景进行了优化。可以同时跑超过 60 个分类任务，每秒钟识别目标数可以超过 2000 个，因此完全可以满足 L2 级别智能驾驶的各类视觉应用需求，2020 年下半年会看到正式搭载征程系列芯片实现 ADAS 功能的量产汽车（见图25）。

图 24 基于征程二代的单目前视解决方案

资料来源：华西证券研究所。

图 25 动态目标与静态目标感知能力针对中国驾驶场景优化

资料来源：华西证券研究所。

通过提供基础的"芯片＋工具链"，并向合作伙伴提供先进的模型编译器、完备的训练平台、场景驱动的 SDK、丰富的算法样例等工具和服务，赋予汽车感知、建模的能力，实现车内车外智能化，用边缘 AI 芯片全面赋能智能驾驶。图 26 为地平线征程二代赋能客户开发的产品。

ADAS前视一体机   **ADAS前视一体机**   **L2+自动驾驶域控制器**   **L4自动驾驶域控制器**

- 全面的高级驾驶辅助功能：ACC、AEB、LKA、ELKA、SLIF（限速信息提醒）、IHBC（智能大灯控制）和AES
- Global Tier 1平台化量产产品
- 丰富的感知内容，可有效感知车辆、行人、车道线、交通标识、红绿灯等多种目标
- 多功能一体式设计：ADAS、360环视及APA
- 可实现最高L4乘用车自动驾驶功能

图26 基于征程二代的客户产品

资料来源：华西证券研究所。

3. 智能座舱解决方案助力智能人机交互

在当下激烈的行业竞争中，智能座舱已经成为整车厂实现功能差异化的关键一招，而地平线则通过底层技术赋能，利用征程二代芯片拥有的强大的智能座舱多模感知算法支撑能力，为车企提供了坚实的技术基础。2020 年 6 月，搭载地平线征程二代的长安 UNI－T 正式量产上市，UNI－T 是首款搭载国产人工智能芯片的智能汽车，采用长安汽车与地平线联合开发的智能驾驶舱 NPU 计算平台，具备每秒 4 万亿次的算力。得益于强劲算力支持，NPU 计算平台能够将视觉与语音融合，使用多种感知模式，实现人脸、表情、手势、语音等多信息的识别，从而实现更加智能的人机交互，包括眼球跟踪、语音识别与唇语识别联动，驾驶员疲劳状态检测等，以提升驾驶任务的安全性为出发点，让消费者感受到了科技带来的差异化体验，引领智能人机交互潮流。

UNI－T 智能座舱深度融合视觉、语音多种感知数据，实现了从交互对象、交互方式到交互逻辑的全方位升级，可通过语音、动作姿态、面部表情等指令交互为用户带来更加安全、智能的驾乘体验。UNI－T 上包含多项 AI 主动服务：

• 接听电话自动降低多媒体音量：前排乘员接听或挂电话时，系统自动降低或恢复多媒体音量；

• 视线亮屏：中控屏处于熄屏状态时，注视屏幕 1 秒即可唤醒屏幕；

• 疲劳监测：识别眨眼和打哈欠的频次，判定疲劳驾驶等级，采用语音预警、音乐提神等方式进行疲劳干预；

• 智能语音拍照：通过语音指令，即刻开启拍照功能，若检测到有人闭眼还可主动提醒重拍。

基于征程二代的多模人机交互可赋予汽车情感与智慧，让车辆具备疲劳监测、车内空气环境监测等功能（见图 27）。这类智能座舱正在成为整车企业差异化竞争的创新焦点，人机交互技术是智能座舱的核心，而 AI 芯片技术则成为核心引擎（见图 28）。目前 UNI－T 智能座舱功能如视线亮屏、分心提醒、疲劳监测、智能语音拍照等均已达到成熟稳定的高标准用户体验。

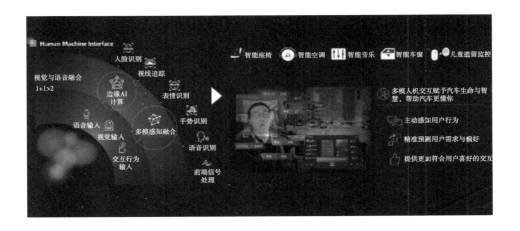

图 27　基于征程二代的多模人机交互

资料来源：华西证券研究所。

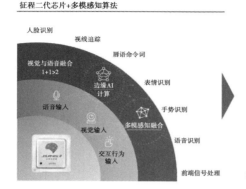

图28 地平线智能座舱解决方案

资料来源：华西证券研究所。

地平线征程二代芯片成功商用是公司新的里程碑，目前征程二代已经拿到多个国家的市场客户的前装定点。公司后续新产品升级和规划也在快速推进和落地，优秀的商业落地成绩源于持续不断的前瞻性。

4. 开放的工具链：天工开物 AI 开发平台

高效的 AI 开发平台和工具链，帮助 OEM 和 Tier1 厂商更高效实现 AI 相关应用开发。目前传统主机厂都在加强软件团队建设，将 AI 解决方案集成到未来产品中，目前存在比较高的门槛。2020 年 4 月地平线基于自研 AI 芯片打造"天工开物" AI 开发平台开放领先的算法模型、高性能的开发工具以及模块化的开发框架，降低开发者门槛、提升开发速度、保证开发质量，其中：①模型仓库（ModelZoo）开放了产品算法、基础算法和参考算法三类不同层级的算法，在大幅节省合作伙伴算法训练和开发的时间与成本的同时充分响应不同合作伙伴的需求；②AI 芯片工具链（AIToolchain）则开放了从算法模型训练、优化与转化和部署到芯片运行模型预测完整 AI 开发过程的全套工具，可以快速响应开发者深度开发的需求；③AI应用开发中间件（AI Express），作为实现AI开发商业落地的关键，通过开放XStream和XProto两套应用开发框架帮助合作伙伴灵活高效地组合产品算法及算法解决方案。

平台包含了一整套有数据、训练、部署在内的算法开发流程，并开发出一套全栈式的AI平台工具用来高效地支撑这套开发流程（见图29）。同时也标志着公司开放软件生态建立的第一步正式迈出，未来将全面建设围绕自身芯片＋工具链的开发者生态。地平线甚至提供大量优秀的算法模型和原型系统，作为参考样例提供给客户。通过这些工具和样例，客户可以照猫画虎，快速地进行产品所需的算法开发，并持续迭代，由浅入深地进行全方位的调优，探索客户自己在数据和算法方面的独特价值，做出差异化和定制化。目前SSD、YOLO v3、Faster RCNN、UNet、Mask RCNN、ResNet 50、ResNet 18、MobileNet v1、MobileNet v2均已面向合作伙伴开放。

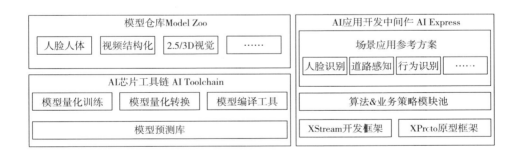

图29　天工开物开发平台

资料来源：华西证券研究所。

地平线将算法与芯片"软硬结合，垂直打穿"，提升创新速度和芯片开发、优化、测试效率（见图30）。在AI芯片的设计中，算法、编译器、工具链设计的团队组成联合攻关组，对场景进行细致分析，对指令集、算法并行化进行优化，设计出高效算法，对未来算法演进进行推演，这就是为什么地平线能在成立后短短五年就正式实现车规级 AI 芯片量产的原因之一。

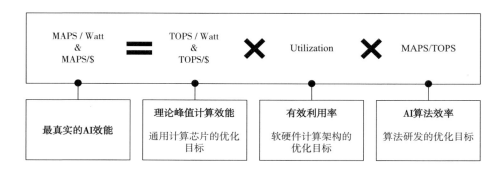

图 30　通过软硬件协同优化聚焦 AI 计算能效

资料来源：华西证券研究所。

5. 地平线车载 AI 芯片路线图

地平线从边缘计算 AI 芯片切入智能驾驶领域，通过软硬结合，设计开发了高性能、低功耗、低成本的边缘人工智能芯片及解决方案。2017 年发布的征程一代采用地平线的第一代 BPU 架构，满足工规级标准，主要被用在后装的场景，如地平线在 2018 年发布的后装 ADAS 产品星云（Nebula）。2019年发布的征程二代通过了汽车电子可靠性标准 AEC‑Q100 认证，成为国内首款车规级 AI 芯片，集成了 2 个 Cortex‑A53 核心，典型功耗 2W，AI 算力4TOPS，能够用于车辆前装量产部署，对标 EyeQ4 在算力和功耗比上都有优势。随着征程二代量产及以上产品的研发，地平线在智能驾驶领域商业化进程有望加快（见图 31）。

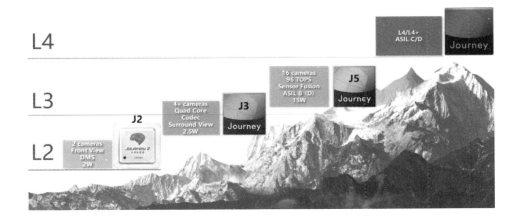

图 31　地平线车载 AI 芯片路线

资料来源：华西证券研究所。

地平线将于 2020 年推出面向高等级自动驾驶的旗舰级芯片征程 5，具备 96TOPS 的 AI 算力，实际性能领先国际，并将以边缘人工智能芯片为核心，面向自动驾驶落地应用的实际需求，为产业提供具备极致效能、全面灵活的赋能服务。

6. 地平线商业化落地快速推进

2020 年，地平线实现了国产车规级 AI 芯片量产上车零的突破。汽车行业有典型的"羊群效应"，突破了一家，后面的车企都会跟着用，我们预计，**今后两年地平线商业化进展将势如破竹，积蓄已久的技术势能将会转化为强大的商业动能。**

自 2015 年创立以来，地平线仅用了五年的时间即实现了车规 AI 芯片的量产落地，开启国产车规级 AI 芯片的前装量产元年。公司目前拥有多个主机厂定点项目订单，2020～2023 年预计将迎来全面的收入和业绩爆发式增长。考虑到样片流片、车规级认证和车型导入的时间，地平线成立五年即实现车规 AI 芯片量产在整个汽车电子行业都处于领先位置。与此相比，Mobileye 的车规芯片从研发到正式商用历时八年；作为全球通用 AI 芯片龙头的英伟达，在 CUDA 发布后九年才将 K1 芯片应用于奥迪 A8 的车用系统。

在智能驾驶领域，地平线同全球四大汽车市场（美国、德国、日本和中国）的业务联系不断加深，目前已赋能合作伙伴包括奥迪、博世、Aptiv、长安、上汽、吉利、一汽、理想、比亚迪、广汽等国内外的顶级 Tier1s、OEMs 厂商；而在 AIoT 领域，地平线携手合作伙伴已赋能多个国家级开发区、国内一线制造企业、现代购物中心及知名品牌店（见图 32）。

图32　地平线在智能汽车领域广泛的合作伙伴

资料来源：华西证券研究所。

依托行业领先的软硬结合产品,地平线向行业客户提供"芯片 + 算法 + 工具链"的完整解决方案。地平线定位底层赋能助力客户实现数据驱动闭环如图 33 所示。

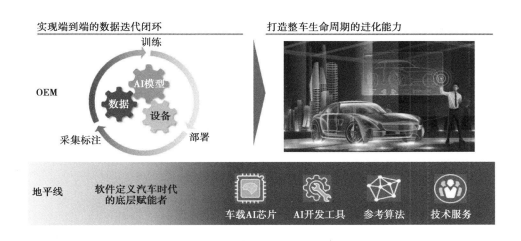

图 33　地平线定位底层赋能助力客户实现数据驱动闭环

资料来源:华西证券研究所。

继 PC 和手机之后,智能汽车正在引领科技史上的第三次智能化浪潮,从产业格局角度来看,**车载 AI 芯片作为汽车智能化的核心,可谓汽车产业链上游的旗舰物种**,未来必定会涌现出像英特尔或高通这样的行业领导者,这一空前的时代机遇正是地平线为之努力的目标,我们希望通过扎实的产品创新成就客户,为中国车载 AI 芯片产业的发展贡献一份自己的力量。

第四章　协同

各领域合作协同发展　建设完善智能网联汽车行业生态

上海交通大学汽车研究院副院长　殷承良

上海交通大学智能汽车研究所教授、博士生导师　王亚飞

智能网联汽车发展迅速，展现了广阔的发展前景，但它不是孤立地存在，而是各领域协同的产物，既依赖新技术突破，也依赖于交通基础设施的改善和道路运行法规的建立。当前，在自动驾驶的法律法规、技术、产业生态等方面仍面临一系列挑战，只有各方加强合作，才能推动产业发展。如何促进全球产业界、学术界与政府部门协力合作，进一步加快建设完善行业生态，已经成为智能网联汽车发展面临的关键课题之一。

智能网联汽车的协同涉及技术、产业和管理部门三个维度的协同。技术是横向的，产业是纵向的（见图1）。第一个维度是技术协同，智能网联汽车涉及多种技术的协同，包括人工智能技术、线控技术、V2X通信技术、信息安全技术、云计算、边缘计算、大数据等技术。第二个维度是产业，包括汽车产业、交通产业、通信产业、电子产业、信息服务业等产业。横向的技术可以用在多个行业领域，产业发展的目标是追求价值落地。第三个维度则是管理部门之间的协同，涉及的行业主管部门包括工信部、交通部、公安部、

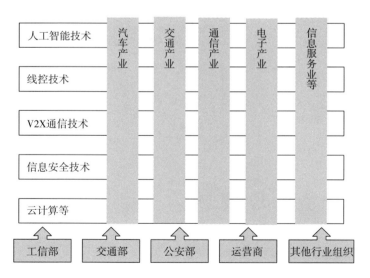

图1 智能网联汽车产业和技术协同创新体系

资料来源：华西证券研究所。

运营商、其他行业组织等，部门之间分别主管不同的领域，也会发生交叉，所以需要管理部门之间的协同。上述这些构成了智能网联汽车产业和技术协同创新体系。

一、技术协同

近年来，全球新一轮科技革命和产业变革正深入推进，作为一种常见的交通工具，在信息通信、人工智能等新技术推动下，传统汽车正在发生革命性变化。新技术催生新应用，汽车从一种单纯的交通工具，经过产品功能和使用方式深度变革，逐渐向大型移动智能终端、储能单元和数字空间转变，这种转变的典型具象表达正是智能网联汽车（见图2）。

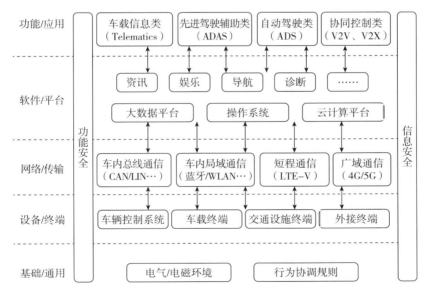

图2 智能网联汽车技术体系

资料来源：工业与信息化部，国家标准化管理委员会. 国家车联网产业体系建设指南（智能网联汽车）2017［Z］. 2017.

（一）关键技术

在技术层面，智能网联汽车是 AI、信息通信、大数据、云计算等战略性高新技术的支撑点和战略制高点。根据智能网联汽车的定义，智能网联汽车是指搭载先进的车载传感器、控制器、执行器等装置，并融合了现代通信与网络技术，实现车内网、车外网、车际网的无缝连接，具备信息共享、复杂环境感知、智能化决策、自动化协同控制功能，与智能公路和辅助设施组成的智能出行系统，可以实现"高效、安全、舒适、节能"行驶的新一代汽车。

智能网联汽车是一个复杂的跨界交叉系统，技术领域覆盖广、专业跨度大、技术架构复杂，其核心关键技术涉及汽车、半导体芯片、人工智能和信息通信等领域。技术链将被重建。相较于注重底盘、动力的传统汽车，智能网联汽车将大量使用信息交互技术，重新构建人、车、路一体化的技术链。

智能网联汽车的关键技术，其技术架构涉及的关键技术主要有以下六种。其中环境感知技术、智能决策技术也可以归为人工智能技术，人工智能（AI）技术在智能网联汽车上正在得到快速应用。

1. 环境感知技术

环境感知技术包括利用机器视觉的图像识别技术、利用雷达的周边障碍物检测技术、多源信息融合技术、传感器冗余设计技术等。

环境感知系统的任务是利用摄像头、雷达、超声波等主要车载传感器以及 V2X 通信系统感知周围环境，通过提取路况信息、检测障碍物，为智能网联汽车提供决策依据。由于车辆行驶环境复杂，当前感知技术在检测与识别精度方面无法满足自动驾驶发展需要，深度学习被证明在复杂环境感知方面有巨大优势，在传感器领域，目前涌现了不同车载传感器融合的方案，用以获取丰富的周边环境信息，高精度地图与定位也是车辆重要的环境信息来源。

在环境感知领域，深度学习已凸显出巨大优势。深度学习需要大量的数据作为学习的样本库，对数据采集和存储提出了较高需求，还存在内在机理不清晰、边界条件不确定等缺点，需要与其他传统方法融合使用以确保可靠性，而且目前也受限于车载芯片处理能力的限制。

2. 智能决策技术

智能决策技术包括危险事态建模技术、危险预警与控制优先级划分、群体决策和协同技术、局部轨迹规划、驾驶员多样性影响分析等。

决策机制应在保证安全的前提下适应尽可能多的工况，进行舒适、节能、高效的正确决策。常用的决策方法有状态机、决策树、深度学习、增强学习等。状态机是用有向图表示决策机制，具有高可读性，能清楚表达状态间的逻辑关系，但需要人工设计，不易保证状态复杂时的性能。决策树是一种广泛使用的分类器，具有可读的结构，同时可以通过样本数据的训练来建立，但是有过拟合的倾向，需要广泛的数据训练。效果与状态机类似，在部分工况的自动驾驶上应用。深度学习与增强学习在处理自动驾驶决策方面，能通过大量的学习实现对复杂工况的决策，并能进行在线的学习优化，但对未知工况的性能不易明确。

3. 控制执行技术

包括面向驱动/制动的纵向运动控制，面向转向的横向运动控制，基于驱动/制动/转向/悬架的底盘一体化控制，融合车联网通信及车载传感器的多车队列协同和车路协同控制等。控制系统的任务是控制车辆的速度与行驶方向，使其跟踪规划的速度曲线与路径。现有自动驾驶多数针对常规工况，较多采用传统的控制方法。性能可靠、计算效率高，已在主动安全系统中得到应用。现有控制器的工况适应性是一个难点，可根据工况参数进行控制器参数的适应性设计。在控制领域中，多智能体系统是由多个具有独立自主能力的智能体，通过一定的信息拓扑结构相互作用而形成的一种动态系统。用多智能体系统方法来研究车辆队列，可以显著降低油耗、改善交通效率以及提高行车安全性。

4. V2X 通信技术

车载通信的模式，依据通信的覆盖范围可分为车内通信、车际通信和广域通信。车内通信，从蓝牙技术发展到 Wi－Fi 技术和以太网通信技术。车际通信，包括专用的短程通信技术和正在建立标准的车间通信长期演进技术。广域通信，指目前广泛应用在移动互联网领域的 4G 等通信方式，包括车辆专用通信系统、车间信息共享与协同控制的通信保障机制、移动网络技术、多模式通信融合技术等。

通过网联无线通信技术，车载通信系统将更有效地获得驾驶员信息、自车的姿态信息和汽车周边的环境数据，对其进行整合与分析。通信与平台技术的应用，极大地提高了车辆对于交通与环境的感知范围，为基于云控平台的汽车节能技术的研发提供了支撑条件。

5. 云平台与大数据技术

云平台与大数据技术包括云平台架构与数据交互标准，云操作系统，数据高效存储和检索技术，大数据关联分析和深度挖掘技术等。云端是智能网联汽车的信息枢纽。智能网联以汽车、行人、交通设施等为信息节点，需要不同主体将所搜集信息上传云端，然后通过云计算进行处理并分发。车辆通过车与云平台的通信将其位置信息及运动信息发送至云端，云端控制器结合道路信息以及交通信息对车辆速度和挡位等进行优化，以提高车辆燃油经济性并提高交通效率。

6. 信息安全技术

信息安全技术包括汽车信息安全建模技术，数据存储、传输与应用三维度安全体系，信息安全漏洞应急响应机制等。结合智能网联汽车发展实际，确定网联数据管理对象并实行分级管理，建立数据存储安全、传输安全、应用安全三维度的数据安全体系。建立包括云安全、管安全、端安全在内的数据安全技术框架，制定智能网联数据安全技术标准。围绕信息安全技术领域的周边行业，出现很多创新研究方向。比如在信息安全测试评估方面，通过干扰车辆的通信设备以及雷达和摄像头等车载传感设备，进行智能车的信息安全的攻防研究。

（二）融合创新

1. 技术路线的融合

"智能"和"网联"构成了自动驾驶汽车从低级到高级发展主要有两大基本方式。"智能"主要指汽车具备自主信息获取、自主决策、自动控制能力，通过摄像头、毫米波雷达和激光雷达等传感器感知信息，然后依据等定算法做出驾驶决策并执行，其主要特点是自主获取环境信息。"网联"基于通信和网络获取信息，然后通过云端大数据进行分析决策，并最终由控制系统执行，其主要特点是通过多车协同获取环境信息。网联化服务于智能化，智能化是网联化的体现，其终极目标是实现汽车的自主驾驶和决策，并通过信息化的服务，有效地缓解当前交通状况下所面临的难题。

网联与智能技术加速融合。网联式智能技术与自主式智能技术相辅相成，互为补充，正在加速融合发展。网联式系统能从时间和空间维度突破自主式系统对于车辆周边环境的感知能力。在时间维度，通过 V2X 通信，系统能够提前获知周边车辆的操作信息等交通控制系统信息以及气象条件、拥堵预测等未来状态信息。在空间维度，通过 V2X 通信，系统能够感知交叉路口盲区、弯道盲区、车辆遮挡盲区等位置环境信息，使自动驾驶系统更全面地掌握周边交通态势。

2. 关键共性技术的协同创新

智能网联汽车产业覆盖了法律与道德、芯片和软件、科技与人文，囊括了所有互联网大数据和 AI 的领域，因此坚持开放合作开源创新、系统协同开发是目标实现的关键路径。开展协同创新，攻关智能网联汽车计算基础平台等关键共性技术，建立面向未来出行的融合创新平台。

中国智能网联汽车仍面临许多亟待解决的关键技术问题，必须补充短板，掌控一些核心技术，如多源信息融合、协同控制、车规级芯片、新型电子电气架构、安全稳定的固件在线升级、上路安全测试评价体系、动态高精地图、行业标准、信息安全等。自动驾驶系统技术流程如图 3 所示。

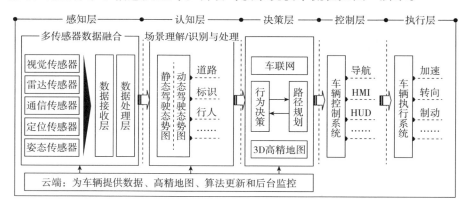

图 3　自动驾驶系统技术流程示意图

资料来源：艾瑞咨询 . 2018 中国人工智能行业研究报告 ［R］. 2018.

以多种传感方案协同举例，感知是自动驾驶的基础，利用传感器感知环境，所需传感器主要有摄像头、激光雷达、毫米波雷达和超声波雷达等（见图4）。摄像头用于获取图像信息，按安装位置可分为前视摄像头、侧视摄像头和后视摄像头，在自动驾驶解决方案中具有不可替代性。毫米波雷达全天候工作能力较强，可与其他传感器形成互补，目前按频率主要分为24GHz毫米波雷达和77GHz毫米波雷达，前者检测距离较短，可用于实现BSD，后者探测距离较长，可用于实现ACC。激光雷达按线束多少可分为单线束激光雷达和多线束激光雷达，区别在于后者能够获取目标物体三维信息而前者不能，后期能否成为主流传感器取决于成本能否有效降低；超声波雷达应用情景较少，主要为自动泊车中的障碍监测。

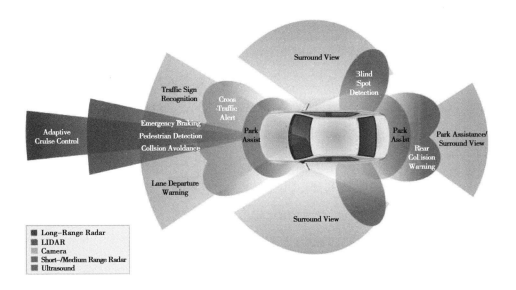

图4 传感器融合方案

资料来源：无人驾驶：功能和供应商完全解析［EB/OL］．落枣，http：//geekcar.net/archives/23311，2015－06－09.

由于每种传感器均具有局限性，主机厂可通过多种传感器融合的方式取长补短，从而适应各种环境条件。如在烟雾环境中摄像头工作能力较弱但毫米波雷达工作能力较强，而在探测行人方面，摄像头工作能力较强而毫米波雷达工作能力较弱，通过两种传感器融合的方式，自动驾驶汽车既能探测行人，又能适应烟雾环境。

高精度地图具有辅助环境感知的功能，能够对传感器无法感知的部分形成补充。高精度地图存储的行车辅助信息主要分两类：第一类是道路数据，如车道宽度、坡度、曲率等；第二类是车道周边的固定对象信息，如交通标志、信号灯等。通过高精度地图，可以提取出车辆周边的道路、基础设施、交通等对象以及各对象之间的关系，从而提高车辆对周围环境的鉴别能力。相较硬件传感器，高精度地图具有不受障碍、环境或者干扰的影响以及检测范围广等优点。除此之外，高精度地图还具有地图匹配和路径规划的功能。

自动驾驶汽车需要实时获取自身精确位置，导航系统也是辅助高精度地图进行精确位置识别的必要系统。目前定位的实现方式主要有全球导航卫星系统（Global Navigation Satellite System，GNSS）、惯性导航系统（Inertial Navigation System，INS）、里程计和 SLAM 自主导航系统。相较而言，四种定位方式各有优劣，多种定位方式融合互补有望成为发展趋势，目前较为流行的解决方案是 GNSS + INS。绝对定位的全球卫星导航系统主要优点是精度高，但其信号易受环境干扰；而相对定位的惯性导航系统和里程计虽然自主性高，但导航误差会随时间推移而积累；同时即时定位的 SLAM 自主导航系统虽然定位精度较高，但会受到测距装置的限制，例如，若采用基于视觉的 SLAM，则受光线条件限制较大。自动驾驶汽车对定位精度要求较高，一个微小的位置误差就有可能导致严重的交通事故。因此，通过多种导航方式融合实现优势互补，有望成为自动驾驶汽车导航系统的发展趋势。

二、产业协同

在产业层面，智能网联汽车产业覆盖汽车、通信、互联网等多个领域，是传统汽车和新一代 ICT 产业的跨界融合，在技术融合的驱动下，智能网联汽车已成为产业融合创新的重要载体，逐渐加速推动相关产业的升级和相互融合，进一步推动深层变革。

（一）产业发展逻辑转变

从产业角度看，智能网联汽车也有两种推进路线，一种是以单车智能为主线，另一种是坚持车路协同/车网融合为主线。这实际上是产业逻辑的转变。单车智能为主的路线主要由传统车企主导，车路协同/车网融合路线主要由通信设备商、运营商引领。

1. 单车智能为主：整车为王逻辑

单车智能为主的发展路线仍然是传统整车为王的逻辑。以整车为核心载体，考验汽车、电子等基础制造业的技术水平。该发展路线主要由传统车企引领，在欧洲、美国等传统汽车强国基本都采用了这种发展路线，主要代表车企有奔驰、宝马、奥迪、通用、丰田、福特和日产等。

由于汽车本来就是百年老店，都是欧美体系下的，骨子里的基因就是这么来的，所以在发展过程中比较自然就变成了以整车厂商为龙头，供应商加入原有供应链体系的格局。

智能化完全是全新的产业，各产业领域也朝这方面快速地发展。但是智能化的本身在未来工业的发展趋势，仍然没有改变整车为王的基本逻辑。所有的零部件公司，整车里面来做这个主导，也就是"all in one"，全部装在整车上，由整车完成规划决策，看路整车识别、看人整车识别，所有的逻辑都是整车在控制，最终的结果仍然一定会回到原点。

单车智能为主的发展路线依赖于整车的研发制造、传感器的融合技术、芯片计算性能的提升以及算法的不断完善，而在这些领域，中国往往都是受制于人的，欧美在整车、品牌优势、溢价能力、零部件等方面的优势，都可能使我国在智能网联汽车领域的竞争处于不利地位。根据初步统计，智能汽车的核心零部件，无论是毫米波激光雷达还是其他，绝大部分还是欧美的零部件巨头，被美国的芯片完完全全把持，汽车核心传感器欧美各占半壁江山。在 AI 算法和芯片领域，这是自动驾驶中环境识别和决策的关键部件。芯片作为计算平台用于实时处理传感器采集的数据，性能要求较高，目前主要以 CPU 和 GPU 为主。算法旨在为汽车提供决策支持，需通过深度学习等方法处理大量数据来获取。在这两个领域，国内的企业大多都是初创企业，研发能力、技术成熟度、对人才的吸引能力等与欧美发达国家相比还有较大的差距。

所以说，如果整车为王的逻辑没有变，零部件还是受制于整车，欧美的强势就永远存在，不管做多少最后转一圈回到原点仍然是整车"包打天下"。

2. 车路协同/车网融合：生态为王逻辑

车路协同/车网融合为主的路线可能对中国反而是优势比较明显，并且潜力巨大。车路协同/车网融合为主的路线需要以高稳定性、低时延的通信网络作为基础设施，在网络应用方面也需要有强大的研发、应用创新活力，在这些方面，中国走在了欧美传统汽车强国的前面，产业优势明显。中国具有世界上最为复杂的道路行驶环境和独特的驾驶特性，同时我们的 ICT 产业具备国际竞争力，还具有中国的体制优势。

　　智能交通体系是一个不同产业都会发生交互的复杂产业生态系统，是人、车、网、路、端、云的大融合，会产生各种各样的商业模式，这才是真正中国式发展的希望。根据《交通强国战略纲要》，汽车行业被看作整个智能交通领域的重要节点。这样的背景下，"整车为王"的逻辑就变了。汽车产业的地位已经不是绝对的龙头了，而只是大的智能交通体系里面的一个产业节点。

　　5G网络传输时延可达毫秒级，峰值速率可达10~20Gbit/s，连接数密度可达100万个/平方千米，能满足车联网的严苛要求。在5G的建设背景下，通信运营商为保证建设的效益，必然会将更多的基础设施建设投入车联网等成熟商业应用中。车联网基础设施的完善、5G技术对于车联网通信性能的提升都会使网联的成本变低，相比智能路线，为获取同等信息所增加的零部件成本，可能会有明显的降低。

　　这就是"5G+汽车"的优势，因此，网联化以及《交通强国战略纲要》的建设实施，会对汽车行业带来颠覆性的影响。"整车为王"逻辑下，整车企业是核心和关键节点，零部件产业都要依托整车产业才能得到发展。但是车路协同/车网融合路线强调道路交通参与方的"协同作战"能力，整车行业作为整个智能交通大环境中的一个节点，需要根据智能网联大环境的要求做出协调配合，而这样的逻辑转变对整个中国的产业融合带来更大的机会，远超汽车产业。主流运营商、芯片厂商、汽车厂商、汽车解决方案设备厂商等全产业链厂商都在协同发力，必将极大程度地推动网联时代的旦日到来。

（二）拉动智能网联大生态链

　　智能网联汽车正在推动汽车产品形态、交通出行模式、能源消费结构和社会运行方式产生深刻变化，具有广阔的市场前景和巨大的增长潜力。

1. 汽车产业

（1）市场的变革。从工业1.0的机械化、2.0的电气化到3.0的机电一体化，汽车工业每次都发生了重大变革，以CPS为标志的工业4.0时代，将使汽车在未来10～20年中发生革命性的变化。据统计，目前，全国机动车年均增长1500万辆，已经达到3.4亿辆。驾驶人年均增长2500万，达到了4.3亿人。发展智能网联汽车，是中国汽车产业的一次重大机遇。根据预测，智能网联汽车将迎来持续20年的高速发展，到2035年，将占据全球25%左右的新车市场。鉴于目前传统汽车市场持续低迷，车企希望通过提供智能网联能力来进行差异化竞争。预计2020年以后L3级别自动驾驶汽车将会放量，带动产业进入新的阶段。根据《中国智能网联汽车产业发展白皮书2017》预测，2020年和2025年全球自动驾驶市场规模将分别达到2207亿元、4305亿元，复合增长率约为14%，我国将凭借全球最大的汽车消费群体占据近1/3的市场规模。

（2）产业发展模式的变革。未来汽车整个架构和产业将发生根本性变化。高性能处理器和数字化的发展，使汽车的电子化和软件在汽车中的比重会越来越大。由于智能汽车里大部分创新都由软件驱动，将迎来软件定义汽车的时代。预计到2030年，电子化和软件各占汽车成本的30%。未来的OEM会逐渐往科技型、服务型的公司转型，汽车产业会发生结构性变化，从硬件占比转变成软件和服务占比较大。智能网联汽车成为下一代移动出行空间的趋势已不可避免。参照移动通信终端的变革模式，随着整车为王逻辑的转变，将极大地变革传统汽车产业的生产模式。

2. 电子与信息服务业

（1）智能网联渗透率提升将首先带动感知设备需求。自动驾驶功能的实现需要利用摄像头、毫米波雷达和激光雷达等传感器搜集环境信息，并且随着自动驾驶功能的增加，所需传感器的种类和数量均随之增加。以特斯拉Autopilot 系统为例，其需要摄像头、超声波雷达等多种传感器，而且仅超声波雷达就有 12 个。由此可见，自动驾驶渗透率提升有望带动感知设备市场需求快速增加，行业确定性高。

（2）智能网联汽车以实现无人驾驶为终极目标，其中芯片和算法是关键决定因素。智能化等级的提升意味着汽车具有更高的自主性，这既需要通过感知设备获取更多的环境信息，也需要汽车能够在更多驾驶场景中自主决策。据预计级别的每一次提升将带动数据处理量增加 10 倍，因比对大量环境信息进行实时处理需要芯片具有较高性能，同时更多驾驶场景中的自主决策也对算法提出了更高要求。因此，芯片和算法的迭代升级将伴随智能网联汽车的发展全阶段，并且不同于感知设备等硬件质优价廉的发展趋势。随着智能网联汽车智能化等级提升，所需芯片和算法的技术难度将大幅增加，从而带来更高的产品附加值。芯片性能的提升对芯片工艺要求苛刻，而芯片工艺难度的增大将带来产品的高附加值。

3. 公路基建行业

公路通车里程年均增加近 10 万千米，已经达到 486 万千米。在道路交通持续快速发展之际，智能网联汽车技术快速迭代，商业模式不断创新，应用障碍不断突破，呈现出新的发展态势，为我国改善道路交通环境开辟了全新路径。

在设施服务方面，不仅要充分地借助 5G 技术的规模化普及，以及超可靠、微延时的特点，实现智能网联全产业链的升级，同时还要全面推进智能道路、大数据中心、云平台等配套设施的建设，完善人、车、路、网、云的未来架构。

4. 交通运输行业

（1）出行方式变革。智能网联汽车的技术发展带动未来出行、共享出行的需求增长。以客户需求为牵引，持续提升智能网联场景的接受度和渗透率，让消费者能够通过自动代客泊车、拥堵城区智能驾驶等功能，分步、分阶段地享受到智能网联所带来的安全、高效和便利，从而释放出更高阶的通用场景的海量需求。园区物流、自动驾驶巴士、固定线路的高速公路的货运等商用场景的转化落地将带来智能网联汽车的商用。汽车的拥有和使用情况在不同城市类型下展现差异化，按需出行将成为一种主流。

（2）交通体系变革。自动驾驶汽车在加速、制动和变速等方面进行了优化，有助于提高燃油效率，从而减少二氧化碳排放，保护生态环境。由于高级自动驾驶汽车主要由自动驾驶系统完成驾驶操作，可以利用网络通信与其他道路交通参与者信息共享，并可通过卫星导航进行实时路径规划，从而能够带来减少交通事故、有效避免交通拥堵和节约驾驶员时间等诸多益处。为创造更加安全、更加智能、更加清洁的道路交通环境提供可靠保障，将极大促进交通运输效率和安全性的提高。

5. 新经济

首先，智能网联汽车产生了海量的新型数据资源，这些数据资源可以服务于大数据产业的应用，带来全新的商业价值。汽车300多个传感器如果开放，产生的PM2.5、温度、图像、路况等数据，将会对公安、气象、环保、银行、保险、交通、教育等行业的管理带来颠覆性变化，让城市变得更加智慧。

其次，智能网联汽车将影响人们的出行和生活方式。未来移动出行终端的演变，将带来新的城市生活形态，影响城市化建设的方向。比如新加坡，

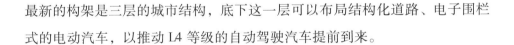

最新的构架是三层的城市结构，底下这一层可以布局结构化道路、电子围栏式的电动汽车，以推动 L4 等级的自动驾驶汽车提前到来。

（三）价值链重构

由于智能网联产业链长，主要包括通信芯片、通信模组、终端与设备、整车制造、测试验证以及运营与服务等环节，涉及芯片厂商、设备厂商、主机厂、方案商和电信运营商等众多参与方，行业"蛋糕"较大导致各方利益诉求难以协调，所以汽车与相关产业加速跨界融合和深度协同，产业链重构，价值链不断扩展延伸成为业界主流。

（1）产业链正逐渐被重构。智能网联化趋势不断深化，给零部件企业带来类苹果产业链的投资机会，产业链上下游将重新"洗牌"，车载硬件将成为最先受益的行业，掌握软件集成、智能技术的整车及零部件企业将陆续抢占更多的市场份额。智能技术和网联技术的有机结合，使汽车的开发模式和使用模式发生了改变，未来的整个生态也会随之改变。5G、大数据、云计算等技术的飞速发展，让跨界协同成为必然，也融入汽车产业的变革中。在智能网联汽车的跨界合作领域，竞争已空前激烈，许多互联网公司纷纷入局，跨界合作如火如荼。

（2）价值链正逐渐被重塑。随着汽车与电子、通信、互联网等领域的快速融合，智能网联汽车将对汽车产业带来颠覆性的变革。发展智能网联汽车是一项涉及跨专业、跨行业、复杂度极高的系统工程，绝非依靠某一家汽车企业、互联网企业或者是通信企业就能够简单地实现，它需要国家、行业、企业乃至社会各方面以共生、共建、共赢的商业模式进行分工和协作。新的市场需求、产品属性、生产方式和商业模式将重塑价值链，智能网联汽车的巨大价值将被充分地挖掘和放大。

智能网联变革的多领域、跨行业、深度融合的特征对产业的生态提出了更高的要求。要真正进入快速发展期，实现智能网联汽车的普及化应用和规模化发展，必须从多维度加速生态的繁荣。搭建横向基础服务平台，在纵向领域推动合作和价值的共建共享。在基础部分，还是应用、硬件、软件领域搭建基础共同的共性技术服务平台。在个性的应用部分，可以充分地竞争，各展所长。放大协同创新效果，围绕技术、资金、知识产权等创新要素，将传统的 OEM、零部件厂商、ICT 企业、科研院所、独角兽等创新主体，以平台中心、产业联盟、跨界合作等方式来进行组合运行，在最大化各自优势的同时，形成协同效应，实现创新成果的充分共享和有效转化。

三、部门协同

近年来，国家及地方政府相关部门等均以不同方式支持智能网联汽车发展。智能网联汽车属于跨技术、跨领域的融合，我国对智能交通行业采取政府宏观调控和行业自律管理相结合的管理体制，政府部门及行业协会对本行业进行宏观管理和政策指导（见图 5）。从政府行业主管部门方面有国家工业和信息化部、交通运输部、公安部、网络和信息化管理办公室、四大通信运营商等；行业自律组织为中国智能网联汽车产业技术创新联盟、中国汽车工业协会、中国智能交通行业协会、中国汽车技术研究中心、国汽智联等。

（一）现状

智能汽车涉及汽车、电子、通信、互联网、测绘等众多领域，由中央各政府部门协同管理，从政府监管层面上各部门条线会有一些不同的考量。到智能网联汽车时代，涉及的管理部门更加多样，关系也更加复杂，协同问题凸显（见图 5）。

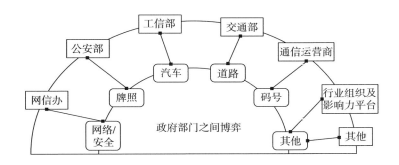

图5 国家各部委在智能网联汽车领域管理职能关系

资料来源：华西证券研究所。

（1）工信部控车。工业和信息化部是汽车行业和通信行业宏观管理职能部门，主要负责工业和通信业发展战略规划、政策标准。工信部是中国整车监管部门，在车辆管理方面，主要是从汽车产品公告准入方面进行监管，通过对车架号、底盘号、发动机号、车载单元的监管，可实现从车架到OBU的掌控。

（2）交通部控路。交通部主要负责拟订并组织实施公路、水陆、民航行业规划、政策和标准，负责国家公路网运行监测和应急处置协调工作，承担综合交通运输统计工作，监测分析交通运输运行情况，发布有关信息。在智能网联汽车领域，新增道路信息化设施、智能交通系统等设施的监管归属于交通部，如ETC、重大设备前装等。交通部将实施新规：2020年7月1日起，所有出厂的汽车上都必须带有ETC装置。

（3）公安部控牌。公安部负责车辆注册与上牌管理、车辆交通安全监管、车辆年检等。公安部通过电子车牌对车辆实施监管，在重庆、兰州、无锡等城市，陆续推动电子车牌与车联网的综合试点应用。2015年，无锡被定成"电子车牌"发放全国示范城市，首批发放10万张，截至2017年底，已完成全市15万辆机动车的标识安装工作。

（4）网信办控网。网信办负责网络和网络安全的管理，通过网络安全法实施监督。我国政府历来高度重视信息安全工作，现阶段已在网络信息安全保障和地理信息等方面做出部署，尤其《网络安全法》对关键信息基础设施规定，将对智能网联汽车发展产生重要影响。

（5）通信网络运营商控号。主要是以"SIM 卡"为单位对车辆进行管理，与手机一样，智能网联汽车也由运营商提供服务，车上须有一张计费的"SIM 卡"。当前通常是由电信运营商与主机厂绑定，前置预装。但是由此带来不同运营商之间网络互通的时延问题和安全认证的互通问题，这些与产业互联互通的需求有矛盾。

（6）相关行业组织和有影响力的行业平台公司。除受以上主管部门监管之外，还包括一些行业组织和行业平台公司等，也对行业发挥了不同程度的影响，包括中国智能网联汽车产业技术创新联盟、中国汽车工业协会、中国智能交通行业协会、中国汽车技术研究中心、国汽智联等。

（二）问题与挑战

1. 标准之争

首先涉及的就是标准之争。智能网联汽车是一个融合交叉领域，涉及不同维度的标准路线。这里提到的标准根据划分维度不同，可以分为监管法规、技术标准、行业标准等。监管法规对行业发展产生最直接的影响，会规定节能、减排、安全等方面的强制性要求。监管法规的实现需要技术标准的支撑，这里的技术标准有非常多的选择，包括主动安全类和被动安全类标准、通信类、电子类、能源利用类、基建类的技术标准等；这些技术标准是属于不同行业的，比如汽车行业、交通行业、通信行业、电子行业、基建行业等，不同行业标准构成了智能网联汽车标准体系，为智能网联汽车的发展进行指引和规范。

但在当前的发展背景下，不同行业体系的标准各有侧重，缺乏统筹和协调。例如，相近的标准项目从不同的角度进行规范，容易给相关建设者带来困惑。在交叉领域的标准制定方面，一方面要尽量避免重复设立，另一方面一定要避免冲突。

2. 架构之异

当前，新基建产业投资已在各地全面展开，如不解决由于架构带来的互联互通难题，将严重影响到新基建投资的效果。当前以通信运营商主导的网络体系架构如图 6（a）所示，可以看出数据的传输和控制指令的下发是以 4G/5G 核心网络为基础的。考虑到不同运营商之间的数据传输与控制时延可能会变大，而无法满足车联网通信时延需求，这可能成为未来一个需要解决的问题。图 6（b）是一个简化版的解决方案，以 Internet 取代传统 4G/5G 核心网的核心位置，支持多种通信方式、多安全认证体系（如国汽智联、移动 GBA 方案、其他等），以实现产业利益协调、价值链重构。

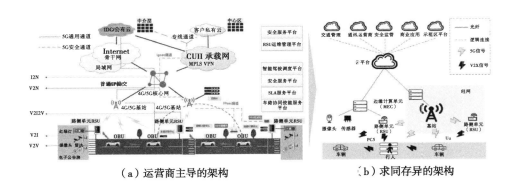

（a）运营商主导的架构　　　（b）求同存异的架构

图 6　智能网联汽车不同的部署架构

资料来源：中国联合网络通信有限公司. 新基建、新动能——5G 车路协同白皮书［R］. 2020.

从通信运营商行政划片开始，通信运营商之间的竞争就不断演化。不同的通信运营商之间划分地盘似的战争，是否会对车联网的通信时延需求以及部署方式带来挑战，这是全行业共同的问题。后期由铁塔共建各运营商共享之后，运营商的利益与铁塔的利益有时并不完全一致，甚至在某些方面会产生冲突。近几年，通信运营商和主机厂之间开始强强联手、深度合作，这也是对用户、对市场占有率的争夺（见图7）。例如，中国移动与上汽、长城、沃尔沃、大众、奥迪等主机厂之间签订了战略合作协议，在车辆 TBOX 或 OBU 上预装相应的 SIM 卡等。这些产业竞争的格局，都会对互联互通架构提出新的挑战和需求。

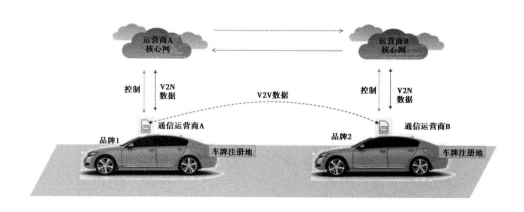

图7　C－V2X 互联互通需求

资料来源：华西证券研究所。

3. 盈利之惑

当前在智能网联汽车应用推进过程中，面临一个很大的问题——盈利模式问题。盈利模式问题又可以分为两个方面：一是如何探索落地的商业模式。目前依靠国家买单，政府主导建设的方式无法走通，这也与新型基础设施建设的要求不相符。二是不同利益相关者的利益如何协调、如何实现产业"蛋糕"的合理分配。2020 年 3 月，浙江省交通运输厅批准"杭绍甬智慧高速"的建设方案。该方案全长约 161 千米，规划双向六车道，投资总金额高达 707 亿元，平均每千米建设费用超过 4 亿元。公路计划在 2022 年杭州亚运会前建成通车，有阿里巴巴、吉利等巨头参与。如何平衡不同角色的利益诉求，探索一条共建共赢的商业模式，是摆在阿里、吉利等牵头单位面前的重要课题。

（三）破局思路

为解决上述问题，要坚持以下基本原则：

一是明确推进路线。目前有两条可能的路线来解决部门之间的协同问题。①加强顶层设计，由更高一层的主管机构统一协调规划，地方跟进。但该方案实施起来涉及的部门过多，难度也非常大，短期之内难以完全解决。②选择条件适宜地区先试先行，探索地方职能部门合作推进的新模式。可以选择产业基础较好的长三角、珠三角、京津冀等地区试点，依托地方政府的执行力，联合相关职能部门，利用自贸区等建设契机，以点带线，以线促面，区域联动，形成可复制发展模式并推广到全国。

二是求同存异。基于共同的诉求，研究讨论出能被广泛接受的共性架构，在共同架构的基础上，兼容不同方案（如不同的通信运营商、整车厂、交通管理部门、国汽智联等方案）的利益诉求，由市场决定方案的优胜劣汰。进一步加强合作与开放，更深层次的数据开放，跨部门、跨领域间更广泛的合作，跨界融合的智能网联汽车生态，将涵盖通信、安全、人工智能、大数据、互联网等诸多领域。

三是推进商业运营模式的落地探索。第一步可以根据车、网、路、电、增值服务等维度，梳理所有可行的商业模式。再进一步分析变化因素，不断探索创新变革模式。依托试验场、封闭测试、城市开放道路的测试等关键环节，有序稳妥地推进智能网联汽车的示范应用。以点带线、以线促面，进而带动全国智能网联汽车的发展。

第五章　发展基石

智能汽车基础设施体系分析

长安大学　郭应时、陈轶嵩

一、坚持中国特色的车路协同技术路线，实现智能车辆与智能道路的同步发展

我国进入建设交通强国的重要战略期，面临着诸多的风险与挑战，新一轮产业革命和科技革命方兴未艾，5G、云计算、移动互联网、人工智能等正在与出行行业深度融合，新模式、新产业、新业态不断涌现。我国经济结构不断优化升级，产业发展逐渐迈向中高端，共享化、智能化、绿色化出行需求明显增多，对汽车及相关产业提出了更高要求。

智能网联汽车作为汽车产业发展的重要战略方向，不仅能解决汽车社会面临的交通安全、道路拥堵、能源消耗、环境污染等问题，更是深化供给侧结构性改革、实施创新驱动发展战略、建成现代化强国的重要支撑，对不断满足人民日益增长的美好生活需要具有十分重要的意义。智能车辆与智能道路作为智能网联汽车的重要组成部分，坚持中国特色的车路协同技术路线，加强智能车辆与智能道路之间的理论、技术联系，实现两者协同发展，是加速新业态新模式发展、促进共享交通发展、实现出行即服务这一交通强国建设目标的必由之路。

（一）中国特色的车路协同技术分析

车路协同是采用先进的无线通信和新一代互联网等技术，全方位实施车车、车路动态实时信息交互，并在全时空动态交通信息采集与融合的基础上开展车辆主动安全控制和道路协同管理，充分实现人车路的有效协同，保证交通安全，提高通行效率，从而形成安全、高效和环保的道路交通系统。车路协同具有提升驾驶安全、提高交通效率、加速自动驾驶落地等优势，可以

感知范围内全部交通参与方，并且没有视角和视线的局限，能够实现个体最优到系统最优的转变，优化道路资源分配，建立车车、车路实时信息交互渠道，实现路口协作同行、全域交通优化调控等，极大地提高了车辆与道路的使用效率。

按照主体的不同，车路协同可分为 V2X（Vehicle to Everything）和 I2X（Infrastructure to Everything），V2X 以智能网联汽车为主体，I2X 则以智能化基础设施为主体。根据自动驾驶技术发展水平与国家体制的不同，目前具有代表性的车路协同发展路径共有两条：一条是以美国为代表的发达国家"以 V2X 为主、I2X 为辅"的发展道路，另一条是以我国为代表的"以 I2X 为基础、V2X 为辅"的车路协同发展道路，如图 1 所示，旨在依托道路智能化建设，形成"依托 I2X 推动 V2X，最终实现车路协同"的发展模式，推进车与路等基础设施一体化发展，降低单车智能化成本，最终通过 I2X（基础设施对外界的信息交换）、V2X，完成车与路一体化感知，支持车辆各级水平自动化，实现车与路的智能优化、组合和分配。

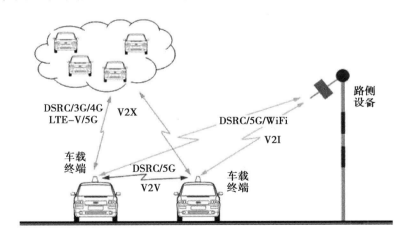

图 1 中国特色车路协同技术

资料来源：车云网，安信证券研究中心。

多年来，我国智能交通系统已取得一定的成绩，其中先进的交通管理系统、先进的公共交通系统在我国发展已趋于成熟，但符合完全无人驾驶需要的"智能汽车＋智能化道路＋车路协同"才刚刚起步。当前，我国已形成以驾驶员为核心，以车辆、道路设施、通信网络为基点的循环统一的车路协同系统架构，如图2所示。车路协同作为智能交通系统（ITS）的高级阶段，涉及多方面的技术，如智能车载系统技术、智能路测技术、车路／车车协同信息交互技术（V2X），如图3所示。

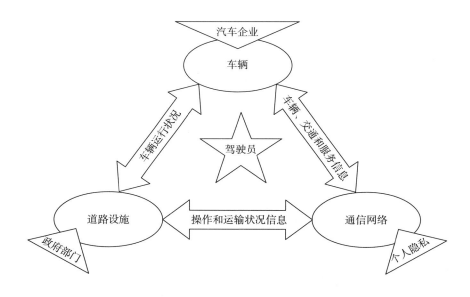

图2　车路协同系统架构

资料来源：王云鹏．车路协同技术发展现状及展望［R］．2010．

不同于单车智能，车路协同需要车车、车路进行协同，要求各个平台之间数据要实现互通，并有效利用。车路协同技术的发展可分为三个阶段：车路协同1.0是实现协同感知，在车辆获取路侧交通信息，在车端进行融合、

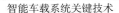

智能车载系统关键技术	智能车载系统关键技术	智能车载系统关键技术
车辆精准定位与 高可靠通信技术	多通道交通信息采集技术：主要采集的动态交通信息包括：车流量、平均车速、车辆定位、行程时间等	专用短程无线通信技术 （Dedicated Short Range Communication，DSRC）
车辆行驶安全状态及 环境感知技术	多通道路面状态信息采集技术：需要采集的信息主要包括：道路路面状况（积水、结冰、积雪等）；道路几何状况（车道宽度、曲率、坡度等）；道路异常事件信息（违章车辆、发生会车、碰撞事故、非法占有车道的障碍物）等	基于固定信标（Beacon）的定向无线通信技术：日本主要采用了无线电信标（Radio Wave Beacon）和红外线信标（Infrared Beacon）两种定向无线通信信标
多通道路面状态信息采集技术：基于本车传感器、邻近车以及路侧或控制中心的多种数据的处理和融合技术；基于车载一体化终端和车辆总线的信息通信和数据共享技术等		C-V2X：Cellular Vehicle-to-Everything或Cellular-V2X）。由3GPP组织制定的基于蜂窝网络的V2X技术标准，包括直接通信和基于网络的通信
	路侧设备一体化集成技术：智能道路基础设施涉及：路况信息感知装置，道路标识电子化装置，基于道路的各种车路协调装置，信息传送终端	

图 3 车路协同系统关键技术

资料来源：水清木华研究中心 . 2018 年车路协同与 V2X 产业发展研究报告［R］. 2018.

计算、决策，并提供辅助驾驶能力；车路协同 2.0 是实现辅助计算，在路侧进行基础计算，车融合路侧计算进行决策，实现特定道路或者有条件下的自动驾驶；车路协同 3.0 是实现协作式计算，车路传感器信息交互，车路进行动态分布式协同计算，实现全天、全路的自动驾驶。当前我国车路协同技术发展水平还处在协同感知阶段，但随着 5G 的商用和车联网政策的推行，车路协同从产业链到标准层面都取得了新的进展，逐步向车路协同 2.0 迈进。自 2018 年起，诸多车路协同项目落地实施，如表 1 所示。

表1　车路协同项目落地实施情况

时间	项目落地情况
2018 年 4 月	百度与长沙市合作共建自动驾驶与车路协同创新示范城市，百度与长沙市人民政府、湖南湘江新区管委会，基于 Apollo 开放平台达成全面合作，双方将携手共建"自动驾驶与车路协同创新示范城市"，将长沙打造为自动驾驶之城
2018 年 5 月	无锡车联网（LTE - V2X）城市级应用示范项目正式签约，这是全球第一个车联网 LTE - V2X 城市级大规模示范项目，首个城市级车路协同平台
2018 年 9 月	阿里巴巴达摩院和交通运输部公路科学研究院宣布战略合作，成立车路协同联合实验室。此前阿里云已经与浙江省交通运输厅展开合作，并以杭绍甬高速为试验，规划 161 千米的高速路，按照双向六车道高速公路标准，建成国内第一条智慧公路。阿里巴巴还联合交通部公路科学研究院、国家电网、中国联通、一汽集团、上汽荣威、英特尔、福特汽车、神龙汽车、大唐电信集团等成立了"2038 超级联盟"，协同产业力量共同落地"智能高速公路"
2018 年 12 月	华为携手北京市首都公路发展集团有限公司及其下属速通公司、奥迪中国于 12 月 27 日完成全国首例实际高速公路场景的车路协同测试，包括时速达到 80 千米的 L4 级自动驾驶和提高高速公路行车安全的智能辅助驾驶，整个测试基于 C - V2X（即蜂窝网络的 V2X）
2019 年 4 月	万集科技车路协同方案应用于国内首个智能网联高速公路测试基地
2019 年 5 月	中国移动在雄安新区建设 5G 智慧交通车路协同示范项目
2019 年 9 月	上汽集团、中国移动、华为和上海国际汽车城联合宣布，全球首个 5G 智慧交通示范项目将于 2020 年在上海嘉定落地，并对公众开放
2020 年 3 月	百度中重庆永川区"西部自助驾驶开放测试基地"建设项目，将同时在重庆开展一系列车路协同系统的测试研究
2020 年 3 月	百度中标合肥市智能网联汽车塘西河公园 5G 示范运行线设计采购施工一体化项目，将建设中国首个大型 5G 车路协同示范线
2020 年 5 月	G310 中牟境"车路协同"试验路段外场建设正式开工，进入实际交付阶段，预计 2020 年下半年完成初检，年底前正式投入使用

资料来源：前瞻产业研究院。

（二）智能车辆与智能道路发展现状

1. 智能车辆

智能车辆作为一个集环境感知、规划决策、多等级辅助驾驶等功能于一体的综合系统，集中运用了计算机、现代传感、信息融合、通信、人工智能及自动控制等技术，是典型的高新技术综合体。目前对智能车辆的研究主要致力于提高汽车的安全性、舒适性，以及提供优良的人车交互界面。近年来，智能车辆已经成为世界车辆工程领域研究的热点和汽车工业增长的新动力，诸多发达国家都将其纳入各自重点发展的智能交通系统当中。我国智能汽车发展现状主要呈现以下几个方面：

（1）L1～L2级自动驾驶开始规模量产。当前主流车辆基本都配备了电子安全部件，即能够实现加减速或转向控制。2018年下半年部分L2车型就已面世，凯迪拉克、吉利、长城、长安、上汽等均已推出了L2自动驾驶车辆。据统计，国内目前在售2872个车型，L2级功能渗透率平均超过25%，豪华车甚至超过了60%，并随着国产替代浪潮进一步推进自动驾驶硬件价格的下跌，自动驾驶下沉拥有坚实基础。

（2）限定场景下的自动驾驶功能成为下一个量产热点。在物流、工程、农业、园区等限定场景下，行驶速度较慢或者场景较为简单，使自动驾驶的难度大幅降低。近年来，限定场景下的自动驾驶成长迅速，多个领域中陆续有试验性项目落地或小规模量产，例如物流领域的京东校园快递无人车、Otto自动驾驶卡车、Clearpath仓储自主移动机器人、公共交通领域的百度自动驾驶巴士阿波龙、NuTonomy自动驾驶出租车、驭势科技无人驾驶摆渡车。限定场景下自动驾驶技术早已日趋可用，随着其成本的日渐下降，商用化趋势明显，逐渐成为智能汽车下一个量产的热点。

（3）面向智慧出行的高等级自动驾驶技术迅速发展。伴随智能科技浪潮的兴起，自动驾驶技术开始飞速发展，如今，科技企业、传统车企和一众初创公司成为自动驾驶行业的主要参与者。从目前多家科技企业和初创企业的发展态势来看，未来三年其商业化运营层面将发生显著改变，此时间段同样符合诸多车企在高级自动驾驶技术层面的战略规划布局，并在《交通强国建设纲要》指引下，未来自动驾驶技术研究将以打造自主可控完整的创新链、产业链、应用链为目标，致力于探索智能道路设施的技术框架、安全保障体系及发展战略，助力智慧出行平稳快速发展。

2. 智能道路

智能道路是由特定的结构材料、感知网络、信息中心、通信网络和能源系统组成，具有主动感知、自动辨析、自主适应及动态交互等多种智能能力，以服务智能网联汽车为主要对象的道路设施。智能道路充分利用新一代信息技术、新能源技术、新材料技术、新结构技术，以及人工智能等先进技术，建设立足交通行业、强调顶层设计、利用现有基础、服务面向未来的智慧公路。智慧公路可以概括为 V2X（X：人、车、路、云），采用先进的无线通信和新一代互联网等技术，实现车与各交通要素的直接交互，综合实现碰撞预警、安全预防及通报、辅助驾驶等多种应用；同时，通过与云端的交互，车辆也能实时获取全局交通网络的状态并做出及时反应，从而形成安全、高效和环保的智慧交通体系，具体架构如图 4 所示。我国智能道路发展现状可以概括为以下几个方面：

（1）政策支持力度与建设投资不断加大。近年来，国家及各级政府出台发布相关政策，有力扶持面向智慧交通的智能道路建设。2016 年 7 月，国家发展改革委联合交通运输部发布《推进"互联网 + 便捷交通"促进智能交通发展的实施方案》，提出要加快推进智能道路建设，增强道路网运行控制管理能力，逐步完善全国高速公路信息通信系统。2017 年 9 月，交通运输部印发《智慧交通让出行更便捷行动方案（2017 – 2020 年）》，着力推动以企业为主体的智慧交通出行信息服务体系建设，促进"互联网 +"便捷交通发展。2018 年 2 月，交通运输部发布《关于加快推进新一代国家交通控制网和智慧公路试点的通知》，提出路运一体化车路协同、北斗高精度定位综合应

演进方向 →

系统概念	位置保持	车道变换	拥堵缓解	流量控制	能源供给	道路养护
人工驾驶 全部是手动车辆在路上运行；无须基础设施的帮助和通信	驾驶员控制	驾驶员控制	驾驶员控制		传统电力	定期人工巡视维修
半自动驾驶 通过导航等车载设备，辅助驾驶员，实现监督下的自动驾驶控制	半自动感知驾驶员监督	车辆自动感知前方车辆和道路状况	车辆自动感知前方车辆和道路状况		传统电力	定期人工巡视维修
自动驾驶 全自动车辆与智能基础设施的帮助和通信无须全自动基础路况支持	车辆自动感知前方车辆和道路状况	自动寻找并进入一个空缺位置	车辆自动车侦查障碍，如有可能改变车道		传统电力	定期人工巡视维修
合作协同 车辆间的共享信息，实现全自动化的行驶	车辆传感器，通过与其他车辆通信来实现变道和排队	车辆间通信，合作进行决策	车辆感知，传达警告并协调机构		传统电力	基础设施半自动通知道路状况和人工维修
基础设施支持 在专用车道上运行时，利用全局通信息与智能基础设施的双向通信支持全自动决策	与全局通信功能相同，但在基础设施的指导下行驶	前期基础设施相应围绕车辆的命令，后期控制所有的车辆	车辆感知，基于基础设施检测或向车辆发送命令	基础设施监控流量，制定策略，将参数发送到本地车辆组	风能、太阳能、动能回收	车辆自动感知前方车辆状况知道路养护
管理和控制 自动路侧系统在运行进出，合并发生拥堵情况时，为车辆间的协调提供管理，基础设施和车辆间的协调提供服务	基础设施和车辆通信，感知车辆位置并发送命令全控制车辆状态	仿真和现实系统的交互控制车辆转变	基础设施感知、基于基础设施检测或向车辆发送命令优化策略	基础设施监控制单个车辆，执行车辆组优化策略	新型环保能源，实现无线充电	基础设施管理系统，全自动感知和半自动维护
平行智能公路 通过虚实结合的交互方式实现真实公路系统与虚拟公路系统间的信息流传递	仿真和现实系统的交互控制车辆群转变	仿真和现实系统的交互控制车辆群转变	仿真和现实系统控制实现最优方案	仿真和现实系统的交互控制实现展最优方案	新型能源系统，大幅提高利用率	全自动基础设施维护系统

原自动公路内容

图 4　基于 AHS 概念的智能公路框架

资料来源：根据中国公路学报论文集整理。

用、基于大数据的路网综合管理、"互联网＋"路网综合服务等六个试点建设主题。在众多政策的支持下，江苏、浙江、重庆等先进省份的智能道路已初具雏形，在信息采集设备布设、应用系统开发建设上取得了零的突破。此外，我国公路建设投资总额整体呈现逐年上升态势，2019年全国公路建设投资总额为21895亿元，同比2018年增长2.6%，为智能道路的发展建设提供了坚实的资金条件（见图4）。

（2）相关技术发展迅速推进智能道路建设进程。近年来，云计算、大数据、物联网、移动应用、人工智能等新一代技术快速演进，"互联网＋"成为经济发展新引擎，"连接一切、跨界融合"将持续催生公路运输新模式、新业态，提升公路运输要素生产率的同时，对行业转型升级形成倒逼机制。要求公路运输管理强化互联网思维，搭建政企合作平台，大力推动互联网与行业融合创新发展。交通运输部发布的《关于深入推进公路工程技术创新工作的意见（征求意见稿）》中明确提出：要加快推进智能感知、5G通信、高精度定位和边缘计算等技术在公路工程和路网管理中的应用，依托公路复杂交通环境的测试和试验，推动车路协同技术发展和智慧公路建设。具体应用如表2所示。

表2　新一代技术在智能道路中的应用

技术名称	在智能道路中的应用
自动驾驶	量产车高速公路巡航和自动泊车自动驾驶功能已落地。国内外主流车厂均已规划或者落地了高速公路自动驾驶和自动泊车功能。2017年，特斯拉和凯迪拉克率先配备了L3级的自动驾驶硬件和相关功能。2018年，奥迪A8在北美地区实现了高速公路自动驾驶，国内车厂小鹏、上汽等也上线了自动泊车功能
大数据	高速公路建设营运单位通过部署于中心节点的智慧高速应用平台，可以图形化、数据化地实时监测全路网的交通流量状况、前端设备运行状况、交通事件状况、应急处理资源分布情况、重大安全风险状况。通过统计分析历史数据，预测未来交通流量，评估并优化现有道路资源配置。通过整合高速公路各业务数据、行业资源，实现高速公路行业"跨部门、跨业务"的协同应用和协同处理。在出现极端天气、重大交通事故等紧急状况时，智慧高速应用平台可提供较优解决方案辅助决策

续表

技术名称	在智能道路中的应用
智能安防	公路运输是对公共运营车辆的管理，包括公交车、长途客运、出租车、网约车等，主要负责部门是运管部门。目前这些运营车辆主要是通过车载设备实现可视化管理，但传统车载监控图像只能进行事后的基础查看，现在越来越多的车辆开始采用车载疲劳驾驶检测系统、车道偏离检测系统等主动驾驶安全手段，确保司机的驾驶安全。在公交车和站点运用客流统计系统向公交公司实时推送客流信息，有助于公交用户更为有效地调度公交资源，运用电子站牌系统能使乘客预知车辆的到站情况，更好地服务民众
物联网技术	在高速公路领域，物联网的应用则体现为车路协同、车车协同、人车协同。因此，高速公路行业近年主要发展方向之一就在于构建车联网系统。通过在车辆上安装终端设备，对车辆的驾驶状况、动态信息、静态信息进行搜集、储存并发送给实时数据库，交由云计算处理平台进行数据清理，并通过信息分析平台对过滤后的数据进行处理，实现管理人员对车辆的实时管控。在将车辆纳入互联网终端的基础上实现人车协同，以更好地为民众服务

资料来源：前瞻产业研究院。

（3）企业积极布局智能道路。随着国家政策的大力推进，目前车企、互联网企业和通信企业巨头纷纷开始入场布局智能道路。华为公开表示，目前已有六家国内外车企搭载其 LTE – V2X 车载终端进行测试。2018 年 9 月，百度宣布 2018 年底正式开源 Apollo 车路协同方案，向业界开放百度 Apollo 在车路协同领域的技术和服务，让自动驾驶进入"聪明的车"与"智能的路"相互协同的新阶段；阿里在云栖大会上宣布将利用车路协同技术打造全新的"智能高速公路"。2018 年 9 月，福特汽车在中国开放道路进行基于蜂窝技术的车辆联网通信（C – V2X）测试。2019 年 8 月，滴滴出行宣布旗下自动驾驶部门升级为独立公司，专注于自动驾驶研发、产品应用及相关业务拓展。

（三）智能汽车与智能道路协调发展思考

（1）继续推进智能汽车核心技术的研发和产业化，进一步提升车辆智能化水平。在现有智能汽车技术水平的基础上，加强汽车、电子、信息通信等企业资源整合，依托国家智能网联汽车创新中心、国汽（北京）智能网联汽车研究院、中国智能网联汽车产业创新联盟等平台，重点突破智能汽车相关的感知、决策、控制、通信等关键核心技术研究壁垒。推动企业、科研机构、高校对智能汽车领域的重大工程和重点专项进行联合攻关，着力突破核心技术和关键零部件等领域面临的难题。鼓励企业加大对智能汽车技术的研发投入，集合产业的各种科技资源与研发力量，加速推进研发及产业化进程，进一步提升智能汽车的智能化水平，促进有条件自动驾驶车辆规模生产。

（2）加大对智能道路的研发与建设投入，逐步实现车路同步发展。智能道路是集成了多方面专业技术的一个复杂、庞大的系统性工程。与智能汽车相比，智能道路起步较晚，技术成熟度相对较低，因此，要推进智能化道路基础设施建设，建设智慧道路及新一代国家交通控制网，以交通为整体，加大技术研发领域的投入，重点突破泛在无线通信技术、车辆全时空连续高精度定位技术、基于车路协同的车辆队列技术等八大关键技术，构建融合交通基础设施、运载装备、通信电子、信息安全等协调发展交通新格局。以九省"智慧公路"试点、智慧高速公路示范为起点，带动全国干线公路智慧公路示范、部分路段高级自动驾驶应用落地实施，最终实现全面铺开智慧公路，实现车路协同，带动我国交通和汽车行业整体升级的最终目标。

（3）开展智能汽车与智能道路标准化工作，健全完善促进发展的法规及标准。按照"统筹规划、适度超前"的原则，积极开展综合标准化体系建设，针对智能汽车与智能道路的车载终端、测试评价、信息安全等关键技术制定统一标准。推进适用于智能汽车的道路交通规范制修订以及智能道路基础设施标准完善工作，将智能道路建设纳入智慧城市建设总体架构，分阶段、分区域推进道路基础设施的信息化、智能化和标准化建设，将道路智能化作为独立部分纳入道路工程标准体系中，促进我国智能道路体系框架的制定，从高速公路向低等级公路逐步推进道路智能化；推动实施对《道路交通安全法》《测绘法》等法律的修订或部分条款豁免，完善关于交通事故责任认定的法律法规，进一步构建符合国情的智能网联汽车和智能交通法律法规体系。加强对智能汽车及智能道路产业知识产权及专利技术的保护，建立健全智能汽车与智能道路的信息和数据安全管理机制。

（4）鼓励人工智能、互联网、通信公司等 ICT 企业变身智能汽车与智能道路技术供应商。推进车载高精度传感器、车规级芯片、智能操作系统、车载智能终端、智能计算平台等与智能汽车、智能道路发展相关的产品研发与产业化进程，加快智能化系统推广应用。通过财政补贴、政策扶持等手段鼓励整车企业逐步成为智能汽车产品提供商，鼓励零部件企业逐步成为智能汽车关键系统集成供应商，鼓励人工智能、互联网等企业发展成为自动驾驶系统解决方案领军企业，鼓励信息通信等企业发展成为智能汽车数据服务商和无线通信网络运营商，鼓励交通基础设施相关企业发展成为智慧城市交通系统方案供应商。

（5）改变传统商业模式，构建智能道路与智能汽车协同发展的新型产业链。智能道路与智能车辆产业价值链正处在革新阶段，产业竞争也逐渐由传统的产品竞争转向服务竞争，由单环节竞争变为商业模式体系综合能力竞争，由行业内竞争转向跨行业竞争。通过优化管理模式、改变传统商业模式等手段整合行业各个阶段，以寻找用户体验和成本效率的最佳平衡点，降低前期投入、缩短盈利周期，促进产业平稳快速发展。以智能道路与智能汽车产业为突破口和着力点，整合通信、高精地图等多方产业，明确发展目标，并以目标为导向，建立协调机制，构建智能道路与智能汽车协同发展的新型产业链生态体系。

二、引领 5G 革命、云计算革命，以做大做强智能汽车产业为抓手，落实实施新基建纲领

在新一轮科技革命推动下，人类社会正在由工业社会迈向数字社会，对

新型基础设施的需求迅猛增长。加快新型基础设施建设，是促进当前经济增长、打牢长远发展基础的重要举措，同时也是提高生产效率、改善人民生活的重要推手，其出发点和落脚点在于加快发展数字经济，推动我国经济转型升级、实现高质量发展。以5G、云计算等为代表的"新基建"，既是当前稳增长的有效抓手，也是未来发展数字经济的基础条件，更是拉动产业转型升级、推进高质量发展的新引擎。

对于汽车产业来说，"新基建"所涵盖的信息基础设施、融合基础设施、创新基础设施为其高质量发展赋予了新的能量，在大力发展"新基建"的过程中，汽车产业将迎来新的机遇。做好5G、人工智能等新基建，能够大幅提高智能汽车的智能化效果，并增加整个社会的车辆运营效率，形成良性循环。以做大做强智能汽车产业为着力点，落实实施新基建纲领有助于进一步培育汽车产业发展新优势、加速产业转型升级、壮大汽车产业增长新动能，新基建的战略举措必将提振汽车产业坚持高质量发展的信心。

（一）新基建的内容与意义

2018年12月，中央经济工作会议首次提出"新基建"这一概念，强调加快发展"5G商用步伐，推动发展人工智能、工业互联网、物联网等"。2020年4月，国家发改委明确新基建范围：新型基础设施是以新发展理念为引领，以技术创新为驱动，以信息网络为基础，面向高质量发展需要，提供数字转型、智能升级、融合创新等服务的基础设施体系。

新基建主要包含三部分内容：一是信息基础设施，主要包括基于新一代信息技术演化生成的基础设施，如以5G技术、物联网、工业互联网、卫星互联网为代表的通信网络基础设施，以人工智能、云计算、区块链等为代表的新技术基础设施，以数据中心、智能计算中心为代表的算力基础设施等。二是融合基础设施，主要包括深度应用互联网、大数据、人工智能等技术，支撑传统基础设施转型升级，进而形成的融合基础设施，如智能交通基础设施、智慧能源基础设施等。三是创新基础设施，主要包括支撑科学研究、技术公开、产品研制的具有公益属性的基础设施，比如重大科技基础设施、科教基础设施、产业技术创新基础设施等。根据产业结构的不同可将新基建细分为5G建设、特高压、城际高速铁路和城际轨道交通、新能源汽车充电桩、大数据中心、人工智能、工业互联网共七大领域。

（1）"新基建"带给汽车产业发展的新机遇。2020年新冠肺炎疫情在全球蔓延，引发国际社会的动荡，对世界经济与汽车产业带来了深远影响，在这种复杂、多变的国际大环境下，加之我国经济又处于转型升级攻关的重要节点，"新型基础设施建设"发展战略和举措的实施提振了汽车产业坚持高质量发展的信心，从需求侧，稳增长、促就业、促销费；从供给侧，为国家汽车产业发展、产业转型、技术创新、关键核心技术突破等方面提供了新思路，起到了强有力的推动作用。

（2）"新基建"战略举措将会为汽车产业发展加速。在新冠肺炎疫情影响下，全球汽车产业进入重构期，产业态势发生深刻变化，"新基建"战略举措的实施有力推动了中国汽车产业创新发展，为促进智能制造、智能汽车、智能交通、智慧城市与智慧能源的协同发展发挥了积极作用。发展新一代信息网络、拓展5G技术应用、建设新能源汽车充电桩等举措进一步推进了智能汽车由前期产业生态构建逐步迈入实际应用阶段的进程。

（3）"新基建"推进智能汽车产业智能制造进程。工业互联网的建设对汽车企业的智能制造起到非常重要的推动作用。在工业互联网的带动下，汽车制造业的结构有望因此发生改变，包括产业和产品结构、高端产能和低端产能分配、产业内部供应链管理以及生产制造流程等各个维度。工业互联网能够帮助汽车生产企业提升自主研发水平，大大提升企业在制造过程中的生产效率和经营管理的水平，从而实现成本的降低和竞争力的增加，并通过

5G 和云计算等技术的深度应用，提升新一代汽车在车联网包括边缘计算等方面的技术含量，增强产品的市场竞争力。

（二）5G、云计算国内产业现状分析

在新型基础设施建设的七大领域中，5G 基站、工业互联网、人工智能和大数据中心是以数字化信息网络为核心的基础设施，为构建智慧化社会、深化智能汽车产业奠定了基础。各地以 5G、大数据中心为代表，聚焦 5G 互联网智能化，开展新型信息网络建设，提出了一系列总体要求、主要目标和具体任务（见表3）。

表3　主要地区"5G、云计算"政策一览

领域	重要地区	重要政策	主要内容
5G 基站	山东省	《关于山东省数字基础设施建设的指导意见》	加速发展融合 5G、全光网、卫星通信和量子通信等新一代信息通信网络设施，进一步提高网络容量、通信质量和传输速率
	河北省	信息通信工作会议	力争 2020 年底建设 5G 基站 1 万个，实现省内全部地级市覆盖 5G 网络
	浙江省杭州市	《杭州市 5G 通信设施布局规划（2020—2022 年）》	杭州共设置 5G 综合接入局 1087 座，新建基站集群 12600 余处，至 2022 年实现全市中心镇以上城区 5G 全覆盖
	吉林省	政府工作报告	抢抓 5G 规模商用契机，加快布局 5G 网络通信基础设施
	甘肃省	政府工作报告	加强 5G 网络基础设施建设，基本实现地级市城区 5G 基站全覆盖
大数据中心	山东省	《关于山东省数字基础设施建设的指导意见》	加快数据中心高水平建设，推动云计算、边缘计算、高性能计算协同发展提升人工智能、区块链等应用场景支撑能力，全力打造"中国算谷"
	海南省	工作报告	运用大数据、云计算、人工智能、区块链等技术手段提升政府效能
	江苏省	工作报告	加强人工智能、大数据、区块链等技术创新
	湖南省	工作报告	力争在人工智能、区块链、5G 与大数据等领域培育形成一批新的增长点

资料来源：赛迪政策法规研究所，产业政策研究所．"新基建"政策白皮书［Z］．2020．

（1）在加快推进5G发展方面，多地提出要培育高端高质的5G产业体系，对通信基础设施实施"跨越式恶补"，构建开放融合的5G应用生态，强基础、促应用、壮产业，为推进高质量发展培育新动能。围绕5G建设相关要求，多地提出了具体的目标，包括设区市的中心城区基本实现5G网络覆盖和商用，建设5G基站和示范应用场景，形成与垂直行业应用深度融合的新业态、新模式。截至2020年2月初，国内已开通了15.6万个5G基站，计划在2020年实现55万个5G基站的建设目标。在此基础上，各级政府提出一系列具体基础设施部署工作：在基建方面，加快布局5G基站，同步落实5G基站机房、电源、管道等配建工作；在平台方面，大力发展5G产业，积极布局建设5G领域重点实验室、工程研究中心、数据中心等科技创新平台，打造5G器件研发制造基地，打造应用软件研发基地，培育引进5G企业；在应用方面，开展5G应用试点示范区建设，推进数字经济产业园、示范区规划建设，推动机场、高铁站等重要交通枢纽及5G网络热点地区有效覆盖、逐步实现5G网络建设向县区延伸等。就5G技术在智能汽车产业发展领域的应用而言，基于5G技术的车联网示范区纷纷落地，截至目前，我国已建成10个国家级智能网联（车联网）测试示范区，超过30个城市级及企业级测试示范点，10多个智慧高速公路智能网联试点。

基于5G技术的智能网联、自动驾驶以及人性化设计升级，已成为汽车行业的新趋势。当前，5G技术在汽车领域应用广泛，多数车企已签订5G技术合作，沃尔沃、东风汽车、比亚迪汽车、长安汽车、上汽集团等多家中国自主品牌车企均与华为签署了战略合作协议，以求在出行领域实现智能化转型升级。2019年，搭载5G技术的汽车产品成果丰硕，例如：东风推出首台融合5G远程驾驶技术的概念车Sharing－VAN，囊括自动驾驶、5G远程驾驶、调度监控系统等新技术；北汽新能源高端子品牌ARCFOX则发布了搭载5G技术的IMC架构，搭载算力高达每秒352万亿次的芯片，可实现L3～L4

级以上自动驾驶技术；荣威发布了全球的首款5G智能座舱荣威Vision－i概念车，并冠以"移动空间"的概念，尝试突破屏幕边界，运用具备全舱交互能力的整舱智能交互系统。

（2）在推进大数据中心建设方面，为贯彻落实党中央、国务院关于促进大数据发展行动的举措，各地方政府积极布局、推进大数据战略实施，促进数字经济发展。北京、天津、河北联合推出京津冀大数据综合试验区建设规划，北京、山西、贵州等地专门制定了大数据相关发展规划，并出台了促进大数据应用的若干政策。此外，围绕大数据领域的基础设施建设，各地从大数据中心基础和应用等方面提出，加快高速宽带网络建设，推动绿色数据中心、能源大数据中心、车联网大数据中心及云平台等的建设，加快大数据产业基地建设，推进通信运营公司和互联网公司大型数据中心落地，建设大数据集聚区，并开展公共安全、文化旅游、工业、农业、能源、健康医疗、交通物流、电子金融等领域的大数据示范应用，推动云计算、边缘计算的云智能和大数据分析能力的发展，将云边缘计算的能力直接应用于汽车的控制和管理，实现自动驾驶从理论走向应用。

车用级云计算途径可交付及采集信息，是自动驾驶技术的重要组成部分。利用云技术，车辆可实现车间通信（V2V），规避交通事故或下载最新版地图及交通道路信息；智能车辆可自动规划最佳、最快捷的行驶路径，将用户载入目的地；车企可通过利用云计算技术来驱动产品创新，能够覆盖车辆的研发进程及车辆的整个使用寿命。现阶段，云计算技术与智能汽车产业的融合日渐加深，国内诸多汽车企业都已经在进行云计算技术的探索应用，上汽集团成立中国汽车行业第一个云计算中心、Honda中国与腾讯战略合作、联动云租车与长安汽车集团战略合作、字节跳动进军车联网，随着国家汽车发展战略的进一步调整，大数据、云计算等技术将在更深层次上得到应用。

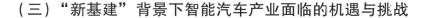

（三）"新基建"背景下智能汽车产业面临的机遇与挑战

1. 面临机遇

（1）"新基建"能帮助汽车生产企业提升自主研发水平。"新基建"对再生产模式、工业模式的改革有巨大的推动作用，能够促进智能化和大规模定制的模式转型。整车企业通过工业软件的应用或者通过智能生产设备的应用，能够大大提升企业在制造过程中的生产效率和经营管理的水平，从而实现成本的降低和竞争力的增加，并且，5G 和传感器等技术的深度应用，有望提升新一代汽车在车联网包括边缘计算等方面的技术含量，从而实现产品竞争力的增强。此外，基于"新基建"的工业互联网技术能够有效解决汽车企业供应链管理和市场销售方面的数据流通和供应链原材料采购效率的问题。

（2）"新基建"加速推进汽车产业与汽车交通业数字化的转型升级。"新基建"的核心是以数字化为主的基础设施建设，而新一代信息基础设施为汽车和交通信息数据的采集、汇聚、协同、共享提供了有力的技术保障，为推动汽车交通相关的各方，包括信息通信行业、汽车制造业、交通管理、交通运输部等部门进行协同、合作和发展提供了技术保障，为我们国家的汽车产业和汽车交通赶超甚至引领世界先进水平提供了一个难得的发展机遇。例如，5G 技术的"大带宽、低延时"将直接推动智能网联汽车性能和用户体验的提升，提高云计算、边缘计算的云智能力和大数据能力，实现云平台和车载终端的连接。

（3）"新基建"进一步推进车路协同发展进程。随着 5G 技术的不断普及和推广，人工智能持续进步以及各地政府将智慧化道路基础建设纳入"新基建"工作中，V2X、自动驾驶、高精度地图等一系列新技术应用都将在

"新基建"的推动下，获得快速发展的新契机，并在"新基建"战略的推动下，地方政府也进一步提高了发展车路协同的积极性。在国家政策支持下，"新基建"将车路协同基础设施作为切入点，有助于促进车路协同技术产品研发，完善丰富测试验证场景，对于夯实产业基础、推进车路协同发展进程具有重大意义。

2. 面临挑战

（1）我国正处于从跟踪模仿向创新驱动迈进的关键阶段，部分核心技术仍受制于人。我国在未来网络与通信领域的制造工艺、标准制定、产业生态等方面，距离国际先进水平仍然存在一定差距，自主创新能力有待加强，需加强核心关键技术攻关。以车联网为例，尽管过去数十年车联网取得了巨大发展，然而要开发一套完整、高效的车载系统，技术难度非常大，并且缺少统一的技术标准，随着与实体经济融合，"尽力而为"的传统网络架构难以支撑车联网对差异性服务保障、确定性带宽/时延的需求。面对严峻挑战，需进一步加大关键核心技术攻关、测试和验证。

（2）缺乏推进"新基建"与智能汽车产业融合的技术及政策指导。"新基建"作为当前科技前沿的应用，基层缺乏对其的学习了解，缺乏来自权威方面与智能汽车产业融合的技术及政策支持方面的指导，对工作推进造成一定影响。作为新兴技术，"新基建"具有高度不确定性，包括技术的不确定性、市场的不确定性、组织的不确定性，并且基础设施本身具有非竞争性或部分竞争性的特点，存在着正外部性和供给不足，因而政府在传统基础设施的规划建设中往往发挥着主导性作用。相对于在市场中直接参与技术创新、市场竞争和面对用户的企业，政府对于技术和市场的不确定性更不敏感，因此正确做出新型基础设施与智能汽车产业融合发展的技术路线选择和建设规模决策更加困难。

（四）新基建背景下智能汽车产业发展建议

（1）加速汽车产业转型升级和企业经济运营模式的改革与创新。构建与新型基础设施相融合的新型智能汽车产业生态体系，促进产业创新发展战略落地实施。在国内外经济环境变化的大背景下，以培育新兴市场为主体，以整合优势资源、组建产业联合体和联盟为目标，全面推进整车、零部件、人工智能、互联网、信息通信等产业链的融合与发展，探索未来智能车产业范畴拓展的演变规律，实现跨界融合、协同创新的智能汽车产业生态。加速创造新型的商业模式，推动国有企业先行实现数字化转型，将国有企业的数字化生存能力、数字化发展能力、数字化协同能力进一步发展，形成线上线下相融合的新商业模式，抓住机遇，加快补齐和强化自身在供应链上的短板，结合"新基建"政策要求，努力实现核心技术领域的全链本土化。

（2）加速我国新能源汽车的市场化和新能源汽车产品的升级。新能源汽车是我国战略性新兴产业，是新时期中国从汽车大国走向汽车强国的必由之路。在"新基建"政策的背景下，应进一步拓宽新能源汽车市场，培养具有国际竞争力的优秀企业、更为完整的产业配套体系以及政策支持体系，全力支持新能源汽车的发展。抓住"新基建"战略举措中推进新能源汽车充电桩建设的重大机遇，加快建设高效便利新能源基础设施体系，增加充电加氢等服务站点，合理规划布局，完善服务网络，降低消费者对充电便携的担忧，助力拓宽新能源汽车市场份额，推动技术的不断升级，促进新能源汽车向高科技、高技术、高智能化平稳快速发展。

（3）加速汽车产品智能化和生产制造过程智能化。紧抓"新基建"战略举措中对5G通信、智能网联、人工智能、大数据等领域的规划，构建良好智能汽车产业发展外部环境，推动智能汽车产业由单车智能逐步转向车路协同智能，进一步提升汽车产品及生产制造过程的智能化程度。推进智能服务、出行服务等与汽车产业智能化相关的全新价值扩展。以智能网联操作系统顶层设计为指引，国家级创新中心组织各方共同组建市场化运营创新主体，以行业需求为牵引，聚集交叉行业人才，发力融合创新领域并加快输出市场竞争力产品。加大对企业电动化和智能化核心技术，特别是底层核心技术研发的资金补助、高端人才引进支持等政策措施力度。

（4）完善协调机制，强化开放合作。加强新型基础设施建设与传统基础设施之间的统筹协调，同时加强新型基础设施各领域与智能汽车产业的协调。强化部门协同和上下联动，建立健全政府、企业、行业组织和产业联盟、智库等的协同推进机制，加强在技术攻关、标准制定等方面的协调配合。有意识地在全球范围内配置资源，吸引智能汽车产业方面新型基础设施建设相关的信息技术、装备、人才等高端要素的快速集聚，促进人力、物资、信息的高效流动，实现全球优质资源的耦合，为推动新型基础设施高质量发展积蓄动能。开放新型基础设施建设与智能汽车相融合的应用场景，推动相关企业新技术、新模式和新型基础设施建设结合，通过场景开放，将核心技术与场景深度结合，以应用推动研发，同时经过实践的检验，拓展应用场景深度，融合促进新型基础设施建设发展。

第六章　安全

实现智能汽车信息安全监控，打造国家数据安全防控体系

中汽创智科技有限公司总经理　李丰军

一、汽车信息安全监控平台

随着联网技术、人工智能技术、云计算和大数据等新兴技术在车辆中的应用越来越多，具备智能网联功能或者自动驾驶功能的汽车与传统车辆相比已经有了巨大的变化。智能网联汽车或者自动驾驶汽车上的电子元器件和网络单元越来越多，汽车信息网络也逐渐从一个单独的、具有封闭特性的网络变成一个接入互联网的子网络，在变得更加智能的同时，也承载了伴随而来的信息安全问题。汽车在提供更加便捷的使用功能、娱乐功能、自动驾驶功能的同时，也通过更加开放的车内通信、车车通信、车人通信、车路通信、车和基础设施通信等方式，极大地增加了汽车静态和动态过程中信息的交互。可以说，无论从目前状态还是未来发展上看，智能网联汽车给用户带来了更加良好的驾乘体验，而汽车已经随着智能化、网联化程度的提升变成了名副其实的万物互联时代的智能终端设备。从一个独立节点到万物互联中的一个子节点，车辆面临的不仅有技术上的变革，同样它也面临更加多元化的信息安全风险和挑战，主要体现在：

（1）智能汽车的信息交互包括：车与运营平台之间的专网通信、车与第三方云之间的互联网通信、车与手机等手持电子设备之间的近场通信、车与其他车辆之间的通信、车与交通设施之间的通信、车内总线网络的通信，可以说智能汽车呈现了一个多网融合的数据交换场景。信息的多元化交互带来了信息安全挑战。从机密性、完整性和可追溯性角度，信息是否可以被非法获取、是否可以被读取和使用、是否可以任意更改等都是通信过程中非常关键的问题。而传统网络安全的分析方法和防护手段不能直接用于智能汽车。

（2）智能汽车具备越来越多功能复杂的控制器，比如车载远程通信终端、车载信息娱乐系统、中央网关等，每一个控制器都承载了独有的功能。从控制器硬件、固件、系统、应用软件到更新升级每一个环节都面临着信息安全挑战。控制器代码是否安全、是否会被非授权刷写等都是终端控制器需要解决的关键问题。受限于控制器性能和控制器形态的多样性，传统网络安全的分析方法和防护手段不能直接使用。

近五年来，全球各地都不断涌现出带有网络互连、自动驾驶等技术的智能汽车，同时随之产生的是国内外先后出现的针对智能汽车的破解与攻击事件。攻击事件的发生提醒整个行业，车辆信息安全问题能够直接影响到人民群众的交通出行安全，能够严重制约传统汽车向智能汽车的发展。各个汽车产业强国也在发展智能汽车技术的同时不同程度地意识到车辆信息安全问题的潜在危害，整个行业从整车厂到零部件厂商均在为信息安全问题研发不同的解决方案和应对策略。2016 年 1 月，美国汽车工程师学会（SAE）率先推出了全球首部汽车信息安全指南 SAE J3061；同年 10 月，美国高速公路安全管理局（NHTSA）发布了现代汽车信息安全最佳实践；同年 11 月，我国发布了《中华人民共和国网络安全法》，明确要求包括整车厂、车联网运营商在内的网络运营者须"履行网络安全保护义务，接受政府和社会的监督，承担社会责任"，"应当依照法律、行政法规的规定和国家标准的强制性要求，采取技术措施和其他必要措施，保障网络安全、稳定运行，有效应对网络安全事件，防范网络违法犯罪活动，维护网络数据的完整性、保密性和可用性"。智能汽车的信息安全逐渐成为汽车智能化和网联化发展的必然产物，也成为汽车智能网联化发展的核心要素和智能汽车的基础属性。

智能汽车的信息安全问题从汽车全生命周期的各个流程开始展开，每一个流程环境都与信息安全因素产生关联。而从智能汽车本身来看，车内关键零部件的信息安全、智能交通环境下的各种通信安全、车内电子电气网络的通信安全、密钥管理安全均是智能汽车信息安全的重要组成部分。从信息安全防护的角度一般采取"端—管—云"纵深防御体系，从点至面、从外至内、从防御高危风险到管理遗留风险。

但是再完美的防御体系也很难完全应对未知的攻击。随着网联技术的发展，未知的威胁、恶意的软件、计算机病毒都在不断变化和增加，虽然从防护体系角度能够进行一定的防御，但是单一的防御手段无法应对越来越多变化的攻击方法和威胁。如何动态地获取智能汽车的信息安全状态，如何快速地处理终端的信息安全问题，如何准确地将单点的攻击危害控制住从而确保攻击危害不会从单点扩展到批量的智能汽车，都是智能汽车信息安全所面临的核心问题。解决这个核心问题的策略是建设汽车信息安全监控平台，车辆信息安全监控技术从传统网络安全行业得到借鉴的同时也衍生出诸多应用变化。车辆信息安全监控技术需要对每一辆车辆的信息安全状态进行监控，结合人工智能和大数据技术，动态地监控并且快速地响应信息安全事件，在出现任何信息安全问题时能够快速地下发阻断或处理要求。从国家角度来看，开展车辆信息安全的监管能够更加有效地管理智能网联或自动驾驶汽车的信息安全质量；从行业角度来看，车辆信息安全的监管平台能够为国家提供监管手段；从主机厂角度来看，在满足国家和行业要求的前提下，能够同时基于主机厂的汽车信息安全监控平台为用户提供信息安全的快速响应和解决方案。整车厂应建设自己的汽车信息安全监控平台，监控车型产品的信息安全状态，从国家或者地方的角度建设一级监管平台，从产品监管的角度确保智能交通环境的大安全。

汽车信息安全监控平台能够实现智能汽车信息安全的可视化动态管理。它能够采集智能汽车的车内外网络通信、各个控制器固件、操作系统和应用软件的安全风险与威胁，掌握整个车辆的安全状况，识别异常情况、入侵行为，把握智能汽车安全事件的发展趋势，结合车辆业务数据全方位感知智能汽车信息安全态势。汽车信息安全监控平台主要监测和管理智能汽车的异常信息安全状态，通过对智能汽车的异常流量、智能汽车控制器的脆弱性、多维度攻击方法、车内网络异常报文数据等进行分析，实现安全监测与预警以及应急处置响应。通过智能汽车控制器对于信息安全数据的分析和采集，基于大数据的关联分析和处理，形成信息安全事件态势的呈现。实现汽车信息安全可见、可监控、可溯源、可处理。汽车信息安全监控平台的建立提供了智能汽车网络安全监管机制，能够完善各个环节的联动和信息共享，并能够更加快速地改善信息安全问题，规避信息安全风险。

　　汽车信息安全监控平台包括智能汽车探针和安全监控服务平台两部分。安全监控服务平台能够提供智能汽车的入侵检测分析功能，支持可视化的数据展示界面以及威胁和风险告警方式。针对智能汽车的攻击行为的数据量量级巨大，安全监控服务平台应具备对海量数据进行分析、筛选的能力，能够对数据进行多维度和可变尺度的分析，并且将分散的信息要素集中，实现对攻击行为的深度挖掘。高效的分析方法能够帮助监管单位更准确地掌握智能汽车的安全态势，提高主动性，更积极和有效地应对未知且多变的威胁和风险。

　　汽车信息安全监控平台主要用于整车级的信息安全测试、监控和应急响应。平台主要包括基础设施、漏洞管理系统、系统安全测试系统、代码安全测试系统、硬件安全测试系统、车载网络安全测试系统、无线安全测试系统、自动驾驶安全测试系统和合规性验证系统：

　　（1）漏洞管理系统应具备可视化操作界面，通过对漏洞的识别、确认、整改、消除的全生命周期管理，实现漏洞管理、漏洞分析、威胁预警、漏洞处置与跟踪等工作。通过对实验中发现的漏洞进行分析，调用平台工单发送给相应的责任人进行整改。从而对车联网系统资产漏洞信息进行统一关联、展现和告警，使管理人员可以有效地跟踪资源漏洞生命周期，清楚地掌握全网的安全健康状况，实现漏洞全生命周期的可视、可控和可管。

（2）系统安全测试系统建设遵循《信息系统安全等级保护基本要求》的要求，并结合移动领域的特点加强信息安全防护，整合 APP 安全扫描工具、APP 加固工具、安卓逆向测试工具、智能系统控制器扫描工具，有效检测、发掘各种安全问题，同时提供移动应用程序的安全加固方案及工具，降低各种移动应用发布风险，提供移动应用的全生命周期安全管控方案及平台建设。

（3）代码安全测试系统包括：代码正向安全测试工具和代码逆向安全测试工具实现对代码的安全测试，保障代码的合规、安全。代码安全检测系统有安全分析引擎，广泛的安全漏洞检测规则，全面地对源代码中存在的安全漏洞、性能缺陷、编码规范等问题进行综合性分析。

（4）硬件安全测试系统由服务器、固件提取设备、芯片安全测试设备、芯片接口调试设备、电路设计安全测试设备等组成。固件提取设备通过使用常用芯片架构的编程器实现对汽车常用 MCU 的固件提取，在云平台中实现固件的安全测试；芯片攻击工具以常用的芯片攻击设备为平台，实现车载密码芯片的功耗分析、电磁攻击和故障攻击，从而实现车载密码芯片的安全测试；电路逻辑分析仪针对芯片间通信信号进行逻辑分析和数据协议分析；芯片接口调试工具借助串口、下载器等硬件手段实现对芯片调试接口的安全测试。

（5）车载网络安全测试系统主要使用具有网络数据读取、分析和注入功能的工具，针对不同的车载网络类型和功能，分为车载以太网安全测试、CAN 总线安全检测以及 OBDII 接口安全检测三种。

（6）无线安全测试系统包括无线安全测试子系统，可通过使用无线通信数据读取、分析和注入等工具，对车载系统、应用进行安全测试。系统分为蓝牙安全检测模块、WIFI 安全检测模块、蜂窝网络安全检测模块、射频安全检测模块、NFC 安全检测模块和模糊测试模块。主要测试内容包括通信协议、数据、业务逻辑等。

（7）自动驾驶安全测试系统覆盖图像传感器、超声波雷达传感器、激光雷达传感器和毫米波雷达传感器。基于汽车传感器安全威胁模型设计平台，整个平台由三个部分组成：①分析及测试用例执行部分；②各类可控信号发生器装置部分；③模拟被测对象装置部。

（8）合规性验证系统验证控制器及信息安全策略开发的完整性与正确性，包含信息安全云端信息中心与合规性验证系统两部分。云端信息中心能够收集、整理、分析、统计一个或多个合规性验证系统的验证结果，并为访问者提供便捷直观的访问、查询、搜索、分类显示等界面；同时能够对访问者的登录进行管理、身份进行认证以及操作权限进行分类。合规性验证系统能够搭建信息安全模拟运行环境，对待测试车辆的不同系统进行测试。

二、数据安全防控体系

随着车辆具备联网能力，信息化和数字化变革已经融入汽车行业，各种各样的车辆数据已经产生并体现在人们每日的生活中，数据驱动的智能汽车时代正加速来临。具备联网功能的智能网联汽车或者自动驾驶汽车是未来智慧交通和智慧城市的主要组成部分，而智慧的基础是数据的采集、分析、使用和优化。而数据安全是整个数据应用的核心，只有在保障了数据安全的基础上才能更恰当地使用数据、利用数据，让数据安全合法地发挥其最大的作用。随着智能汽车的发展，数据越来越集中且应用场景越来越复杂，大数据的各种应用都为数据安全带来了更高的风险。特别是针对个人隐私数据方面，欧盟已经出台《通用数据保护条例》（General Data Protection Regulation，GDPR）对个人隐私数据进行监管。对于智能汽车而言，需要打造数据安全防控体系，规范大数据和个人隐私数据的采集和使用的过程，主要包括数据收集、数据传输、数据存储、数据使用、数据处理、数据销毁等数据活动。

智能汽车涉及众多数据交互场景，在不同的交互场景中，大量的数据被传递和使用，这些数据可能是分散没有规律的，对数据的识别和安全防护难度很大。这些交互的数据包括智能汽车的车况数据、用户数据、控制指令数据等，其中也一定会存在敏感数据。智能交通环境中的所有设备节点的安全防护能力、信息安全状况各不相同，任何一个节点所暴露的信息安全隐患都可能直接或间接影响交互数据和存储数据的安全性。而对于敏感数据的防护难度更大，敏感数据存在于各个节点、各个环节中，以及不同的位置、不同的来源、不同的使用方式中。在智能汽车的全生命周期中需要能够识别敏感数据涉及的系统、功能并加以防护。

数据安全防控体系以安全作为切入点，从宏观的视角构建立体化的网联汽车数据防控体系，从硬件到网络，形成"一条龙"链条式保护。实现车辆与数据平台的通信，对车辆进行综合的基础管控，及时地扫描发掘汽车各通信途径存在的潜在异常行为，多方数据通过无线网络传输到信息中心进行加工、筛选、计算，产生的结果再反馈作用于车辆，助力实现网联汽车的安全化。

（一）车载电子控制单元二进制数据（ECU）

出厂的车辆搭载了数量可观的电子控制单元，这个电子单元控制不同的车辆基础功能。非法攻击者可以通过网络或者外置接口对这些电子控制单元的二进制代码进行篡改，或者通过注入的手段，对其调用函数进行劫持，从而获得对车辆的控制权。因此针对车身基础电子控制单元，有必要进行严密的防护、拦截篡改及注入等行为，保障车辆基础环节的安全。

（二）　车辆总线通信数据

车载总线承载车辆各电子控制单元，进行数据及命令的传输，攻击者可以通过模拟正常的指令，或者拦截正常指令的广播来扰乱车辆的正常控制。因此在总线上的网关位置需要进行数据的严格过滤，对总线上传输的数据包进行加密及标识，从根本上杜绝攻击行为的发生。

（三）　对外通信的无线数据

随着车联网领域的发展，车辆逐渐具备了联网通信的功能，无论是车辆相关联的移动应用还是车辆本身的对外通信组件，这些具备接入互联网能力的终端设备，都有可能成为攻击者发起攻击的入口。因此针对无线（Wi‑Fi、蜂窝、蓝牙）组件的安全过滤，针对移动应用安全风险监控，车载系统风险的监控尤为必要。

（四）　操作系统安全

车载操作系统附属包括蓝牙、Wi‑Fi热点、USB等功能，攻击面大、风险多，主要威胁包括软硬件攻击两方面。

一是攻击者可通过软件升级的方式，在升级期间获得访问权限进入目标系统。

二是攻击者可拆解控制器的众多硬件接口，包括内部总线、无线访问模块、其他适配接口（如USB）等，通过对车载电路进行窃听、逆句等获取操作系统内信息，进而采取更多攻击由于车载操作系统是常规的Linux系统，一旦遭到攻击极易造成用户信息泄露。同时作为入口进一步地进入并控制总线系统。

（五）三方服务应用防护

围绕智能网联汽车会配备一些第三方的应用，配套完成相关的车联网业务逻辑，这些 APP 既能与车辆终端进行通信，同时也与远程云端进行数据交换，如果其被非法攻击，那么将成为车辆攻击的入口，对车辆控制权进行非法剥夺，造成严重事故。

目前这些应用面临的风险主要表现在以下几个方面：

1. 代码安全

代码安全主要是指 Android 移动应用存在被黑客恶意篡改、二次打包等安全风险。产生移动应用代码安全风险的主要原因是移动应用很容易被反编译、动态调试，例如：DEX 文件被破解、SO 文件被逆向、其他程序或脚本被破解盗用等。

2. 数据存储安全

由于通信协议及文件格式均具有标准、开发、公开的特征，因此数据在存储和传输过程中，不仅面临信息丢失、信息重复或信息传送自身错误的风险，而且会遭遇欺诈行为或信息攻击，导致最终信息收发的差异性。因此，在信息传输过程中，必须确保信息内容在发送、接收及存储的一致性；并在信息遭受篡改攻击的情况下，提供有效的监测与发现机制，实现通信数据传输的完整性。而数据在传输过程中，为抵御黑客采取的各种攻击方式，防止关键数据被窃取，应采用加密措施保证数据的机密性。

数据存储安全是指移动应用在运行过程中，对本地存储数据的加密保护。其中需要保护的数据主要包括敏感数据、隐私数据、系统缓存数据；敏感数据是指移动应用中的关键及重要数据信息；隐私数据是指移动应用中用户的账户、密码等隐私数据信息；系统缓存数据主要是指移动应用在运行过程中缓存到本地的数据信息。关于数据存储可能出现的安全问题如下：

（1）明文存储敏感数据，导致直接被黑客复制或篡改。将隐私数据明文保存在外部存储；将系统数据明文保存在外部存储；将软件运行时依赖的数据保存在外部存储；将软件安装包或者二进制代码保存在外部存储。

（2）不安全的存储登录凭证，导致黑客可以直接利用此数据窃取网络账户的隐私数据。

（3）传输安全问题。传输安全主要是指移动应用程序运行时，对传输的数据进行加密保护，其中关于数据安全可能出现的安全问题主要包括：

1）不使用加密传输，导致中间人攻击。

2）使用加密传输但忽略证书验证环节。

3）如开发者在代码中不检查服务器证书的有效性，或选择接受所有的证书时，这种做法可能会导致通过伪造证书来仿冒真实移动应用传输修改过的数据。

4）动态获取程序运行时的敏感数据。

通过对运行时的移动应用注入恶意代码以获取移动应用的敏感数据，造成用户敏感信息的泄露，给终端用户造成巨大的损失。如个人账户查询、网上支付交易时，获取此用户的用户名、密码、身份证等敏感信息，造成用户敏感信息的泄露。以自动驾驶系统为例，自动驾驶功能伴随着大量的数据采集、分析、上行和下行的过程，这些数据的流转过程可以归纳为以下三种典型应用场景和三种数据类型：

（1）地图数据的交互：地图数据。自动驾驶功能大量地依赖于导航地图、高精地图的数据，而地图资源不仅来源于具备测绘资质的图商的采集，在某些功能场景中也同样需要依赖车辆利用自身传感器对周边环境数据的采集来更新地图商的地图库。围绕地图数据交互的细化功能场景包括以下两点：

1）高精地图下载和更新。高精地图数据可以由车辆端控制器通过图商服务器下载到车辆本地，同时车辆端的高精度地图需要进行地图数据的更新。

2）地图数据上传。图商地图数据的更新同时依赖于车辆在某个定位点识别到的环境数据，这些数据会上传至地图商服务器。

（2）智能汽车信息类数据的上传：车辆端数据。在自动驾驶的感知、决策、执行三个环节的过程中，车辆采集大量的外界传感器数据，并且通过分析和利用传感器数据进行车辆行为的控制，在控制的过程中又在车内网络产生了大量的总线数据，这些数据常用于分析自动驾驶功能等。除了以上行驶数据外，车内外环境监控数据同样也是自动驾驶数据的重要组成部分。结合这两种数据可以通过时间点或事件型数据分析某一个时刻或场景下的自动驾驶行为。

（3）控制类数据的交互：控制数据。云端服务器会有控制数据发送至车端，由车辆执行具体的操作指令。

汽车的数据安全防控体系应针对数据的全生命周期流程，从数据采集的形式、方法等起步，定义数据的分类，识别数据的使用方法，根据不同的数据内容和数据应用场景定义数据的分级。对于不同的数据分类和分级采取不同的数据安全要求及监管手段。从数据源头到数据最终销毁整个链路建设数据安全防控体系。建设符合我国国情的数据安全防控体系，规避跨境数据安全风险，统一数据监管要求，形成全行业性质的统一数据安全防控体系。

第七章　榜样

国外主要国家和地区智能网联汽车发展应用简析

中国汽车工程研究院有限公司　李开国　等

面对日益严峻的交通拥堵、道路安全及环境污染等一系列问题，全球主要国家达成共识，发展智能网联汽车是解决上述社会问题的重要途径之一。欧美日等发达国家起步较早，经过近 30 年的国家支持，已基本形成从顶层规划、战略计划、政策法规、标准体系，到技术研发、示范应用的发展模式。以道路和车辆为基础，以传感技术、信息处理、通信技术、智能控制为核心，以出行安全和行车效率为目的，各国已将车路协同系统与自动驾驶列为现阶段发展的重点，预计到 2025 年，欧美日等发达国家将实现高级自动驾驶汽车的大规模应用。作为汽车与信息、通信等产业跨界融合的创新载体和典型应用，智能网联汽车不仅代表汽车产业发展的战略方向，更是解决城市交通、环境保护和能源问题的重要手段。为抢占技术创新制高点，美国、欧洲、日本等主要汽车强国均将智能网联汽车作为发展重点，通过加强战略规划、规范市场等措施引导和促进产业有序发展。

一、美国

（一）发展历程

在美国，汽车是交通系统中最核心的环节，从美国交通系统发展历史来看，汽车的智能化与网联化是 ITS 的两个重要研究领域。汽车智能化技术是提高车辆安全性、经济性以及驾驶舒适性的主要技术手段，汽车网联化是交通管理、信息服务的主要实现方式。

美国 ITS 的研究开发历史可以追溯到 1967 年美国公共道路局和 GM 通用汽车公司进行的电子路线引导系统（Electronic Route Guidance System, ERGS），由于在政策和资金等方面没有继续得到支持，1971 年该计划终止。

在受到日本和欧洲交通信息化和智能化进展的冲击下，特别是进入 20 世纪 80 年代后期后，冷战的结束和"军转民"的需要，促使美国大张旗鼓地开展起了 ITS 的有关研究开发工作。

从历史上来看，美国 ITS 的发展由政府主导完成。1991 年美国国会通过了《陆上综合运输效率化法案》（Intermodal Surface Transportation Efficiency Act，ISTEA），旨在利用高新技术和合理的交通分配提高整个路网的效率。由美国运输部负责全国 ITS 工作，之后六年中政府拨款 6.6 亿美元，从此开启了美国 ITS 的大规模研究。

1992 年 5 月 ITS America 提出了《ITS 战略计划》（Strategic Plan for IVHS），并于同年 12 月在国会得到通过，成为国家发展战略的主骨架。该规划提出了美国未来 20 年 ITS 发展目标。

1995 年，美国运输部与 ITS America 联合提出《美国国家 ITS 项目规划》，详细阐述了包含 ITS 的推进目标、投资决策、基础设施、用户服务等内容的引导性政策，并制定了具体研究计划。

从技术发展阶段的角度，自 1991 年美国开始大规模进行 ITS 技术研究、验证，到 1998 年某些技术已经逐渐成熟。在这样的背景下，1998 年美国政府颁布《面向 21 世纪的运输平衡法案》（Transportation Equity Act for the 21st Century，TEA – 21），宣布从立法的角度重点由 ITS 研究开发转移为 ITS 基础设施实施和集成，美国 ITS 的发展正式进入实际应用阶段。

1999 年，国会批准美国 1999 ~ 2003 年《国家 ITS 五年项目计划》（National ITS Program Plan Five Year Horizon）。作为 TEA – 21 法案的执行计划，提出了以发展智能交通设施与智能汽车为两大重点方向，并且提出从交通系统的角度，通过道路交通与智能车辆的无缝连接，提供最优的交通信息与交通控制，以提高交通运行的安全性以及移动性。

2002 年，作为 TEA – 21 法案的后续计划，美国 ITS 协会与美国交通运输部联合提出了 2002 ~ 2011 年《国家 ITS 项目计划——十年计划》（National ITS Program Plan：A Ten – Year Vision），提出到 2011 年，将通过 ITS 安全技术，降低交通事故 15%，挽救 5000 ~ 7000 人/年，通过信息提供与交通系统无缝连接，节约 200 亿美元/年交通经济成本，节约至少 10 亿加仑原油，并提供有效的用户出行信息，同时提高交通系统抗恐怖袭击能力。

2005 年 9 月，继 TEA – 21 法案后，美国国会通过了 SAFETEA – LU 法案（Safe，Accountable，Flexible，Efficient Transportation Equity Act：A Legacy for Users），该法案明确了 ITS 在解决交通问题领域的核心作用。在此基础上，提出了 2006 ~ 2010 年美国 ITS 国家项目计划，并将发展中心聚焦于提高道路安全性、降低交通拥堵、提高交通参与环节连接性三个方面，并形成了各领域共计九个重大研究专项。

2010 年，美国交通运输部提出《ITS 战略计划（2010 – 2014）》（ITS Strategic Research Plan，2010 – 2014），美国第一次从国家战略层面，提出大力发展网联（V2X）技术及汽车应用，这也是无线通信技术、信息技术快速进步的产物。美国 ITS 正式进入新的阶段。

2014 年，美国交通运输部与 ITS 联合项目办公室共同提出《ITS 战略计划（2015 – 2019）》（ITS Strategic Research Plan，2015 – 2019），提出了美国 ITS 未来五年的发展目标和方向，这是《ITS 战略计划（2010 – 2014）》的升级版，美国 ITS 战略从单纯的车辆网联化，升级为汽车网联化与自动控制智能化的双重发展战略。

2020 年，美国交通运输部与 ITS – JPO 联合项目办公室共同提出了最新的《ITS 战略计划（2020 – 2025）》（ITS Strategic Research Plan，2020 – 2025），该战略计划描述了未来五年美国 ITS 的愿景、任务、战略和研究目标，响应了交通部（USDOT）FY2018 – 2022 战略计划中所描述的内容。"2020 – 2025 版本战略计划"侧重点从单纯的车辆网联化提升为汽车网联化与自动控制智能化融合的发展战略。"2020～2025 年战略计划"详细阐述了 ITS – JPO 在智能交通研究开发过程中的作用。

（二） 管理体系

美国 ITS 的推进体制如图 1 所示，可以看出，美国 ITS 的玫府管理机构主要为联邦运输部。

（三） 标准体系

智能网联汽车相关的标准法规建设，也成为全球标准法规相关国际组织的工作重点，无论是联合国、ISO、IEEE 还是 IEC，都在开展与智能网联汽车相关的标准法规。美国的 SAE 在标准法规方面起到了先锋作用。通过 SAE 国际标准化委员会制定和发布的自动驾驶相关标准，可以洞察美国在自动驾驶领域标准体系建设的基本情况。

SAE 国际标准化委员会从三个部分阐述了 SAE 在网联自动驾驶汽车领域的标准体系和涵盖范围。第一部分主要从术语与定义、互通性、车辆与系统性能要求三个方面阐述了相关标准，其中 V2V 通信安全车载系统要求（SAE J2945/1TM）、专用短距离通信（DSRC）字典集（SAE J2735 TM）被 NHT-SA 采用用于指导 FMVSS 政策的制定。第二部分主要从信息安全、功能安全、主动安全、安全与人为因素、其他安全五个方面制定并发布了相关标准。其中，网联物理车辆系统信息安全推荐指南（SAE J3061TM）成为行业标杆，具有里程碑意义，L3/L4/L5 级别道路安全测试指导（SAE J3018 TM）成为指导行业开展具体工作的重要指导性标准文件。汽车信息安全系统已成为智能网联汽车重要的发展领域。目前，国际上已经有 ISO 26262 等汽车信息安全相关标准，SAE 也发布了 J3061/IEEE 1609.2 等系列标准。建立数据存储安全、传输安全、应用安全三维度的数据安全体系。第三部分主要从个

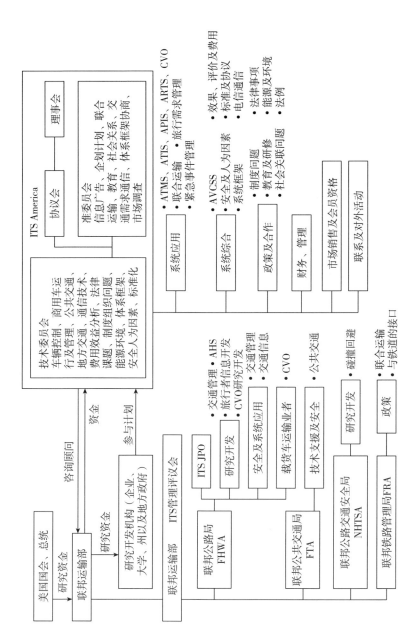

图 1 美国 ITS 推进体制

资料来源：根据美国交通部公开资料整理。

人信息隐私、网络安全方面进行了相应标准的制定与发布。SAE J1939 TM、SAE J1979 TM 在数据收集、保留、所有权、读取方面提出了明确要求。另外，SAE 也致力于从以下方面推动网联交通的发展：

（1）监督跨部门间网络安全圆桌会议；

（2）SAE 是美国国家标准技术研究所智能电网互操作性专家组成员单位，以支持 NIST 履行其根据 2007 年《能源独立与安全法案》（标题 XIII，第 1305 节）的职责，以协调 NIST 的标准制定工作；

（3）SAE 是联邦高速管理局（FHWA）的支撑单位，为智慧交通无线通信和数据交互领域的标准研发和制定提供强有力的支撑；

（4）SAE 的标准通常会被美国国家公路交通安全管理局（NHTSA）所采用，并用于指导相关政策文件的制定；

（5）SAE 组织联盟，并与以下主管部门紧密合作：USDOT（NHTSA、FMCSA、FHWA）、ISO、DOE、EPA。

（四）发展规划

1. 《ITS 战略计划（2015－2019）》

《ITS 战略计划（2015－2019）》主要针对目前交通系统存在的安全性、机动性、环境友好性等社会问题。汽车的智能化、网联化成为该战略计划的核心，也是美国解决交通系统问题的关键技术手段。

美国 ITS 战略计划蓝图的愿景是"改变社会的移动方式"，使命是"通过研究、开发和教育活动促进技术和信息的交流，创建更安全、更智能的交通系统"，旨在发现通往建设智能交通系统的途径，同时形成一个新的工业形式和经济增长点。在此基础上，美国提出了未来交通系统的发展思路：通过研究、开发、教育等手段促进信息和通信技术实用化，确保社会向智能化方向发展，即部署智能交通设备，开发智能交通技术，并提出了使车辆和道路更安全、加强机动性、降低环境影响、促进改革创新、支持交通系统信息共享五项发展战略目标：

第一，使车辆和道路更安全：开发更好的防撞保护措施、碰撞预警机制、商用汽车安全机制、基于基础设施和协同式安全系统；

第二，加强机动性：改进交通管理、事故管理、运输管理、货源组织管理、道路气候管理等管理系统；

第三，降低环境影响：更好地控制交通流、车辆速度和交通堵塞以及其他先进的技术手段管理车辆行为；

第四，促进改革创新：通过 ITS 项目，培养先进技术和持续促进创新，调整、收集并部署技术开发路线满足未来交通发展的需求；

第五，支持交通系统信息共享：应用先进的无线技术使所有车辆、基础设施、可移动设备能够互联通信，实时传输信息并应用。

在上述目标要求下，该战略计划聚焦于两大发展主题：实现网联汽车，将近年来的设计、测试和计划用于网联汽车进入实质性进展阶段，并在全国范围内普及；推进自动化驾驶，采用自动化相关技术研究推进车辆的自动驾驶与无人驾驶。这两大发展主题也重点反映了近年来大多数交通研究机构的研究和创新的方向。

计划提出了网联汽车、自动化、新兴功能、大数据、互用性、加速应用六大重点领域，分为研究阶段、开发阶段以及应用阶段，如图 2 所示。

（1）研究阶段。针对相关重点领域的参与者组织相关项目进行研究；确定每个项目所期望的结果；为每个项目制定实施指标并进行跟踪进展。通过研究阶段对参与者的想法、观点、利益和发现等的研究，为开发新技术提供支持。

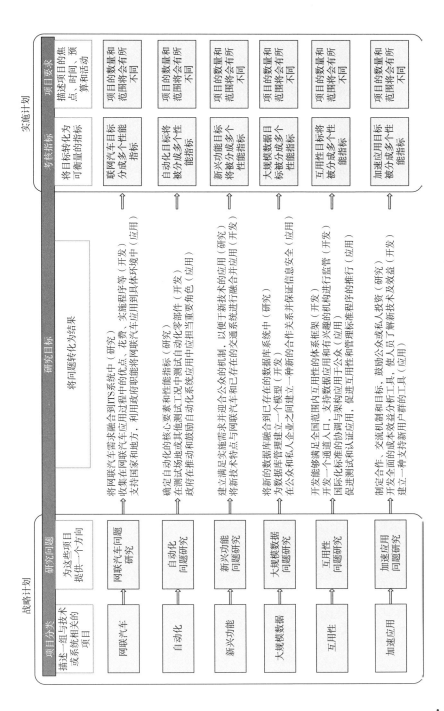

图 2 《ITS 战略计划（2015－2019）》实施流程

资料来源：根据美国交通部公开资料整理。

（2）开发阶段。随着时间的推进持续关注项目的焦点、跟踪项目进程以确定结果和关键指标；建立一个正规的评估程序；开发并建立原型样机和评估试验场，与研究阶段的问题和结果进行反馈，实现所有项目目标；分析结果并对开发的新技术或新系统进行评估。

（3）应用阶段。ITS 技术应用初期，为技术应用者提供时间和经费支持；在应用阶段，嵌入应用成功的关键因素；对应用者进行跟踪并管理危险因素以减少危险的发生，提高成功率；选择正确的参与者以确保实验的大规模进行并取得成功。

2.《ITS 战略计划（2020－2025）》

2020 年 3 月，美国交通运输部与 ITS－JPO 联合项目办公室共同提出了最新的《ITS 战略计划》（ITS Strategic Research Plan，2020－2025），该战略计划描述了未来五年美国 ITS 的愿景、任务、战略和研究目标，响应了交通部（USDOT）FY2018－2022 战略计划中所描述的内容。"2020－2025 版本战略计划"侧重点从单纯的车辆网联化提升为汽车网联化与自动控制智能化融合的发展战略。"2020－2025 年战略计划"详细阐述了 ITS－JPO 在智能交通研究开发过程中的作用。两个版本的不同之处如表 1 所示。

表 1　《ITS 2015－2019》VS《ITS 2020－2025》

战略	愿景	任务	技术生命周期	战略重点
ITS 2015－2019	改变社会的运转方式，整合交通与其他社会公共服务	进行 ITS 研发和推广，促进信息和通信技术应用，使社会更加安全、出行更加有效	研究、发展和应用	实现运载工具的高级自动化和互联互通化
ITS 2020－2025	加速应用 ITS，转变社会运行方式	ITS－JPO 指导智能交通系统的合作和创新研究、开发和实施，以提供人员通勤和货物运输的安全性和流通性	识别评估技术、协调和指导 ITS 研发工作，展示价值，支持部署和贯彻 ITS 技术	基于技术生命周期闭环的五阶段策略

资料来源：根据美国交通部公开资料整理。

总体上看，美国 ITS 以五年规划为蓝图布局智能交通发展战略，其愿景和使命具有一定的延续性和继承性，2010 版战略强调交通的连通性，2015 版战略重视车辆自动化和基础设施互联互通，2020 版战略从强调自动驾驶和智能网联单点突破到新兴科技全面创新布局，完善了基于技术生命周期的发展策略，着重推动新技术在研发－实施－评估全流程示范应用。

3. NHTSA《自动驾驶汽车政策》

2013 年，为进一步推动自动驾驶车辆的应用，NHTSA 发布了第一个关于自动驾驶汽车的政策 *Preliminary Statement of Policy Concerning Automated Vehicles*。根据前期研究的成果，该政策主要提出了以下三方面的内容：①给出了 NHTSA 对自动驾驶等级的定义；②制定了 NHTSA 在自动驾驶领域主要支持的研究方向；③提出了各州在推动无人驾驶汽车测试应用方面的建议。

（1）NHTSA 自动驾驶等级定义。NHTSA 自动驾驶等级如表 2 所示。

表 2　汽车智能等级划分

等级	定义		主体			作用域
			驾驶	监控	支援	
0	无自动化	由人操作汽车，行驶过程中可以得到警告和系统的辅助	人			无
1	特定功能自动驾驶	通过环境信息对转向和加减速中的一项操作提供辅助，其他驾驶操作都由人操作	人、系统	人	人	部分
2	集成功能自动驾驶	通过环境信息对转向和加减速等至少两项操作提供辅助，其他驾驶操作都由人操作				
3	有条件自动化	由无人驾驶系统完成所有驾驶操作，驾驶员无须持续监控车辆行驶，根据系统请求，人提供适当应答和支持	系统	系统		
4	完全自动化	在所有的道路、环境条件下，由无人驾驶系统全时完成所有驾驶操作				全域

资料来源：根据 SAE 公开资料整理。

（2）自动驾驶主要研究方向。自 2000 年以来，NHTSA 已支持开展了大量汽车自动驾驶的研究。目前，在继续进行自动化等级 Level 1 的研究以及有效性验证的同时，也对 Level 2 到 Level 4 级别的车辆进行自动驾驶技术的研究，主要研究的方向包含以下三个：①人为因素的研究；②系统性能需求开发；③电控系统安全性。如表 3 所示。

表 3　NHTSA 重点研究方向

研究领域	目标	序号	支持方向	描述
人为因素	主要集中于 Level 2 和 Level 3 自动化等级车辆的人机交互需求研究，保证驾驶员与车辆在自动驾驶、非自动驾驶安全的切换与信息交互	1	驾驶员－车辆交互研究	评价驾驶员与车辆交互方法，保证车辆安全驾驶
		2	合理的车辆控制功能分配研究	①控制优先级划分与设计；②驾驶员－车辆控制切换方法研究；③驾驶员接管车辆控制方法研究
		3	驾驶员接受度研究	影响驾驶员接受度的因素研究（报警频率，报警声音，自动驾驶系统可靠性、有效性等）
		4	驾驶员培训研究	评价对于 Level 2 和 Level 3 自动化等级车辆对于驾驶员培训方面的需求
		5	开发人因研究分析工具	开发人机因素、系统性能测试与评价的工具（仿真、测试车辆等）
电控系统安全性研究	①研究功能安全相关要求；②研究网络信息安全	1	系统安全及可靠性研究	①功能安全，定义电控系统功能安全要求；②失效模式，评估电控系统相应失效模式及等级；③失效概率，评估电控系统硬件失效概率；④故障诊断，评估系统故障自诊断的要求以及可行性，研究故障人机交互方法；⑤冗余研究，研究高安全性自动驾驶系统所需冗余的硬件、软件、数据交互、基础设施等需求；⑥功能降级能力研究；⑦自动驾驶汽车认证需求以及流程研究
		2	网络信息安全	①抗黑客攻击的能力研究；②网络系统潜在风险研究；③网络安全系统的有效性研究；④网络安全对系统性能的影响研究；⑤网络信息安全系统的认证方法研究

续表

研究领域	目标	序号	支持方向	描述
开发自动驾驶系统性能需求	Level 2 到 Level 4 等级的自动驾驶系统技术要求定义、应用场景研究，支持各类产品开发	1	功能需求设计	Level 2 和 Level 3 等级系统概念与功能要求设计
		2	数据分析	驾驶员行为数据、交通事故数据分析与典型场景提取
		3	评估 Level 2 和 Level 3 自动驾驶系统约束条件	针对不同交通场景、驾驶员能力、环境气候、道路类型等因素，分析不同自动驾驶系统约束条件
		4	测试评价方法研究	针对 Level 2 和 Level 3 类系统，基于真实交通场景，开发道路测试/仿真测试方法
		5	确定 Levle 2 和 Level 3 类系统性能边界	基于仿真、测试结具，研究自动驾驶系统性能指标研究，包含最大加减速度、最大横向速度、最大横摆角速度及其他车辆动态性能参数
		6	电控系统研究成果汇总	①理解自动驾驶系统失效模式；②确认自动驾驶系统关键失效点及系统失效动态与静态响应
		7	测试标准研究	开发自动驾驶系统客观性能测试方法及平价指标

资料来源：根据 NHTSA 公开资料整理。

（3）无人驾驶汽车测试建议。为保证无人驾驶汽车有效、安全地在各州应用与测试，NHTSA 建议各州进一步加强对各类无人驾驶汽车的认证与要求，并提出如表4所示的建议。

表4 无人驾驶汽车测试建议

分类	序号	建议内容
培训	1	通过培训，确保驾驶员理解如何安全操作自动驾驶的汽车
各州法规	2	确保无人驾驶汽车对其他道路使用者具有最小的伤害
	3	限制无人驾驶汽车测试的区域及环境条件
	4	建立无人驾驶汽车监控及汇报机制

续表

分类	序号	建议内容
测试原则	5	确保人－车驾驶模式切换安全、简单、及时
	6	无人驾驶车辆应具有检测、记录并报告驾驶员车辆失效的能力
	7	确保无人驾驶汽车技术不违反或影响联邦所规定的车辆安全要求
	8	确保无人驾驶汽车在发生碰撞及失去控制时自动记录相关的控制参数
其他	9	法规要求目前无人驾驶汽车只能用于技术测试，不能用于商业化应用

资料来源：根据美国交通部公开资料整理。

4. 美国交通部 AV1.0 至 AV4.0 自动驾驶政策

从 2016 年至 2020 年，美国交通部（DOT）陆续发布了 AV1.0 至 AV4.0 自动驾驶相关政策文件（见表5），可以说 AV1.0 至 AV4.0 不仅被视为美国自动驾驶产业的战略性指导文件，也是引领全球自动驾驶产业发展的风向标。美国交通部在编制发布 AV1.0 至 AV4.0 过程中，其发展理念和指导思想具有很好的延续性，并且不断迭代更新。一方面，四份政策文件均为非强制性指南，充分给予企业最大的创新自由度。另一方面，在确保安全的前提下，政策文件强调政府工作重点由"增强安全标准执法"逐步转向为"为产业发展扫除一切制度上的障碍"。

表5　AV1.0 至 AV4.0 政策文件

政策文件	文件名称	发布时间
AV4.0	《确保美国自动驾驶汽车技术的领先地位：自动驾驶汽车4.0》	2020 年 1 月
AV3.0	《为未来交通做准备：自动驾驶汽车3.0》	2018 年 10 月
AV2.0	《自动驾驶系统：安全愿景2.0》	2017 年 9 月
AV1.0	《联邦自动驾驶政策：驾驶道路安全变革》	2016 年 9 月

资料来源：根据 NHTSA 公开资料整理。

与此同时，随着产业的发展进步，交通部制定的 AV1.0 至 AV4.0 也有所侧重，在明确政府监管工作重点和原则的基础上，政策体系不断完善。在 AV1.0 中，交通部要求汽车厂商提供设计、开发、测试和部署四个方面的 15 项安全评估文件，强调联邦政府对安全技术标准的管理权。AV2.0 是对 AV1.0 的替代，提出创新性的监管方案。一是发布自愿性自动驾驶系统指南，包含"车辆网络安全""人机界面""耐撞性""消费者教育培训""自动驾驶系统碰撞后的行为"等 12 个优先考虑的安全设计元素。二是阐明联邦和各州在自动驾驶系统监管方面的职能，交通部负责车辆安全设计和性能管理，各州负责驾驶员和车辆操作管理。相较之下，AV3.0 进一步放宽对自动驾驶技术的发展限制，确保核心安全政策符合自动驾驶技术发展需求。一是明确"安全优先""保持技术中立"等监管原则；二是取消十六指定自动驾驶试验场；三是强调"人将不再是交通工具唯一的操作者，也可以是自动驾驶系统"，作废"机动车辆必须安装方向盘、踏板和倒车镜等传统控制装置，才能上路行驶"的规定。2020 年最新发布的 AV4.0，则聚焦于使监管政策跟上产业发展步伐，致力于推动企业创新，提升公众对自动驾驶车辆的认知与信任。一是提出整合交通部、司法部等 38 个政府主管部门自动驾驶相关职能，以期更加高效协同推动智能网联汽车产业化，确保美国领先地位；二是扩展并发布保持技术中立、强调网络安全、确保数据隐私和安全等在内的十大技术发展原则，涉及保护用户和公众、推动有效市场、促进协作三大方向；三是推崇"经过测试验证的自愿性一致性标准"，废止汽车厂商对其自动驾驶车辆进行安全评估的强制性要求，改为自愿评价。AV4.0 政策文件提出涵盖用户、市场以及政府三个方面的十大技术原则。美国政府充分肯定了自动驾驶带来的潜在社会经济效益，包括提高交通出行的安全性，提高公民生活、交通以及出行效率与质量，降低能源消耗，优化供应链管理等。在保护用户与群体方面，一是安全优先；二是强调技术与网络安全；三是确保隐私与数据安全；四是强化机动性与可及性。在促进市场高效运行方面，一是保持技术中立性；二是保护美国的创新成果；三是法规现代化。在统筹协调方面，一是标准与政策统一化；二是联邦方针一致化；三是运输系统高效化。这十大原则将促进美国自动驾驶技术的研究、开发与整合，刺激美国经济的增长。同时，AV4.0 政策文件也明确了联邦政府在自动驾驶汽车领域的主导地位。一是美国政府积极投资包括基础研究、安全和网络安全、基础设施建设、频谱和车联网，以及经济和劳动力研究等在内的自动驾驶相关领域，促进创新成果转化。二是美国政府积极开展一系列监管、非监管活动，促进自动驾驶技术安全且充分地融入其地面运输系统之中。三是美国政府积极营造自动驾驶领域的创新创业环境，包括打造联邦实验室、促进技术成果转化、为小企业提供免费培训、咨询以及管理资源、提供知识产权保护等。AV4.0 政策文件也明确了未来的重点工作：一是联邦政府将为自动驾驶发展提供系统性支持，如将自动驾驶列为政府研发预算优先事项；二是推动自动驾驶与先进制造、人工智能与机器学习、联网汽车等相关行业合作；三是加快自动驾驶测试和部署，支持自动驾驶商用化发展。

综上所述，自动驾驶政策文件（AV1.0 至 AV4.0）是以保障车辆安全行驶为前提，并且，保持自动驾驶技术发展路径的中立性是美国在科技创新和环境培育方面最为重要的原则。坚持技术中立、鼓励市场自由选择、企业申请豁免，是一条边探索边实践的创新发展之路，并取得了良好的实施效果。

联邦通信委员会（FCC）在《促进美国在 5G 技术计划方面的优势》中强调，促进可用于支持 V2V、V2X 数据交换的高速通信技术研发是政府当前的首要任务。核心技术与典型应用方面，美国正基于车－路通信（V2I）／车－车通信（V2V）的网联式驾驶辅助系统开展实用性技术开发和大规模试验场测试，通过大规模测试和示范，使智能网联汽车安全技术、专用短距离通信技术（DSRC）逐渐成熟，推动车－车通信立法进程，形成应用于先进驾驶辅助系统的关键芯片、智能感知软硬件系统供应链体系，使美国在智能驾驶决策和控制等核心技术方面具有引领地位。典型案例是美国在密歇根安娜堡开展的示范测试，在美国交通部与密歇根大学的支持下，Safety Pilot 项目于 2013 年完成了第一期 3000 辆自动驾驶汽车的示范测试，第二期计划9000 辆规模的示范测试，并建设了智能汽车模拟城市（m - city）作为智能网联汽车的专用测试场。通过此示范测试，得出了车联网技术能够减少 80%交通事故的结论，直接推动了美国政府宣布将强制安装车 - 车通信系统（V2V）以提高车辆行驶安全。美国交通部预测，到 2040 年美国 90% 的轻型车辆将会安装专用短距离通信系统（DSRC）。目前美国自动驾驶方面正在形成车企和高科技互联网公司深化合作的格局，比如 Waymo 联合菲亚特克莱斯勒，Cruise 联合通用和本田，Argo AI 联合福特和大众，Uber ATG 联合丰田、电装和软银。这将有助于传统车企的转型升级，丰富互联网企业的商业应用场景，加速智能网联的商业化进程。

（五）研究计划及项目

1. 网联汽车研究计划及项目

进入 21 世纪，随着通信技术、信息技术、电子技术的快速发展，美国将基于车 - 车/车 - 路通信的网联汽车作为未来交通系统的核心，从政府、企业、研究机构和高校各个层面，共同进行大量的研究与应用。2011 年 10月 11 日，美国交通运输部开始主持研究、测试"互联汽车技术"。2012 年 5月 22 日，美国交通运输部最新研究肯定其具有安全性的潜力优势，由此，美国正式拉开了规模进行网联汽车研究与应用部署的序幕。

基于车 - 车、车 - 路通信的网联汽车已成为美国解决交通系统安全性、移动性、环境友好性的核心技术手段。美国 ITS 联合项目办公室目前正在推进的项目中，几乎都与网联化技术相关。美国正在从基于网联汽车的安全性应用研究、移动性应用研究、政策研究、网联汽车技术研究、网联汽车示范应用工程等多个维度同时开展具体的研究与产业化应用工作（见表6）。

表6　美国智能网联汽车研究项目

分类	项目	研究目标	研究内容
安全性	基于车－车通信的安全应用	①通过 V2V 通信技术，降低或减轻80%的轻型车辆事故； ②为安全应用建立鲁棒性强的 DSRC 标准； ③加速车辆 V2V 安全应用技术的发展	①研究 V2V 典型安全应用场景，确定应用的功能、性能以及有效性指标； ②研究 V2V 欧洲范围内的兼容性，确定网络安全和/或基础设施共性需求； ③制定安全收益指标； ④开发基于 V2X 的主动安全应用程序原型样机，包括前撞、十字路口碰撞等； ⑤研究有效的 HMI 技术； ⑥调研政策和法律法规需求； ⑦开发和评估商用车、大卡车、大客车的 V2V 安全应用
	网联汽车安全应用测试验证	①获得用户接受度、系统有效性和技术成熟度的实证数据； ②验证真实环境中的应用； ③为安全性、流动性和环境应用开发建立真实环境； ④为政府和行业提供更多的研究数据	①研究设备和集成安全系统的具体要求，保证所有类型的车辆通信标准的一致性、安全性和消息的完整性； ②通过 3000 辆网联车辆实地测试，验证 V2V 和 V2I 的有效性； ③通过试验数据分析和评价技术与应用的性能和优势
	基于车－路通信的安全应用	采用车－路通信 V2I 无线技术来减少，减轻或防止额外的12%的事故场景（V2V 技术无法解决）	①发展支持车辆和基础设施之间传输的信息的技术； ②选择、开发和评估安全应用； ③基础设施规划和政策研究

续表

分类	项目	研究目标	研究内容
移动性	数据获取和管理研究	①研究、开发并验证交通信息数据的获取与管理； ②第一阶段：2009年10月到2011年6月，基本分析； ③第二阶段：2011年7月到2014年8月，研究、开发和测试； ④第三阶段：2015年10月到2017年9月，试点部署和示范	①利益相关者工作协同计划； ②联合研究与开发； ③完成概念验证测试和标准、程序、工具和协议的测试； ④数据的捕获和管理示范应用； ⑤开发评价的指标与方法； ⑥与相关者分享项目周查结果和过程，通过协调宣传活动和技术转推广相应技术
	动态移动应用研究	①基于新的数据源和通信方法的可用性来管理和运营交通系统； ②建立一个应用程序数据集成基础，将数据转换成信息，为旅行者和系统运营商提供更大的实时获取交通信息系统，从而能够更好地进行决策	①利益相关者工作协同计划； ②项目规划和协调，包括研究基础和发展、制度政策和标准； ③应用开发，标准、算法、工具和协议的测试； ④集中展示和分析； ⑤与利益相关者分享这个项目的调查结果和过程
政策	联网汽车政策和体制研究	①保证ITS成功而持续性发展； ②建立安全系统，在可信任的用户中建立信任网络并适当保留个人隐私； ③经济可持续发展战略； ④不同通信媒体协调，满足不同的通信需求； ⑤消费者对应用程序和流程的接受研究； ⑥标准和认证的兼容性	①Vehicle – to – Vehicle（V2V）和Vehicle – to – Infrastructure（V2I）系统的信息安全政策； ②V2V和V2I的实现分析，包括动态迁移应用程序（DMA）、数据捕获和管理（DCM）、环境和应用〔实时信息合成（AERIS）〕； ③通信分析和频谱政策； ④互操作性和标准政策； ⑤数据访问和使用； ⑥自动化； ⑦新兴的功能； ⑧政策兼容性和与国际标准兼容性

续表

分类	项目	研究目标	研究内容
网联汽车技术研究	标准研究	①围绕汽车平台，发展、协调各国标准和架构，建立全球统一的网联汽车标准；②应用现代技术为车辆和基础设施建设提供一个标准化的需求，使安全和效率最大化	①修订并筛选已有的网联汽车标准；②更新以上标准并进行测试；③对标准进行研究并提高其质量，以保证标准的完整和准确性；④保证标准之间协调，没有矛盾；⑤设计并培训技术人员根据这些标准进行测试，建立标准测试能力
	人因研究	①应用先进技术为驾驶员提供预警；②控制并减少因驾驶员分心而导致的交通事故；③通过共同特征寻找、试验研究和事故数据分析等对驾驶员行为进行评估	①研究使驾驶员分心导致交通事故的干扰因素；②开发并评估用于缓解驾驶员分心的性能指标；③开发一体化策略，使驾驶员选择性地注意人机界面的危险性提示，减轻驾驶员的驾驶压力；④进行长时间试验，开发驾驶员分心时人能安全驾驶的预警技术；⑤进行策略推广以保证大多数人可以接受
	核心系统	建立一个可信的、安全的数据交换系统架构	①征集需求者的要求并建立核心系统的基础；②评估核心系统理念、系统要求、系统架构并进行验证试验；③进行政策分析，深入了解建立核心系统的需求、确定新问题；④通过实验结果和政策分析得出核心系统的发展规划
	认证	①与行业合作确定认证要求、开发支持的测试方法和工具；②制定一个未来的计划和需求来满足其他可能的要求	①US DOT 开论证会进行关于认证的政策研究；②关于设备组成、人机界面需求等技术问题的认证；③对认证过程进行实施和监管
	测试场地	①继续运营和管理现有试验场以供各机构或私人进行测试；②对原有实验场进行改建或升级，作为以后试验场建立的模型；③开发并建立配套的运行需求、管理流程	①在多个地区建立试验场，便于测试；②建立开放的试验场便于私人进行测试；③对原有实验场进行改建或升级作为以后试验场建立的模型

续表

分类	项目	研究目标	研究内容
网联汽车示范工程	网联汽车示范应用项目	①验证车辆、基础设施和个人通信设备之间的网络通信的安全性与兼容性；②研究试点应用集成与部署，并测试20多个网联汽车应用；③刺激该技术的应用和被消费者所接受；④网联汽车成本－效益评估	（1）①车车安全；②车路安全；③数据；④环境；⑤路况和天气；⑥可移动性 （2）①信息安全管理与认证；②网联汽车应用开发与测试验证；③大规模示范运行；④效果评估与影响分析；⑤数据示范应用数据

资料来源：根据ITS－JPO公开资料整理。

2. 自动驾驶汽车研究计划及项目

为了进一步地解决交通系统安全性、移动性以及环境友好性，在网联汽车研究的同时，美国也同样大力支持自动驾驶车辆的研究，按照美国对于自动驾驶汽车的定义，当任何一项或多项汽车安全相关的驾驶功能（如油门、刹车、转向）不通过驾驶员直接输入，则定义为自动驾驶。自动驾驶从技术路线来看，分为自主式与网联式（见图3）。相关研究机构指出，车辆与环境的连接，可以进一步促进自动驾驶的实现。

图3 自动驾驶汽车与网联汽车发展关系

资料来源：根据公开资料整理。

对自动驾驶领域的研究，美国已经有较好的基础。按照美国 NHTSA 智能化等级的定义，在 Level 1 级别的驾驶辅助系统，目前已进入产业化阶段。目前，正在进行 Level 2、Level 3 等级相应系统的研究。美国 ITS 联合项目办公室以及美国高速公路交通安全管理局 NHTSA 都分别支持部分项目。

美国 ITS 联合项目办公室主要支持基于网联化以及高自动化等级的系统研究，旨在推动自动驾驶汽车研究与示范应用，寻找自动驾驶汽车商业应用机会，推动未来智能交通系统快速发展，同时建立汽车安全标准以及基础设施设计要求。目前正在规划进行的研究如表 7 所示。

表 7　自动驾驶研究项目

名称	描述	研究内容
驾驶员在环的网联汽车驾驶辅助系统	开发、测试及验证相关应用	协同式自适应巡航系统、队列控制、合流与编队辅助、速度跟踪、节能驾驶
有条件自动驾驶安全保障研究	开展有限时间段、特定条件、完全自动驾驶前沿性研究	人因研究、控制系统可靠性、测试规程、信息安全
有限无人驾驶技术研究	开展无人驾驶技术概念、测试以及原型样机评估等研究	开展行程初期/末期无人驾驶原型研究

资料来源：根据公开资料整理。

此外，美国高速公路交通安全管理局也在支持大量智能化 Level 2 和 Level 3 的项目研究，尤其是人因相关的研究，包含自动驾驶系统与驾驶员驾驶模式切换过程，自动驾驶过程驾驶员行为等。表 8 是正在开展的部分研究项目。

表8 NHTSA 支持的自动驾驶汽车研究项目

序号	研究项目
1	提高速度一致性的协同式车辆－高速公路系统研究
2	纵向车辆自动控制仿真研究
3	高性能车流仿真分析
4	加州交通局卡车队列控制半自动驾驶研究
5	奥本大学卡车队列控制半自动驾驶研究
6	自动驾驶车辆研究平台开发
7	汽车自动驾驶管理与路径规划
8	Level 2 与 Level 3 自动驾驶人因研究与评价
9	协同式自适应巡航控制关键人因指标分析
10	自动驾驶车辆应用功能描述与测试方法研究
11	高速公路自动驾驶汽车效益分析
12	换道/合流基础研究

资料来源：根据 NHTSA 公开资料整理。

（六）产品技术分析

美国在智能驾驶决策和控制技术方面处于领先地位，标准体系、新技术研发、关键芯片、产品开发、车联网等均形成了比较成熟的体系。

在汽车智能化技术的应用方面，美国更加关注交通安全性，智能化技术的推广和应用走在世界前列。LDW 车道偏离预警（Lane Departure Warning，LDW）、盲区监测（Blind Spot Detection，BSD）等已作为 NCAP 的加分项，并计划将倒车后视、V2V 等技术作为汽车标配。在量产车型中，通用旗下的别克威郎将配置全速 ACC、LKA，达到了 Level 2 的智能化水平。福特、通用的智能化汽车研发及商业化成果如图 4 所示。

在汽车智能化新技术的研发方面，相对于欧洲和日本，美国更加强调技术的前瞻性，对短期内技术实用性的关注度较低。早在 20 世纪 90 年代，美

推进规划	福特		通用	
	2014年 2015年 2016年 2017年 2018年 2019年 2020年 等级1　等级2		2014年 2015年 2016年 2017年 2018年 2019年 2020年 等级1　等级2	
	近期研发成果	产品产业化及商业化	近期研发成果	产品产业化及商业化
ADAS领域	• 引进雷达导航控制、防碰撞预警系统和有十字路口路警报的BLIS（盲点信息系统） • 2014年公布全新的防撞预警系统，准备应用在福特蒙迪欧2015款车型上 • 重点研究语音识别、面部识别和形体动作识别技术在ADAS中的应用，计划在2015款野马上率先搭载	• 2010年在经济型汽车福克斯车型上装备了自适应巡航控制（ACC）、自动刹车和主动式车道保持等功能 • 短期计划5~7年表现为现有已经应用的ADAS技术进一步发展和提升	• 拥有侧面盲区接近预警SBZA、可视影像倒车辅助系统、前瞻性全车速自适应安全系统IntelliSafe、全车速自适应巡航系统、车道偏离预警系统、车道变更辅助预警系统和泊车预警系统	• 已经开发ADAS系统模块均能够成熟应用
自动驾驶领域	• 2013年福特发布首款自动驾驶汽车原型车 • 2014年福特与MIT/Stanford研发自动驾驶汽车	• 2017~2025年车辆搭载半自动驾驶系统开始进入市场	• 2013年开发结合了自动调整车速和保持车道的半自动驾驶技术"SuperCruise"	

图4　美国主要整车厂智能化进展

资料来源：根据公开资料整理。

国的 PATH 项目便开展了汽车队列全自动驾驶技术的研究。近年，美国广泛开展基于互联技术的汽车智能化技术，如 CICAS－V（交叉路口的驾驶支持）、CV Pilot。

在汽车智能化相关产品化开发方面，美国在 ADAS 系统方面，已经形成了完整的关键芯片、零部件/系统供应商体系，如表9所示。

表9　产业链主要供应商及竞争力

产业链	供应产品	供应商	国际竞争力
上游	芯片	飞思卡尔、英特尔、高通	5星
	传感器	德尔福	4星
	ADAS	德尔福、TRW	4星
	移动互联操作系统	Android Auto Carplay	垄断
中游	整车	通用、福特	4星
	通信设备	思科	4星
下游	通信服务	AT&T、Verizon	4星

资料来源：根据公开资料整理。

在车联网技术方面，福特宣布一系列车载智能系统发展计划，并与谷歌、Facebook 等美国 IT 公司联手开发车载应用；通用推出安吉星车载信息系统（On Star），通过无线技术和全球定位系统卫星向用户提供碰撞自动求助、紧急救援协助、车辆失窃警报、车门应急开启、路边救援协助、导航路线设置、远程车况诊断等服务功能。IT 企业积极打造车辆网联平台生态圈，复制在智能手机领域的成功经验，利用移动操作系统的技术优势，打造车辆网联平台，与智能手机深度结合，延展和形成新的移动互联生态圈。截至2014 年 4 月，Google 无人驾驶已在美国境内试验运营超过 110 万千米，并在美国多个地区获得行驶许可。

二、欧洲

（一）发展历程

欧洲与美国类似，欧洲的智能网联汽车发展起源于 ITS，并逐步通过车辆的智能化、网联化实现车与交通系统的协同发展，汽车的智能化、网联化是 ITS 系统研究与应用的重要领域。但是，由于欧洲的大部分国家国土面积比较小，欧洲的 ITS 开发与应用是与欧盟的交通运输一体化建设进程紧密联系的，并通过 AdaptIVe、C–ITS、PEGASUS、Horizon 2020、SCOOP、IN-FRAMIX 等项目的实践，在智能网联汽车、ITS、基础设施建设方面积累丰富经验。

欧洲 ITS 的研究起源于 20 世纪 70 年代。1971 年，欧洲开始了 COST30（Cooperation in the field of Scientific and Technical Research）项目，但该项目仅停留在概念阶段就结束了。西德于 1976 ~ 1982 年进行了高速公路网络的线路引导系统（Autofahrer Leit – und Informations System，ALI）研究开发计划，1985 年进行了利用红外线引导的情报提供系统 ALL – SCOUT 研究计划。

进入 80 年代后期，欧洲开始了超越国界的研究开发工作。1986 年开始的民间主导型的（Programme for a Europian Traffic with Highest Efficiency and Unprecedented Safety，PROMETHEUS）研究计划，以实现车辆智能化为主；1988 年由欧共体各国政府主导的（Dedicated Road Infrastructure for Vehicle Safety in Europe，DRIVE）研究计划，以开发智能交通基础设施为目的，这是第一个由欧共体各国政府主导的自上而下的跨国研究开发计划。

1996 年 7 月欧盟正式通过了《跨欧交通网络（TEN—T）开发指南》，标志着欧盟开始采取一系列措施致力于通过交通信息促进信息社会的发展、致力于开发跨国界的交通服务。

1997 年制订的《欧盟道路交通信息行动计划》是欧洲 ITS 总体实施战略的重要部分。该行动计划涉及研究开发、技术融合、协调合作和融资、立法等多方面，提议了 ITS 的五个关键优先发展领域：基于 RDS—TMC（Radio-DataSystem—Traffic Message Channel）的交通信息服务、电子收费、交通数据互换与信息管理、人机接口和系统框架。其他优先性开发还包括出行前和出行信息及诱导，城间与城市交通管理、运营和控制，公共交通、先进的车辆安全/控制系统、商用车辆运营。

欧盟在 1995～2000 年资助的跨欧交通网络项目分为三类：①覆盖整个欧洲，集中于 ETC 系统、交通信息领域；②覆盖接壤成员国，集中于交通管理和交通信息领域；③覆盖各成员国或地区，研究主要集中于交通管理和交通控制领域。截至 2000 年，尽管多数成员国实施了先进的道路交通管理系统，开始提供交通信息服务，但项目实施仅存在有限的协作。

为了创造全欧 ITS 产品与服务的一体化市场，2001 年欧盟公布的交通政策白皮书《欧洲 2010 交通政策：决策的时刻》中纳入了 ITS 计划，提出了欧洲交通系统一体化、交通安全、交通通行效率的核心发展观点。2001 年 9 月欧盟制定了《2001—2006 各年指示性计划》来加大实现跨欧交通网络的投资力度，道路交通 ITS 和大型基础设施项目、空中交通管理、伽利略卫星导航定位系统计划。

欧洲 ITS 的发展经历类似日本，初始阶段系统各自开发，造成了系统的整合性和兼容性不足，尤其是欧洲各国间系统的兼容性不足。为此，2004 年欧洲进行了 ITS 整体体系框架的研究（FRAME 计划），将各国的体系框架统一，在统一的体系框架下，实现 ITS 开发国家之间、城市部门之间的协同开发，形成技术标准，为用户提供全方位、无缝的交通信息服务。

2006年，欧盟在其ITS发展10年中期回顾的白皮书中，重新将ITS发展的重点聚焦到了两大挑战上，一是欧洲范围内统一出行服务，二是全球化带来的经济危机、能源危机、排放以及气候变化。而在2010年，对于2000~2010年欧洲ITS发展总结的白皮书当中，指出2010~2050年交通系统所面临的挑战包括：①大规模移民以及欧洲交通一体化出行问题；②人口老龄化；③环境恶化问题；④能源危机；⑤城镇化带来新的交通问题。

2010年，欧盟委员会制定了《ITS发展行动计划》（ITS Directive 2010），克服欧洲道路交通部署ITS行动迟缓和碎片化的问题，以实现ITS部署的整体化、可互操作化，使无缝交通服务成为欧洲道路交通系统的新常态，这是第一个在欧盟范围内协调部署ITS的法律基础，重点发展领域包括：①道路、交通及出行最优化；②交通及物流管理；③车辆智能行驶；④车辆－道路协同；⑤信息安全与可靠性；⑥标准体系与规范化。

同年，欧盟委员会提出了Europe 2020，提出了智能化、可持续和包容性增长战略，汽车智能化、网联化作为交通系统智能化、数字化的核心环节，迎来了新的发展机遇。

2015年，欧洲道路交通研究咨询委员会（ERTRAC）发布智能网联汽车技术路线图，以加强顶层规划，促进各国协同推进。随着技术产业的不断发展，ERTRAC多次更新技术路线图，2019年3月，ERTRAC发布最新版路线图更新文件，新版路线图进一步强化在网联化、车路协同方面的规划要求。2019年对该路线图进行更新，进一步强化了网联化、车路协同方面的规划和要求。

2018年，欧盟委员会发布《通往自动化出行之路：欧盟未来出行战略》，明确提出到2020年在高速公路上实现无人驾驶，在城市中心区域实现低速无人驾驶；到2030年普及高度自动驾驶。同时，到2022年，欧盟所有新车都将具备通信功能。

在 2019 年 4 月，欧盟批准了《自动驾驶汽车的豁免程序指南》，以协调国家对自动驾驶车辆的临时安全评估。该指南重点关注有限条件自动驾驶的汽车，即 L3 和 L4 级别的自动驾驶汽车。

目前，欧委会已开始制定保障安全通信和数据互通的法规，以及自动驾驶汽车的人工智能开发相关伦理指引等，并为所需基建提供资金援助。

值得一提的是，德国政府和产业界一直高度关注汽车技术发展前景。德国联邦政府发布了《智能网联汽车战略》（Strategy for Automatec and Connected Driving），聚焦于基础设施、创新、信息安全、数据保护、法律制度衔接等方面，旨在通过战略性布局使其在智能网联汽车领域获得领先地位。与此同时，德国还组建了智能网联汽车道德委员会，旨在解决智能网联汽车发展过程中，在各领域遇到的道德选择问题，为其制定必要的道德准则。

另外，德国十分重视与中国的国际合作。我国汽车工业与德国有广泛而悠久的合作基础，两国法律制度方面也分享一些基本结构和基本理念，中德两国在智能网联汽车领域可以而且已经开展了形式多样的合作。2018 年 7 月中国工业和信息化部与德国联邦经济和能源部、联邦交通和数字基础设施部共同签署了《关于自动网联驾驶领域合作的联合意向声明》，确定中德两国建立高级别对话机制，加强政府部门、行业组织、企业等在自动网联驾驶/智能网联汽车领域的多层次交流与合作。

（二）管理体系

欧洲 ITS 的推进组织机构如图 5 所示。

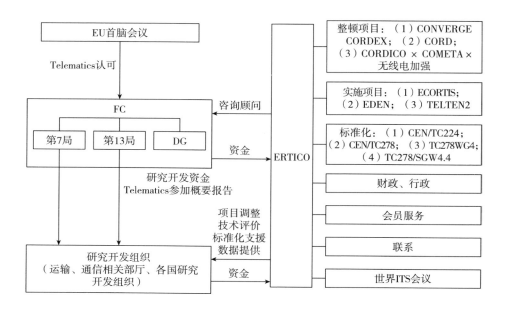

图 5　欧洲 ITS 推进组织机构

资料来源：根据公开资料整理。

（三）标准体系

欧盟智能网联汽车相关政策法规的制定基本围绕定义、分级、技术开发、汽车制造以及各项安全法规和道路交通规则等开展。

2016 年以来，瑞典、芬兰、德国、荷兰、英国等国家纷纷启动修订智能网联汽车相关法律法规的程序。2016 年 3 月，瑞典有关智能网联汽车公共道路测试规范初稿发布，同时启动相关法律分析工作，确保 2020 年之前智能网联汽车能够合法销售和使用。2016 年 7 月，芬兰交通安全局批准了无人驾驶公交车在芬兰上路行驶。2017 年 5 月，德国联邦参议院通过首个智能网联汽车相关法律，允许自动驾驶在特定条件下代替人类驾驶。2018 年 4 月，荷兰众议院颁布《自动驾驶测试法（草案）》，允许智能网联汽车在没有人员跟随的情况下进行测试。2018 年 5 月，德国政府推出关于自动驾驶技术的首个伦理道德标准。目前，德国法律体系较为完备，为了应对渐行渐近的智能网联汽车，如何配备适当且合理的法律制度，是其关注的核心。2018 年 7 月，英国颁布《电动与自动汽车法案》，该法案确立了智能网联汽车发生事故的保险制度和责任认定规则，为自动驾驶技术的商业化应用以及构建智能网联汽车保险体系提供指导。同时，英国的法律事务委员会（The Law Commission）组织开展了一项从 2018 年开始的三年法律审查项目，对涉及自动驾驶安全部署的相关规则进行全面审查，并计划于 2021 年提出最终建议。

与此同时，为保障 C – ITS 服务的通信、信息安全和可持续性，欧盟委员会以 ITS Directive 2010/40/EU 作为法律框架，2018 年通过相关授权法案。具体包括：①制定相关法规保证 C – ITS 服务的通信和信息安全；②确保贯彻执行 C – ITS 领域涉及的一般数据保护的法规（个人隐私及数据保护）；③制定相关法规对 C – ITS 服务的一致性进行评估，保证 C – ITS 服务的可持续性，并考虑未来服务内容的扩展。

为了制定一套通行的自动驾驶汽车安全标准，2019 年 7 月，戴姆勒、宝马、奥迪、安波福等 11 家企业联合发布《自动驾驶安全第一》白皮书。白皮书首次为自动驾驶汽车安全研发和验证提供了一个清晰可追溯的系统规范，涉及例如摄像头、转向系统等具体部件，也总结了国际汽车工程师学会（SAE）自动驾驶分级标准（J3016）L3 和 L4 级别中的设计安全、检验和验证方法，以推动监管机构对 ISO 26262 等标准进行全面修订。与此同时，围绕智能网联汽车的定义、分级、技术开发、汽车制造以及各项安全法规和道路交通规则等，德国、瑞典、芬兰、荷兰、英国等国家纷纷启动修订智能网联汽车相关法律法规的程序，以破除现阶段欧洲自动驾驶发展面临的法律法规障碍。

（四）发展规划

1. Europe 2020

面对全球化、资源压力、老龄化加剧，欧洲正面临重大战略转型，在这样的背景下，2010 年 3 月，欧盟委员会提出欧洲经济发展的 10 年战略 Europe 2020，作为欧洲形成 21 世纪经济领先地位的总体战略。

在该战略中，欧洲经济委员会提出了智能、可持续以及包容型增长战略，并提出 2020 年要达到的发展目标：

（1）20 ~ 64 岁的就业率达到 75%；

（2）欧盟 3% 的 GDP 收入应用于研发；

（3）达到 "20/20/20" 的环境/能源目标；

（4）欧洲辍学率低于 10%，40% 的年轻人拥有第三学位；

（5）贫穷人口低于 2000 万。

为实现上述目标，该战略提出了联合创新 IU 计划（Innovation Union）、欧洲数字化计划、资源高效欧洲计划、全球化计划等七个重大发展计划。与车辆智能化、网联化直接相关的包含欧洲数字化计划以及资源高效欧洲计划。

2. 2011 欧盟一体化交通白皮书

为进一步推进 Europe 2020 战略，2011 年，欧盟委员会发布白皮书《一体化欧盟交通发展路线——竞争能力强、资源高效的交通系统》。

白皮书提出了当前欧盟在交通领域所面临的问题与挑战，包含：欧盟内各国交通兼容性问题、能源危机、气候变暖、车辆与交通管理新技术带来的全球竞争加剧、欧洲工业持续发展竞争、交通拥堵等。

针对上述挑战与问题，欧盟委员会提出：①2050 年相比 1990 年，将减少温室气体排放 60%；②2020 年交通事故数量减少一半，2050 年实现"零死亡"。并且从建设高效与集成化交通系统、推动未来交通技术创新、推动新型智能化交通设施建设三个方面推进具体的工作。

在节能减排方面，欧盟计划从新能源汽车、优化交通出行结构、促进交通信息化的角度来实现目标。

在交通安全方面，欧盟计划从车辆智能安全、信息化以及交通安全管理的角度来实现发展目标，包括：先进驾驶辅助系统、智能速度限制系统、安全带提醒、eCall、协同式系统、车辆－道路交互等研发以及测试。从技术层面，提出要重点加强信息安全与可靠性的研究，并推动大规模示范应用与验证。

3. 欧盟未来交通研究与创新计划

2012 年，在白皮书指导下，欧盟委员会提出了《欧盟未来交通研究与创新计划》。该计划定义了交通领域包括清洁、节能、安全、低噪声和智能化道路汽车等 10 个关键技术和创新点，优化了相关研究和创新。

该计划从实现白皮书交通安全目标的角度，对欧盟重点技术研究领域进行了进一步梳理，重点提出：

（1）通过加强路－路、车－路、车－车之间的通信，以实现信息共享，提高车辆安全性。

（2）综合考虑驾驶员、车辆与道路的主动一体化道路安全系统，并通过政策、标准、法规的引导，快速推动相关技术的研究与产业化应用。

（3）加速推动主动安全、被动安全以及道路紧急救援相关的应用与服务。

（4）应加速推进交通信息化的研究与应用，包含：

1）高精度导航信息服务，提供车道级高精度地图信息，提供监控并辅助驾驶员进行转向等操作；

2）提供微观交通环境信息，例如高分辨率路径引导，提供行驶环境信息，行人运动、自行车人员等运动轨迹信息；

3）大范围路径导航，引入先验策略与信息，增强路径导航功能；

4）接收道路安全警示信息、其他车辆警示信息以及道路行人警示信息；

5）接收交通灯信息，并提供红绿灯通行速度建议信息；

6）持续增加导航信息服务模块的计算能力。

4. EPoSS 自动驾驶汽车发展路线

欧洲智能化系统集成技术联盟（The European Technology Platform on Smart Systems Integration，EPoSS），是由各大企业、研究机构、政府机构等组成的，面向未来智能化系统技术研究、政策规划的联盟，涉及电子、通信、汽车等各行业与领域，大众、菲亚特、博世、大陆、西门子、英飞凌、欧盟委员会等众多企业与机构等均在其中。该联盟主要服务于 Europe 2020，以支持智能化、可持续、包容性的欧盟增长。

2015 年 4 月，EPoSS 发布了《欧盟自动驾驶技术路线》（European Road-map Smart Systems for Automated Driving），该规划从产业的角度指出了从驾驶辅助系统演进到无人驾驶系统的发展路线以及关键技术要素。该规划指出未来自动驾驶汽车的实现包含 3 个关键节点，如图 6 所示。

（1）关键节点 1（2020 年）。实现在低速、驾驶环境并不复杂的特定条件下的自动驾驶（Level 3），例如停车场停车、快速路拥堵等场景；到 2020 年基本实现低速拥堵情况下自动换道，2022 年实现高速公路自动换道。

（2）关键节点 2（最晚 2025 年）。在高速公路上实现更高级的自动驾驶系统（层次 4），给驾驶员提供了更多的自由空间；同时，提供更好的监控系统方便驾驶员更迅速地做出反应以避免发生碰撞，及突发状况的处理。

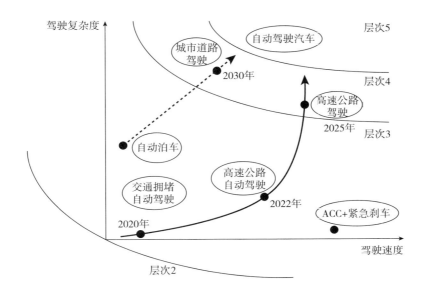

图6　自动驾驶关键时间节点

资料来源：根据公开资料整理。

（3）关键节点3（最晚2030年）。实现城市工况下的高级自动驾驶或无人驾驶（层次4）。巨大的挑战主要在于复杂交通环境的通信与导航，包括信号灯、行人、车－车通行协调、弯曲迂回道路等情况。

该规划提出未来车辆自动驾驶主要涉及领域包含：车内技术、基础设施、大数据、系统集成和验证、系统设计、标准化、法律法规、意识措施八大领域，如表10所示。

表10　自动驾驶主要技术领域

涉及领域	主要内容
车内技术	传感技术；系统集成与通信架构；人为因素控制；功能安全
基础设施	包含车－路、车－车通信设施；数据处理后台
大数据	过滤、处理及评估交通及乘客信息数据的新技术；数据安全及数据私密性
系统集成和验证	软件级与硬件级的传感数据融合；自动驾驶汽车操作系统
系统设计	自动驾驶汽车的仿真、测试、认证、可靠性验证等方法及工具

涉及领域	主要内容
标准化	欧盟层面车－车通信，车－路通信标准
法律法规	与关键技术研发和基础设施建设同步法律法规框架及要求
意识措施	推动欧盟对于自动驾驶汽车的用户接受度，尤其是与用户和交通参与者在安全、能耗、生产力、社会包容性领域的交流

资料来源：根据公开资料整理。

（五）研究计划及项目

1. Horizon 2020 研究计划

为实现 Europe 2020、2011 欧盟一体化交通白皮书、欧盟未来交通研究与创新计划等欧盟发展战略与规划，欧盟政府从 2014 年启动欧盟第八框架计划 FP8（Framework Program，FP），被称为"Horizon 2020 研究计划"。

该计划由欧盟提供资金支持和鼓励欧盟范围内的联合研究。该项目的执行周期为 2014～2020 年，资金达到 800 亿欧元，比之前的阶段提高了 23%。其中有超过 63 亿欧元被指定用于未来智能交通系统产业相关领域的研究，旨在增强欧洲交通运输行业的竞争力，实现资源节约型、气候与环境友好、对所有公民、经济和社会安全与无缝衔接的欧洲交通运输系统，以实行四个关键目标：①开发资源节约型运输工具。通过开发智能设备、设施以及服务，提高城市地区的交通和出行条件，使飞机、汽车以及船舶更清洁、噪声更低，使交通系统对气候和环境的影响最小化。②提高交通与运输的流动性。旨在减少拥堵，提高安全性；实质性地改善人和货物的流动性；发展货物运输和物流新概念，降低事故率，以降低人员伤亡率，提高安全性。③支持欧洲运输行业取得全球的领导地位。通过这种手段提高欧洲交通运输制造业和相关服务包括物流的性能和竞争力，巩固欧盟某些领域的主导地位，如航空。④研究社会经济和行为以及前瞻性策略。支持必要的政策制定与调

整，促进创新，满足社会需求给交通带来的挑战。除此之外，Horizon 2020
项目与交通相关的研究还包括卫星导航、智能城市、交通安全等，以及交叉
研究内容，比如城市交通、基础研究等。

Horizon 2020 项目在交通领域重点支持九个方向：航空、铁路、公路、
水路、乡村道路、物流、智能交通系统、基础设施、与社会经济和行为研究
以及前瞻性课题相关的政策研究。其中公路、物流、智能交通系统都涉及智
能网联汽车产业的相关领域（见表11）。

表11　Horizon 2020 中智能网联汽车相关研究方向

方向	分支方向	范畴	预期效果
公路	合作式ITS	• 通过实时 ITS 服务和机制给用户提供无缝连接、兼容性和安全的信息流动的开放车载平台架构，包括专用的 DSRC 和第四代移动通信技术 4G； • 高精度定位； • 高精度、动态地图； • 合作网络管理、多模式交通服务、安全应用程序和危险警告等创新的解决方案； • 为重型车辆定制解决方案，包含集成尽可能多的计速、收费、远程监控以及动态导航等功能； • ITS 活动应该支持开发欧洲大众服务平台（EWSP），提出的解决方案应该在现实条件下，基于它们的有效性的评估和各自部署需求执行	依靠 V2V 和 V2I 建立一个综合的交通信息系统，同时保证交通数据的开放性和质量，将改善交通系统： • 通过降低事故的数量提高安全水平； • 通过改善拥堵提高通行效率； • 通过提供交通中断的替代方案，提高灵活性； • 通过减少温室气体和其他污染物的排放，促成可持续性发展
	公路交通车辆安全性、网联化	• 驾驶辅助与自动驾驶系统； • HMI； • 云计算与数据管理和数据融合技术； • 传播和使用以上成果，包括建立自动驾驶的商业模式的共识； • 制定责任和标准化的政策和监管框架； • 隐私、道德和性别问题	• 降低自动驾驶系统的开发成本； • 增强智能传感器和数据分析系统的鲁棒性和性能并优化 HMI； • 优化 HMI 和建议策略结合的方法来测量工作负载、分心和疲劳； • 利用现有的基础设施能力，提高效率、安全性和交通流、减少排放

续表

方向	分支方向	范畴	预期效果
物流	促进供应链的协同	产品从运输、物流管理到最终的用户，可以利用现有的协作式智能交通系统技术、云服务技术整合到车辆在线平台	减少10%运输车辆，从而减少拥堵、污染和温室气体的排放
智能交通系统	互联性、数据共享	●提高传输数据的兼容性、可移植性、加强开放数据的协议，定义和监控数据的质量，同时保证数据的安全性和完整性； ●通信网络架构和实时信息交换的解决方案； ●高精度定位系统，完整的、定制的、可获取的移动服务	●释放潜在的大量的交通数据和解决数据传输、互操作性、存储、加工和安全等相关问题； ●提供欧洲公民新的环境友好型移动解决方案，减少通勤时间和提高交通系统的质量、可访问性和利用率； ●缓解交通拥堵，减少污染水平和应急响应时间
	ITS部署的广泛性和兼容性	●为ITS利益相关者建立共识探索ITS机制和结构，促进欧盟范围内协作式ITS的统一和部署，包括建立一个合作的平台； ●探讨在利用ITS部署整个欧盟时，如何克服知识的碎片，通过设立一个专门的平台监控ITS部署过程中主要的发展，以促进政府基于事实进行决策，并最大范围地让当地政府和工业利益相关者参与	●提供的服务更加多样化和具体化； ●增加旅行时间可靠性； ●更有效地利用现有的交通基础设施； ●提供更具包容性的跨欧洲交通服务：如老人和残疾人旅客

资料来源：根据公开资料整理。

2. 框架计划

为了促进欧洲的研究和开发，欧盟委员会于1984年开始实施研发框架计划（Framework Program，FP）。FP是欧盟最主要的科研资助计划，反映了当今世界的科技发展潮流和方向，指出了许多具有战略意义的科研方向。从第一框架计划至第七框架计划，历时30年。目前2014年启动的欧盟第八框架计划：Horizon 2020也在进行中，历届框架计划简要介绍如表12所示。

表 12　历届框架计划简要介绍

名称	年份	总经费（亿欧元）
FP1	1984～1987	32.71
FP2	1987～1991	53.57
FP3	1990～1994	65.52
FP4	1994～1998	131.21
FP5	1998～2002	148.71
FP6	2002～2006	192.56
FP7	2007～2013	558.06
Horizon 2020	2014～2020	770.00

资料来源：根据公开资料整理。

从 1984 年至 2020 年八个欧洲框架计划都将智能网联汽车产业相关领域的发展纳入其规划内且大力支持其相关技术的研究，并取得了极高的成就。历届 FP 计划之中，与汽车智能化、网联化研究相关的项目如图 7 所示，主要聚焦于车辆智能化控制、车辆主动安全、车辆信息化、车辆网联化应用等领域（见表 13）。

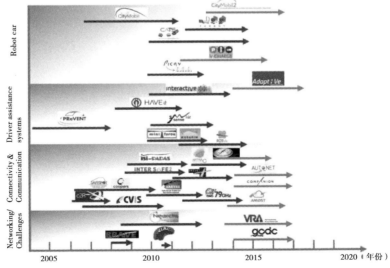

图 7　FP 计划中汽车智能化、网联化相关研究项目

资料来源：根据公开资料整理。

表 13　FP 计划中汽车智能化、网联化相关研究项目

分类	项目缩写	项目名称	周期	关键词
自主式自动驾驶车辆	CityMobil	城市先进道路交通	2004 年 2 月至 2008 年 1 月	聚焦于安全应用与技术研究：纵向安全速度和安全跟踪、横向驾驶辅助、交叉路口安全、预碰撞和盲区监测用主动三维传感技术
	PICAV	智慧城市及个人使用车辆	2009 年 8 月至 2012 年 7 月	客运、城市交通、车共享、网络、辅助驾驶、弱势道路使用者
	CATS	城市交通运输系统	2010 年 1 月至 2014 年 12 月	无人驾驶电动汽车、乘客运输、交通管理、城市交通
	V – Charge	自动泊车与自动收费	2011 年 6 月至 2014 年 10 月	自动泊车、电动汽车充电管理、智能汽车系统、自动驾驶、多摄像头系统、多传感器系统
	FURBOT	城市货运自动驾驶汽车	2011 年 11 月至 2014 年 10 月	自动道路交通运输系统、交通安全与法规
	CityMobil2	城市自动化交通系统示范	2012 年 9 月至 2016 年 8 月	自动交通运输系统、自动驾驶汽车、城市运输、安全、基础设施、立法
驾驶辅助系统	PReVENT	主动安全应用	2004 年 2 月至 2008 年 1 月	主动安全技术开发和示范运行；先进传感器技术、通信技术、定位技术
	HAVEit	高度自动驾驶汽车	2008 年 2 月至 2011 年 7 月	拥堵道路驾驶辅助，临时队列自动驾驶
	MiniFaros	低成本、小型化激光雷达	2010 年 1 月至 2012 年 12 月	低成本激光雷达开发与示范应用
	MOSARIM	短距毫米波雷达	2010 年 1 月至 2012 年 12 月	毫米波雷达干扰研究
	2WideSense	大光谱带，动态多功能图像传感器	2010 年 1 月至 2012 年 12 月	开发、测试下一代图像传感器及视频系统
	interactIVe	通过主动干预避免交通事故	2010 年 2 月至 2013 年 6 月	辅助驾驶员的主动安全系统开发（联合转向和制动执行器）
	AdaptIVe	自动驾驶汽车技术	2014 年 1 月至 2017 年 6 月	自动驾驶，近车间距离控制，自动化等级 Level 4

续表

分类	项目缩写	项目名称	周期	关键词
网联化与通信技术	COM2REACT	协同通信系统，实现增强的安全性与通行效率	2006 年 1 月至 2007 年 12 月	车－路、车－车协同通信系统，V2V2 和 V2I 欧洲标准化
	SAFESPOT	道路安全的合作系统	2006 年 2 月至 2010 年 1 月	基于 V2V 技术的应用与示范，局部动态地图，多传感器信息融合
	COOPERS	基于协同通信网络的智能道路安全系统	2006 年 2 月至 2010 年 1 月	I2V 技术、协同式交通管理
	CVIS	协同式基础设施系统	2006 年 7 月至 2010 年 6 月	数据采集、旅行支持，交通和运输业务和驾驶员信息等处理平台技术开发
	Intersafe 2	协同式交叉路口安全系统	2008 年 6 月至 2011 年 5 月	协同式交叉路口安全系统（CISS）开发，交通环境的静态和动态目标的探测
	ISI－PADAS	用于部分自动驾驶系统的人因建模与仿真研究	2008 年 9 月至 2011 年 8 月	人－车－路仿真平台、驾驶员操作失误预测与建模，人操作失误风险分析
	SARTRE	安全道路车辆队列	2009 年 9 月至 2012 年 10 月	高速公路队列形式技术及运营模式研究
	DRIVE2X	车－环境 C2X 通信技术评估	2011 年 1 月至 2013 年 12 月	建立协同通信系统在欧洲统一的测试环境
	FOTsis	欧洲安全、智能和可持续道路运行系统示范运行	2011 年 4 月至 2014 年 9 月	智能运输系统、电子稳定控制、I2V 和 V2I 协同技术，应急管理、安全事故管理、智能拥堵控制，动态路径规划、基础设施安全评估
	ARTRAC	汽车安全用的增强型雷达跟踪和目标识别技术	2011 年 11 月至 2014 年 10 月	通用检测系统，检测低阻力路段，自动制动，基于路侧基础设施的安全技术，雷达的硬件、软件和性能相关的算法
	79GHz	国际汽车 79GHz 频率划分及车载雷达频率标准化研究	2011 年 7 月至 2014 年 6 月	汽车短距离雷达 79GHz 频段全球标准化

续表

分类	项目缩写	项目名称	周期	关键词
网联化与通信技术	Compass4D	基于协同通信的安全、可持续的服务示范应用	2013 年 1 月至2015 年 12 月	前向碰撞报警系统（FCW）、红灯报警系统（rlvw）、交叉口节能驾驶、标准化合作
	AMiDST	大数据分析	2014 年 1 月至2016 年 12 月	大数据处理及车载应用开发
	COMPANION	基于协同通信的安全、高效的货运客车队列研究	2013 年 10 月至2016 年 9 月	重型车辆队列控制应用，车载协同系统开发
	AutoNet 2030	支持自动驾驶的网联系统技术研究	2013 年 11 月至2016 年 10 月	基于协同技术的自动驾驶汽车开发与测试，2020～2030 年实现应用
网络与未来技术	BRAiVE	人脑驾驶	2008 年	VisLab 开发的样车，用于测试车辆概念、传感器和人机交互系统
	Nearctis	先进协同式道路－交通管理系统	2008 年 7 月至2012 年 6 月	基于车－车、车－路，综合安全，能源消耗，环境影响和拥堵的交通管理系统与优化
	VIAC	无人驾驶汽车	2010 年 7 月至2010 年 10 月	VisLab 无人驾驶汽车极限测试
	VRA	车辆和道路自动驾驶网络的支持活动研究	2013 年 7 月至2016 年 12 月	创建一个由专家和利益相关者协同的自动驾驶与基础设施部署、应用团队
	GCDC	协同式无人驾驶	2013 年 10 月至2016 年 10 月	加快实现基于无线通信的自动驾驶

资料来源：根据公开资料整理。

（六）产品技术分析

欧洲在汽车智能化的法规标准方面基本紧跟美国，形成了与美国类似的汽车智能化水平定义，在强制法规和 CNAP 方面也基本与美国保持同步。

欧洲在汽车智能化技术的研发方面，除安全性外，更加关注如何从全社

推进规划	奔驰		大众汽车		VOLVO汽车	
	2014 2015 2016 2017 **等级2** → 2018 2019 2020 **等级3**		2014 2015 2016 2017 **等级2** → 2018 2019 2020 **等级3**		2014 2015 2016 **等级1** → 2017 2018 2019 2020 **等级2**	
	近期研发及成果	产品近产业化及商业化	近期研发及成果	产品产业化及商业化	近期研发及成果	产品产业化及商业化
ADAS领域	● 联合开发自适应巡航控制系统（ACC），现已经广泛应用S级、E级、MI级和M级车型上 ● 开发了近红外车载视觉增强系统，已成功应用到S550车型上	● 推出两代自动制动倒车辅助系统 ● 在进口E/S/GLM级和国产E级车型上配置	● 2011年开始在量产车型上配备自适应巡航系统、停车辅助系统、车道辅助系统和轨道辅助系统、防碰撞系统、夜视辅助系统等多项功能	● 被认为是当今年在量产车型上应用最为全面的ADAS系统	● 开发了带有刹车辅助和自动碰撞警示功能的刹车系统、自动刹车的行人探测系统、盲点信息系统（BLIS）	● 相关车型已经配载相关技术 ● 2014年在量产车型装备搭载低速驾驶辅助系统
自动驾驶领域	● 研制出VaMP和Vita-2两台自动驾驶汽车 ● 奔驰S级车高速自主驾驶 ● S500成功实现城市内及城域之间长达100千米的无人驾驶试验	● 接近量产标准 ● 最快10年内就能够将这项技术成熟运用	● 2008年联合斯坦福大学开发自动驾驶系统 ● 2010年路上测试，在27分钟内行驶了20千米路程，并且完成了156次转弯动作 ● 2013~2014年取得美国内华达、加州上牌资格	● 计划5~8年内在全球市场发售拥有在高速公路自动驾驶的汽车	● 处于自动驾驶领先地位 ● 已经拥有车道保持系统、自适应巡航系统、低速交通堵塞辅助等多项成熟技术	● 2017将将自动驾驶汽车放到实际的交通环境当中进行测试 ● 2020年面向大众市场推出全自动驾驶汽车

图8 2014~2020年欧洲主要车厂整车智能化进展

资料来源：根据公开资料整理。

会大系统的角度来降低能耗和排放，如欧洲的 ecoMove 项目，从出行前、行程中和出行后三个阶段研究如何支援驾驶者以降低能耗和排放。在汽车智能化上，欧洲更加强调人和自动驾驶系统的协同控制，而非完全的无人驾驶，如 HAVEit 项目，重点研究如何通过人机协同实现自动驾驶。奔驰、大众、沃尔沃等汽车企业的智能化汽车研发及商业化基本与美国主流车企保持同步，其智能化汽车研发及商业化成果如图 8 所示。

在汽车智能化相关产品化开发方面，欧洲企业在整车安全领域处于行业领先，带动了其在智能驾驶领域从 OEM 零部件到整车的较强竞争力。欧洲汽车工业基础极强，产业链完备，虽然 AIMotive、FiveAI、Navya、Amber、Oxbotica、VisLab 等初创科技公司在融资规模和体量上总体稍落后于中美，但近两年欧洲传统汽车和零部件巨头已开始加强智能网联领域的对外合作，潜力十足。奥迪发布全球首款 L3 级自动驾驶量产车 A8，博世联合英伟达着手开发可实现 L4 级自动驾驶的人工智能计算平台。而且，为了让欧洲更多的区域能够开展自动驾驶测试，积累更多的数据，欧盟已开始放宽规定，大力推进无人驾驶路测。目前，许多欧洲城市和交通部门都在测试自动驾驶巴士，而世界上专注于此的创新公司（如 Navya、Easymile）也以欧洲居多，欧洲有望率先实现自动驾驶在特殊场景下的商业化落地（见表 14）。

表 14　欧洲智能网联汽车产业链主要供应商及竞争力

产业链		主要供应商	国际竞争力
上游	芯片/计算平台	意法半导体、英飞凌、恩智浦、赛灵思、Infineon	5 星
	雷达/视觉传感器	博世、大陆、奥托立夫、法雷奥、采埃孚、海拉、LeddarTech	
	地图与定位	HERE、TOMTOM	
	车载操作系统	Blackberry	
	V2X 通信	U - blox、Sanef、爱立信、诺基亚	

续表

	产业链	主要供应商	国际竞争力
上游	ADAS/自动驾驶系统	博世、大陆、奥托立夫、BestMile、采埃孚、舍弗勒、EasyMile	5 星
	汽车电子系统	博世、大陆、法雷奥、采埃孚、麦格纳、舍弗勒、奥托立夫	
	车载信息系统	博世、大陆	
中游	传统车企	奔驰、大众、沃尔沃、宝马、标志雪铁龙、雷诺	5 星
	新兴车企	—	
下游	出行服务	主流汽车制造商	
	信息服务	沃达丰、T – Mobile、Keolis、德国电信	4 星

资料来源：根据公开资料整理。

　　在车联网技术方面，奔驰联合美国 Pebble 公司推出了与其车型实现链接的智能手表，可以接收车辆内置软件发送的实时车辆信息以及导航信息；可通过振动形式来提醒驾驶员前方的交通事故、道路维修以及抛锚车辆等实时路况信息；可远程监控车辆的燃油量、门锁状态和车辆位置；未来还将提供从停车场到用车人实际需要到达目的地位置的步行导航路线。目前位于硅谷的研究中心正在开发可以令驾驶员在驾驶时接收消息推送的方法；沃尔沃 2014 年宣布应用苹果 CarPlay 和谷歌 Android Auto 汽车操纵系统；发布 SEN-SUS 智能车载交互系统，提供包括互联、服务、娱乐、导航、控制在内的车载互联功能；用户可通过 SENSUS 系统与经销商实现车辆维修、保养、信息共享和服务预约功能。

三、日本

（一） 发展历程

日本在汽车智能化、交通信息化等领域的研究非常早。20 世纪 60 年代后期，随着社会机动车化的急速发展，交通事故和交通堵塞现象日趋成为了社会的严重问题，在此背景下，日本从交通信息诱导与管理、车辆安全控制与自动驾驶等角度开始进行研究。与美国、欧洲类似，日本 ITS 的研究与应用主要由政府推动。

1966 年制定了关于交通安全设施等建设的紧急措施法。1970 年在警察厅和建设省的支持下，建立了大量交通管制中心，成立了非营利性的公共事业型财团法人日本道路交通情报中心（JARTIC）和日本交通管理技术协会（JTMTA），向驾驶员提供交通信息，实行交通管制、交通诱导以及进行自动驾驶等，以使道路后汽车更加协调、交通更加系统化，以实现减少交通堵塞和提高交通安全性、减少交通事故的设想。

20 世纪 70 年代初期受美国 ERGS 系统的影响，日本通产省 1973 年投入 80 亿日元资金开始研究开发汽车综合管制系统（Comprehensive Automobile Control System，CACS），并支持成立了财团法人日本汽车走行电子技术协会（JSK），以改进路车通信技术和制定新的通信标准，进行现场验证试验以及车车通信研究开发等。此外，日本警察厅还开展了汽车交通信息系统（Automobile Traffic Information and Control System，ATICS）项目，但是都由于实用化技术难以实现以及通信基础设施费用过于庞大等，未能实现实用化、商品化。

20 世纪 80 年代后期，随着高科技的进步和半导体存储器的低廉化，车载以及中央控制装置、通信基础设施很容易实现智能化。因此，实用化、商品化的智能道路交通系统研究开发计划再次出台。

1984～1989 年建设省开始构筑以高度智能道路交通系统为目的的路－车间情报系统（Road－Automobile Communication System，RACS）研究开发计划。1989 年通过对 RACS 路车通信技术的进一步研究开发，发展成为了下一代道路交通系统（Advanced Road Transportation Systems、ARTS）的研究开发计划，其开发目标是实现与环境协调的高度智能交通系统，包括交通弱者在内均可以安全、舒适、高效地利用道路交通工具进行移动。它主要包括以道路监视和碰撞警告为主的先进道路安全系统（Automated Highway Safety Systems，AHSS）和以先进的货物运输系统和自动收费系统为主的先进运输效率化系统（Advanced Transport Efficiency System，ATES）两大系统。

警察厅于 1987～1988 年开展了新汽车交通信息通信系统（Advanced Mobile Traffic Information and Communication Systems，AMTICS）的研究，1993 年开始了新交通管理系统（Universal Traffic Management Systems，UTMS）研究开发项目并成立了推进委员会。

1991 年 3 月，日本制定了"第五个交通安全计划"，运输省于 1992 年就进行了"保证汽车安全的今后对策"的讨论，为开发尖端的高智能、主动安全汽车，提出了为期五年的先进安全汽车（Advanced Safety Vehicle，ASV）研究开发计划，分为四个阶段对 AVS 的基本技术规格、评价方法、减少交通事故的效果评估、安全性与可靠性、技术指针等问题进行了研究。

日本把 ITS 作为国家级的项目统一推进，于 1994 年成立了由建设省、运输省、警察厅、通产省、邮政省五省厅组成的联席会议，共同推进 ITS 的研发与应用（日本政府机构改革以后，建设省与运输省合并，组建了国土交通省，所以目前由警察厅、总务省、经济产业省、国土交通省负责推进 ITS 工作）。

1996 年 7 月，由警察厅、总务省、经济产业省、国土交通省共同发布了

《ITS（智能交通系统）总体构想》，对日本 ITS 的推动具有划时代的重大意义。它提出了日本未来 20 年 ITS 的长期构想、ITS 开发和实施计划、ITS 功能目标的基本概念以及 ITS 主要包含的九个应用领域。

2000 年日本政府提出了《21 世纪交通运输技术战略》，促进和提高交通运输系统高级化和智能化。在日本政府最近发布的有关 IT 社会的重要政策中，ITS 的优先性地位不断提高，如 2000 年的《形成 IT 社会基本法》、2001 年的《E - JAPAN 战略》、2001 年的《E - JAPAN 优先政策计划》。尤其是《E - JAPAN 优先政策计划》中提出车辆信息与通信系统 VICS 是其第三代信息通信中最重要的组成之一。

2006 年，日本启动了"下一代道路服务系统"的车载信息系统和路侧系统的集成开发和试验，称之为智能道路计划（SmartWay），提出 2005 ~ 2010 年将围绕五个重点展开研究，包括车路间协调系统、智能汽车系统等。

2010 年，日本政府制定了《新信息通信技术战略》，提出"引进和完善安全驾驶支持系统"以及"将日本全国主要道路的交通拥堵减半"的战略目标，将重点加强利用无线通信技术的车 - 车、车 - 路间协调系统的实用化技术研发，构筑人车路一体化的高度紧密的交通系统。在《第九次安全基本计划》中，拟定 2015 年汽车智能交通目标，即事故死亡人数低于 3000 人，死伤者人数低于 70 万人，普及 ITS Spot 服务及 DSSS（安全驾驶支持系统）等已经实现应用的基础建设协调型安全驾驶支持系统。

2013 年，根据内阁《世界领先 IT 国家创造宣言》，日本道路交通委员会、日本信息通信战略委员会共同提出了"日本自动驾驶汽车商用化时间表"，以及"ITS 2014 - 2030 技术发展路线图"，计划在 2020 年建成世界最安全的道路，在 2030 年建成世界最安全及最畅通的道路。日本正式进入汽车网联化、自动驾驶的发展阶段。

2014 年，为推进《世界领先 IT 国家创造宣言》中提出的"实现世界上最安全、最环保、最经济的道路交通社会"的目标，日本内阁府制定《战略性创新创造项目　自动驾驶系统研究开发计划》（SIP_adus）。该计划制定了四个方向共计32个必要的研究课题，旨在推进政府和民间协作所必要的基础技术以及协同式系统相关领域的开发与商业化。

2016年，日本制定了《官民ITS构想·路线图》，给出了发展目标、自动驾驶系统场景以及商用化时间表，并于2017年、2018年进行持续动态修订。

2017年日本自动驾驶工作组发布了《日本自动驾驶政策方针1.0版》，随后每年对其进行更新，2020年5月，发布了最新的4.0版。

2018年4月，日本内阁专门制定了《自动驾驶相关制度整备大纲》。该整备大纲相当于从内阁府即政府层面规定了自动驾驶相关法律制度的修改原则，各政府部门随后可基于此方针修订法律法规。

2020年4月，日本允许L3级别的自动驾驶车辆合法上路，标志着日本自动驾驶进入到了新的阶段。

日本SIP项目（战略性创新创造计划）已进入2.0阶段，下一步的重点将是自动驾驶与未来智能社会的协同。政府计划2020年在限定地区解禁无人驾驶的自动驾驶汽车，2020年东京奥运会、残奥会期间，推出具有自动驾驶功能的出租车、巴士车运营服务，维持日本在智能网联汽车领域的领先地位。

（二）管理体系

日本ITS的推进体制如图9所示。警察厅、经产省、国土交通省、总务省、内阁府负责ITS的推进。

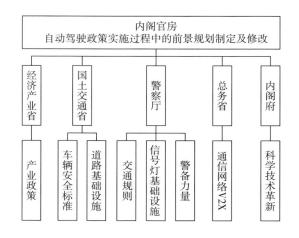

图 9 日本 ITS 的推进体制

资料来源：根据公开资料整理。

（三）标准体系

日本逐步构建智能网联汽车相关法律法规，加强标准规范，完善使用环境。一方面，着手修订《道路交通法》和《道路运输车辆法》，并开展关于智能网联汽车发生事故的赔偿机制讨论，提出要在 2020 年之前实现智能网联汽车立法。另一方面，明确交通管理、道路测试、事故保险等事项。

2016 年 5 月，日本警察厅颁布了《自动驾驶汽车道路测试指南》，明确驾驶人应当坐在驾驶位上，测试车辆和驾驶人均应符合并遵守现行法律法规。

在 2017 年 2 月，对《道路交通法》进行修订，允许在特定区域内的公开道路使用智能网联汽车，并由日本警察厅负责相关许可工作，并对《道路运输车辆法》规定的安全标准进行了修订，允许具备适当安全措施的智能网联汽车（包括一般测试和远程测试）进行车辆登记。

2017 年 6 月，日本警察厅颁布了《远程自动驾驶系统道路测试许可处理基准》，将远程监控员定位为远程存在、承担现行道路交通法规上规定义务和责任的驾驶人。

2018 年 3 月，日本发布了《自动驾驶相关制度整备大纲》，就 L3 级自动驾驶事故责任做了明文规定。《自动驾驶相关制度整备大纲》界定了 L3 级自动驾驶（有驾驶员乘坐状态以及有条件的自动驾驶）发生事故时的责任，原则上由车辆所有者承担，即智能网联汽车和普通汽车同等对待，企业的责任仅限于汽车系统存在明显的缺陷；黑客入侵导致的事故的赔偿与被盗车辆导致的事故损害适用政府的救济制度，条件是车辆所有者更新系统等，采取安全举措。

2018 年 9 月，日本国土交通省针对 L3、L4 级别自动驾驶系统的乘用车、卡车及巴士发布《自动驾驶汽车安全技术指南》。该指南列出了十项智能网联汽车安全条件。明确了搭载 L3、L4 级智能网联汽车所必须要遵循安全技术条件，使 L3、L4 级智能网联汽车产业链相关企业明确产品所要达到的安全指标，促进汽车厂商对智能网联汽车的进一步开发。

2019 年 5 月，为推动商业化部署，日本再次对《道路运输车辆法》进行修订，可行驶的道路环境与速度等条件将从纸面要求转为技术模式实现，由厂商方面提供"设计运行区域"（ODD），经日本中央政府确认合理性后进行认定。从 2020 年 4 月开始，日本将允许 L3 级别的自动驾驶车辆在高速公路行驶。另外，日本正在开展关于智能网联汽车发生事故的赔偿机制讨论，并提出要在 2020 年之前实现智能网联汽车立法。

此外，日本作为联合国世界车辆法规协调论坛（WP29）中自动驾驶车辆工作组（GRVA）副主席国，大力开展相关国际标准的制定工作。深度参与 ISO 国际标准中 TC22/TC204，并成为 TC204 中 WG3 智能交通数据库技术、WG14 车辆/道路预警与控制系统相关标准组的召集国。

（四）发展规划

1. 时间表及路线图

日本已经建成世界领先的交通基础设施，为保持其在智能交通领域的优势地位，根据内阁 2013 年《世界领先 IT 国家创造宣言》，日本道路交通委员会、日本信息通信战略委员会共同提出了"日本自动驾驶汽车商用化时间表"，以及"ITS 2014 – 2030 技术发展路线图"，计划在 2020 年建成世界最安全的道路，在 2030 年建成世界最安全及最畅通的道路（见表15）。

表 15　日本自动驾驶汽车商用化时间

智能化等级	商用化技术	时间	欧洲实现的时间
Level 2	自动纵向跟随系统	2015～2016 年	2013～2015 年
	转向避撞系统		2017～2018 年
	多车道自动驾驶系统	2017 年	2016 年
Level 3	自动合流系统	2020～2025 年	2020 年
Level 4	全自动驾驶	2025～2030 年	2025～2028 年（高速） 2027～2030 年（城市）

资料来源：根据公开资料整理。

在综合考虑交通信息交互、驾驶辅助控制、自动驾驶以及未来大数据应用等诸多领域，日本提出如图 10 所示的智能交通系统技术路线。

从战略时间维度，日本 ITS 发展战略分短期、中期、长期三个阶段（见图 11）。从战略技术维度看，日本提出从驾驶安全支持系统、自动驾驶系统以及交通数据应用三个方面快速推进（见图 12）。

第一，2014～2016 年为战略近期阶段。将完成终端设备，市场投入等战略部署，在技术层面大力发展 V2X 协同系统及研发终端设备。

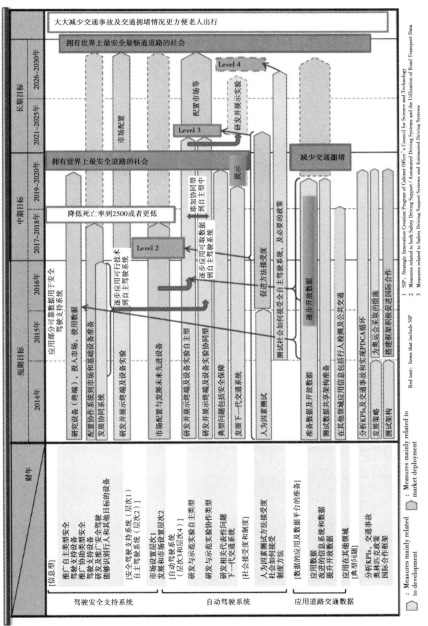

图10 道路交通数据应用总体路线

资料来源：根据公开资料整理。

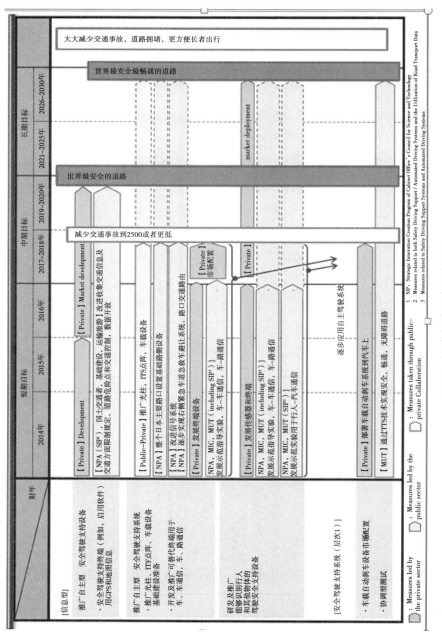

图 11 安全驾驶支持系统路线

资料来源：根据公开资料整理。

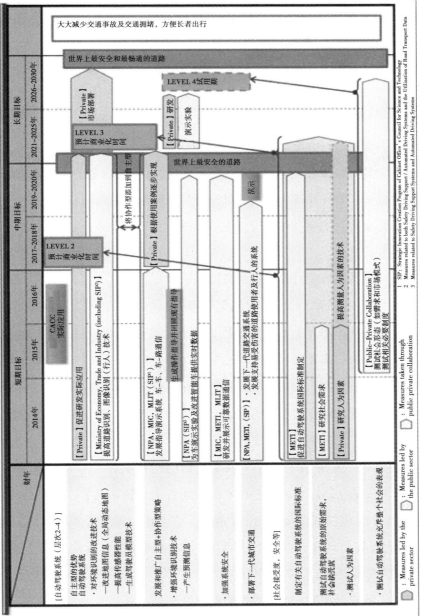

图 12　自动驾驶系统路线

资料来源：根据公开资料整理。

第二，2017～2020 年为战略中期阶段。在 2017～2018 年完成 V2X 协同系统的终端设备研发及市场部署，完成智能化等级 Level 2 的市场化配置，实现日本交通事故死亡人数降低到 2500 人/年以内。在 2019～2020 年，完成驾驶安全支持系统终端研发与市场化，完成研究 ITS 发展典型问题及发展下一代交通系统演示方案，并且在 2020 年建设完成世界上最安全的道路；完成交通信息开放数据共享架构及应用，从而实现减少交通拥堵，并为 2020 年东京奥运会提供运行方案。

第三，2021～2030 年为战略远期阶段。完成设备市场部署、技术部署、演示系统研发等，最终建设完成世界最安全且最畅通的道路的目标。

从技术维度看，主要从驾驶安全支持系统、自动驾驶系统以及交通数据应用进行进一步分析。

驾驶安全支持系统是日本主推的智能网联汽车技术之一，其又分为信息型系统、安全驾驶支持型系统（智能化等级 Level 1）两大类。从信息型系统的角度，2014～2020 年，日本警察厅、国土交通省、基础建设运输省将联合完成交通信息的收集及交通方面限制规定、道路危险点、交通控制和数据开放。到 2018 年日本警察厅将完成整个日本主要交通路口设置基础路侧设备，改进信号系统，逐步实现右侧紧急车道急救车避让系统、路口公交路由等。日本警察厅、总务省、国土交通省将推动示范指导实验，实现车－车通信，车－路通信，发展用于行人－汽车通信的示范实验，并开发人－车、车－车、车－路通信，逐步将这些技术应用到自主驾驶系统中。从安全驾驶支持系统（智能化等级 Level 1）的角度，在 2018 年实现自动紧急刹车（AEB）的大规模市场化，并通过 V2X 协同型支持系统，逐步实现交通安全、畅通、无障碍通行。

自动驾驶系统也是日本主推的智能网联汽车技术之一，相关的技术主要分为：

（1）自动驾驶系统技术研究：2020 年完成研发以及实际应用准备工作。

（2）环境识别技术研究：2020 年前提高道路识别、图像识别以及行人识别技术水平，并改进地图信息，优化传感器性能。

（3）自主型＋协同型系统研究：发展车－车/车－路通信技术及其应用水平，日本警察厅、总务省、国土交通省在 2016 年完成开发演示系统，实现基于 V2X 的车辆智能驾驶。

（4）系统安全性研究：总务省、经济产业省、国土交通省联合研究可靠数据通信与信息安全。

（5）下一代交通系统研究：日本警察厅和经济产业省，发展下一代道路交通系统及开发支持易受伤道路使用者及行人的系统。

同时，经济产业省还规划对自动驾驶汽车标准化以及对社会的影响进行研究，包括：①自动驾驶标准化；②自动驾驶社会接受度；③人因研究；④相关社会体制研究；等等。

建立并充分利用道路交通数据，优化道路交通以及人员出行，这是日本历来发展智能交通的重要思路。日本政府也在 2014～2030 年未来智能交通系统的规划中制定了具体的技术路线，如图 13 所示。

2020 年，日本警察厅、总务省、经济产业省规划完成各类交通环境信息、各类私有信息的采集与共享平台，以及对应的测试与评价，以减少交通拥堵。在改进系统公共传感器的数据共享方面，日本警察厅规划收集并提供交通信息，联合国土交通省组织并测试交通安全有效措施的数据应用。在利用道路信息方面，国土交通省规划在 2018 年完成行人信息的应用测试。到 2020 年，通过各机构联合，完成评估交通死亡率的方法并建立交通事故共享数据，通过发送数据给研究机构或给世界各国开放数据来加强国际合作。

基于上述战略目标，制定了四个方向共计 32 个必要的研究课题，旨在推进政府和民间协作所必要的基础技术以及协同式系统相关领域的开发与实

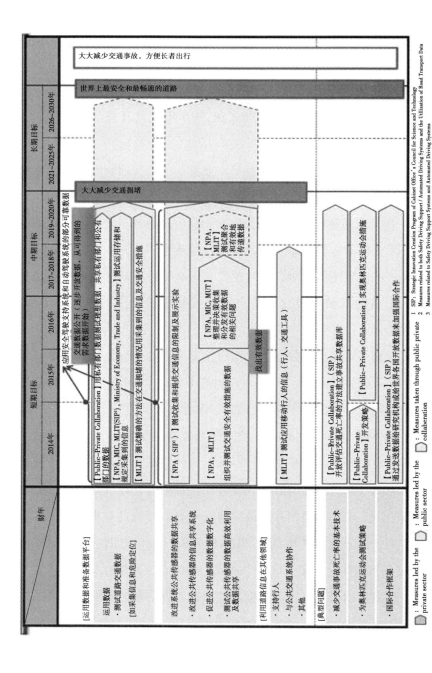

图 13 利用道路交通数据路线

资料来源：根据公开资料整理。

用化。其中，2014 年开始着手的有 29 个，还有 3 个课题需要继续对措施进行讨论。研究开发课题的分类如表 16 所示。

表 16　SIP 自动驾驶系统研究课题

一级	二级	三级
自动驾驶系统的开发与实证	开发先进 GIS 动态地图	交通管制等交通管理信息
		车辆、行人等交通状况信息
		周边建筑物等的行驶道路环境信息
		详细的道路信息
		信息组合及结构化
		面向卫星地定位的基础评价
	ITS 预测信息生成技术的开发和示范运行	以信号信息等为代表的动态交通管理信息的获取
		通过路侧传感器和车－车通信等手段获取高精度、高可靠性的交通状况
		通过行人通信终端把握行人的动态和静态的状况、实现对行人的移动辅助
		道路有效利用的指南信息的获取
	先进传感技术的开发和示范实验	车辆环境识别传感器性能提升
		高性能的图像识别系统的开发与实际验证
		全天候车道线识别技术
		完全自动驾驶和实现整体最优化的交通管制系统
	驾驶员模型生成技术的开发	通过包含交通受限者的驾驶员的行为分析生成驾驶员模型
	系统（信息）安全性提升技术的开发	通信系统的信息安全
		车辆系统的信息安全
		自动驾驶系统的安全性、可靠性保证
改进基础技术，减少道路死亡事故和减少交通拥堵	交通死亡人数减少效果估算方法及国家共享数据库建设	交通事故死伤人数减少效果估算方法的开发
	微观和宏观的数据分析和仿真技术的开发	微观、宏观连动仿真系统的开发
	区域性交通 CO_2 排放量的可视化	区域性交通 CO_2 排放量的可视化技术开发

续表

一级	二级	三级
国际合作的建立	建立国际性开放的研究开发环境，推进国际标准化	推广自动驾驶系统的国际合作活动
		自动驾驶系统的国际趋势调查
	确立社会对自动驾驶系统的接受度	对驾驶员和自动驾驶系统的作用和界面的研究
		社会接受度建设研究
	建立国际打包出口体系	研究运输管理服务和基础设施的"一揽子"出口
下一代都市交通的发展	地区交通管理的升级	基础设施的发展和区域支持交通安全活动
		道路的有效利用
		促进多模态
		在天气异常和灾害时制定和执行支持系统
	下一代交通系统的开发	新一代的公共道路交通系统的开发
	无障碍（交通受限者对策）的改善和普及	交通限制者的移动支援系统的开发

资料来源：根据公开资料整理。

2. 官民 ITS 构想

2016 年制定《官民 ITS 构想·路线图》并于 2017 年、2018 年两次修订。对比如表 17 所示。

表 17　路线图对比

2016 版基本内容	2017 版基本内容
2020 年左右 私家车实现半自动 L2、L3 级别自动驾驶，运输服务领域实现限定区域内的 L4 级别的自动驾驶	2020 年左右 实现相当于 L2、L3 级别的半自动和高度自动驾驶，以及相当于 L4 级别的特定区域内的无人驾驶
2022 年 实现私家车在高速公路 L3 级别的自动驾驶，货车在高速公路 L2 及以上级别的自动编队行驶	2022 年 实现卡车在高速公路上编队行驶
2025 年 实现私家车和卡车在高速公路 L4 级别的完全自动驾驶	2025 年 实现相当于 L4 的个人在特定区域里和卡车在高速公路上的超高度自动驾驶

资料来源：根据公开资料整理。

2018 年发布的《官民 ITS 构想·路线图 2018》更加细化了自动驾驶技术场景化推进目标，明确自动驾驶推进时间，是日本指导未来自动驾驶技术快速发展和产业化应用的重要战略规划：明确了家用车在自动驾驶领域技术开发路线以及具体的市场化时间；在物流服务方面明确了到 2020 年左右，高速公路的卡车列队行驶以及到 2030 年左右实现高速公路上卡车的完全自动驾驶；限定区域的自动驾驶技术开发及落地和出行服务的时间规划以及高速公路巴士自动驾驶的技术开发和落地时间（见图 14）。

3. 政策方针 4.0

日本经济产业省与国土交通省在 2015 年建立了自动驾驶研究工作组，通过定期开展研讨会，制定日本自动驾驶技术路线图，讨论自动驾驶测试与验证方式，并推动相关国际标准的协调工作。2017 年该工作组发布了《日本自动驾驶政策方针 1.0 版》，随后每年该政策方针在研讨会结束后更新，2020 年发布 4.0 版主要包含以下要点。

（1）无人驾驶服务的实现和普及路线图。

日本政府计划在 2022 年左右，能够在有限区域内实现只需远程监控的无人驾驶自动驾驶服务，在 2025 年，将这种自动驾驶服务扩大至 40 个区域。这 40 处拟运行的路段，按照分类包含封闭空间、限定空间、机动车专用空间、交通基建适配化空间和混杂空间。规划中的 L4 级别车辆在运行时也有一定限制条件，例如接收远程监控，车内仍留有乘务员看守，低、中、高速度限制等。工作组认为，要实现这些目标，不仅要考虑技术的发展，还要考虑制度制定、基础设施、成本等多方面的问题。该路线图将与公共和私营部门的利益相关方分享，共同实现路线图的目标。

（2）先进自动驾驶技术的测试验证。

日本政府计划在 2020 年，实现无人自动驾驶服务，实现卡车在高速公路

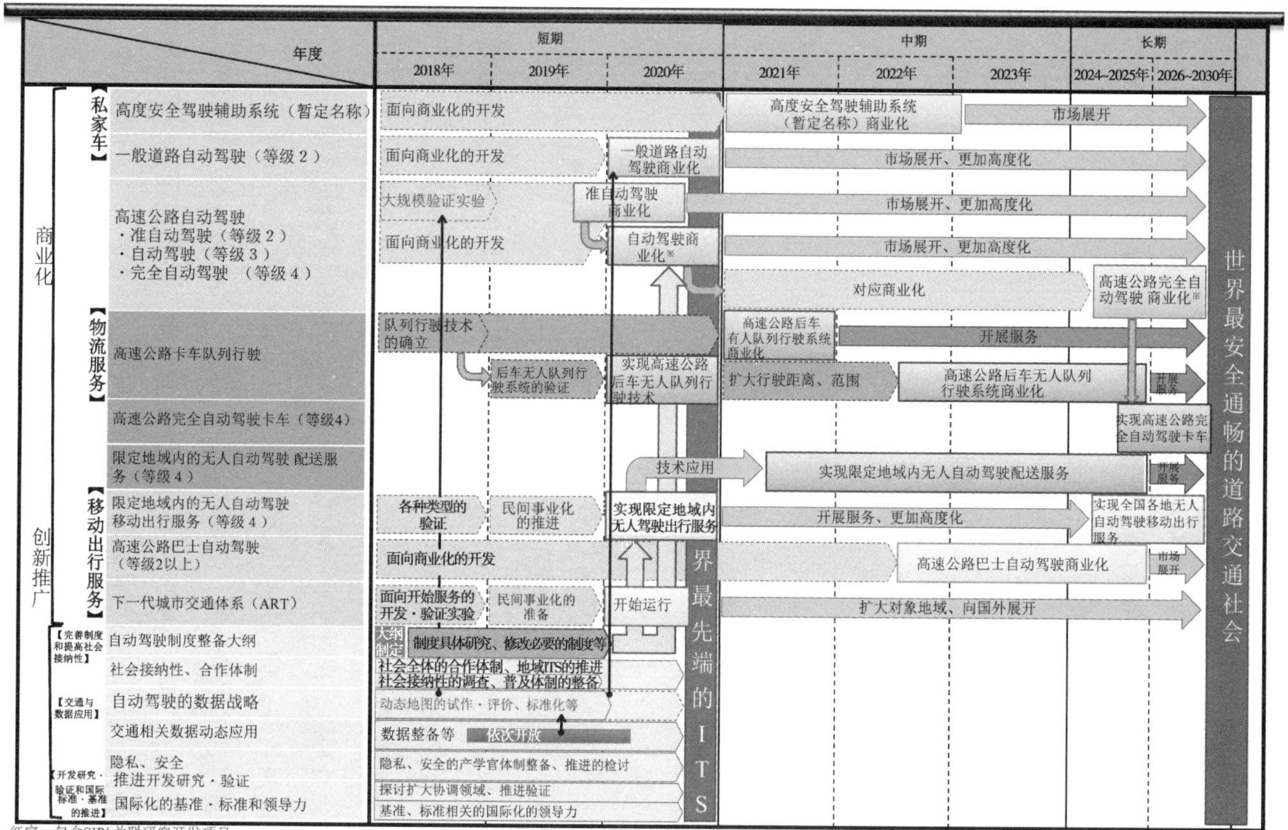

红字：包含SIP[1]关联研究开发项目

[1] SIP：综合科学技术・创新大会・创造战略革新性规划（2014～2018年度）

※政府设定努力的目标和时期，以使民间企业的商业化行为成为可能。
远程型自动驾驶系统以及等级 3 以上的商业化等，以与道路交通相关条约的整合性作为前提。

图 14　技术开发和落地时间

资料来源：根据公开资料整理。

上的无人驾驶列队跟驰技术，并设定了以下技术计划：

1）无人自动驾驶服务：需要通过基于小型车的长期验证测试，提升识别技术，计划在后期通过远程操作开展多台无人驾驶车辆的测试验证工作；开发中型自动驾驶客车，进行功能验证和试运行。

2）无人驾驶卡车列队跟驰：扩大测试区域，在更多样的环境下（如夜间道路，隧道等）进行测试验证。

（3）政府部门与相关企业的合作。

日本政府在与相关企业的合作方面，从地图建设、安全评价、企业协作三方面设定了以下技术计划：

1）地图建设：维护并更新基于2018年采集的高速公路高精度地图的最新数据，推动政府直辖道路的检查和维护工作，通过国际合作和自动化制图降低地图建设成本。

2）安全评价：制定符合日本高速公路交通环境的一系列驾驶场景，同时考虑普通道路的驾驶场景，并与各国合作将其提出为ISO国际标准。除了传统的以驾驶员驾驶为前提的安全评价方法之外，有必要开发出与自动驾驶系统相对应的新的安全评价方法，为了满足自动驾驶开发所需的大量安全性评估要求，日本已初步建立了基于模拟技术的虚拟评价环境，通过持续采集和分析数据，实现数据的国际标准化。

3）企业协作：经济产业省资助的SAKURA（Safety Assurance KUdos for Reliable Autonomous Vehicles）项目促使汽车制造商和研究机构协作，实现研究方法探讨、数据采集的统一，以及标准协调工作。

（五）研究计划与项目

1. 先进安全汽车ASV计划

ASV项目中所定义的自动驾驶系统如图15所示。ASV项目从1991年开

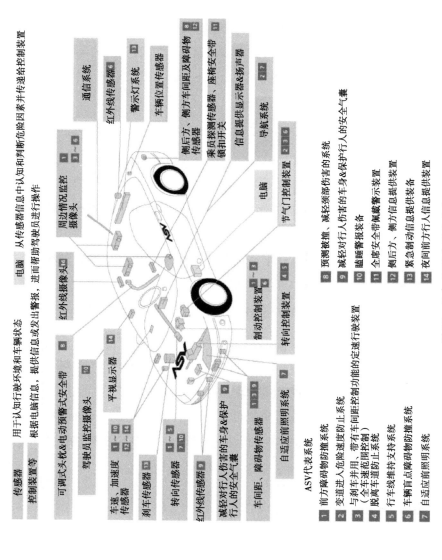

图 15 日本 ASV 先进安全车

资料来源：根据公开资料整理。

传感器 用于认知行驶环境和车辆状态

控制装置等 根据电脑信息，提供信息或发出警报

电脑 从传感器信息中认知和判断危险因素并传递给控制装置，进而帮助驾驶员进行操作

ASV 代表系统

1 前方障碍物防撞系统
2 变道进入危险驶速度防止系统
3 与刹车并用，带有车间距离控制功能的定速行驶装置（全车速范围控制）
4 脱离车道防止系统
5 行车线维行支持系统
6 车间点障碍物防撞系统
7 自适应前照明系统
8 预测被撞、减轻颈部伤害的系统
9 减轻对行人伤害的车身 & 保护行人的系统
10 瞌睡警报装备
11 全席安全带佩戴警示装置
12 侧后方、侧方信息提供装备
13 紧急制动信息提供装置
14 夜间前方行人信息提供装置

通信系统
红外线传感器⑥
警示灯系统⑬
车辆位置传感器
侧后方、侧方探测传感器、乘员探测传感器、座椅安全带锁扣开关⑧⑫
信息提供显示器 & 扬声器⑪
导航系统②⑦
电脑
节气门控制装置②③⑦⑥
制动控制装置①⑥
转向控制装置④⑤
自适应前照明系统⑦
车间距、障碍物传感器⑬①⑨
减轻对行人伤害的车身 & 保护行人的安全气囊⑨
红外线传感器⑨
转向传感器⑬
刹车传感器
车速、加速度传感器①⑩⑫⑭
平视显示器⑭
驾驶员监控摄像头⑩
可调式头枕 & 电动预警式安全带⑧
红外线摄像头⑭
周边情况监控摄像头①③〜⑥

始, 5 年为 1 期, 至今已经开展了 5 期, 运输省担任秘书处, 相关的政府部门警察厅, 通产省, 各大主流整车企业, 高校及研究机构以及保险协会、用户协会等均参与其中。

ASV 项目经过了 1995 年、2000 年、2005 年、2010 年四个阶段的发展, 现在已经进入第五阶段的发展。其主要的研究方向包含:

（1）开发先进、综合的先进安全驾驶、驾驶员监控技术;

（2）开发并推动基于 V2X 协同通信的车辆驾驶辅助系统应用;

（3）推动先进安全技术的商业化应用与用户可接受程度;

（4）推动日本先进安全汽车与国际相关技术标准的协调与兼容性。

各阶段 ASV 项目主要情况如表 18 所示。

表 18 各阶段 ASV 项目主要情况

	ASV 阶段 1	ASV 阶段 2	ASV 阶段 3	ASV 阶段 4	ASV 阶段 5
实施阶段	1991 ~ 1995 年（5 年期）	1996 ~ 2000 年（5 年期）	2001 ~ 2005 年（5 年期）	2006 ~ 2010 年（5 年期）	2011 ~ 2015 年（5 年期）
目标	论证技术可行性	创造有利于实际使用的环境	持续发展技术并致力于去实现应用的推广（减少 40% 的交通死亡率）	迎接未来挑战并为减少事故做更深远的贡献	实现快速发展, 取得行业领导地位
类别评估	所有的车辆种类（乘用车辆、卡车、公共汽车和摩托车）	所有的车辆种类（乘用车辆、卡车、公共汽车和摩托车）	所有的车辆种类（乘用车辆、卡车、公共汽车和摩托车）	所有的车辆种类（乘用车辆、卡车、公共汽车和摩托车）	所有车辆种类、行人、道路使用人、路侧设备
涵盖的科技	车辆本身	①车辆本身;②道路和基础设施	①车辆本身;②车辆间联系;③道路和基础设施	①车辆本身;②车辆间联系;③道路和基础设施	①车辆间联系;②道路与路侧设备

续表

	ASV 阶段 1	ASV 阶段 2	ASV 阶段 3	ASV 阶段 4	ASV 阶段 5
项目评估	①设置发展目标；②评估事故减少效果	①设计原则的准备；②建立设计指导概要；③评估事故减少效果	①发展下一代科技：更多先进的自动车；发展通信相关技术；②推动传播：刺激性政策的检验；强化汽车使用者和公众的接受度；分析 ASV 技术的效果；ASV 技术的国际化；③发展基础设施及相关技术	①自动感知技术；②通信技术利用技术；路侧信息利用，数据交换；③车辆本身感知与控制技术（冲撞受损减轻刹车，车道偏离跟踪助手，摇晃警报，附加 ABS 的组合刹车）	①提高行人安全措施；②发展并延伸三动安全技术；③新概念车的技术要求

资料来源：根据公开资料整理。

ASV 项目对于先进车辆安全技术的开发从目前来看是相当成功的，虽然离全自动驾驶还有一定距离，但围绕 ASV 车辆所开发的各种安全辅助技术，如防撞预警、车道保持、ACC 自动巡航、精确自动泊车、驾驶员状态检测等技术，已经成功应用到产业中。

2. 智能道路 Smartway 计划

2004 年，日本已经成为全球智能交通最发达的国家。日本车载导航器用户已接近 4000 万个，其中最大的车辆信息和通信系统（Vehicle Information and Communication System，VICS）的用户已近 3000 万，日本还有世界上最大的电子不停车收费系统（Electronic Toll Collection，ETC），其用户也超过了 3000 万。

在这样的背景下，2004 年 8 月，日本提出了 ITS 应进入新的发展阶段，并与 2005 年启动了称之为"协同式车辆 - 道路系统（Cooperative Vehicle -

Highway Systems，CVHS)"的车载信息系统和路侧系统的集成开发和试验，称之为智能道路计划（SmartWay），还成立了政府和企业共计 223 家公司和机构共同参加的开发联盟，同时将建立智能道路计划作为一项国家政策予以实施。

智能道路计划的核心是通过先进的通信系统将道路和车辆连接为一个整体，车辆既是信息的应用者又是信息的提供者，道路拥堵信息和安全信息服务以及收费服务都通过集成化的车载终端完成，系统总体结构如图 16 所示。

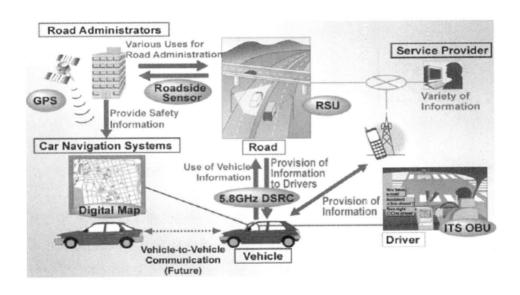

图 16　CVHS 系统总体结构

资料来源：根据公开资料整理。

该项目还提出了一体化终端的概念，通过建立核心的智能车载终端 OBU，可以实现包含 ETC、交通信息服务、道路管理、互联网连接等各类信息服务，支持驾驶过程的各类需求，如图 17 所示。

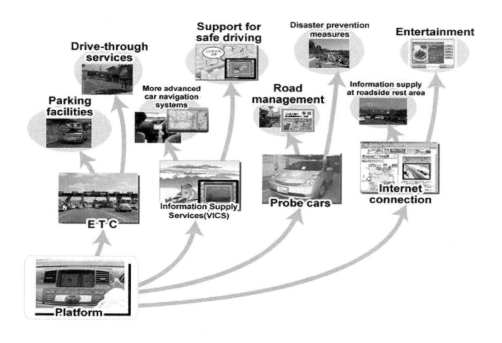

图 17　基于 OBU 的车载应用服务

资料来源：根据公开资料整理。

从 2007 年起智能道路计划开始在道路上进行测试和示范，2009 年 3 月完成大规模测试后，开始在三个都市区部署并提供服务。这个项目受到日本产业界的极大关注，各大公司都积极参与，如果能够大规模应用，将对汽车、通信设备和信息设备等制造业产生较大的影响。为此，2009 年 5 月日本智能交通协会名誉会长丰田章一郎向政府提出建议，由政府投资在道路上建设智能道路计划的基础设施，不但可以刺激经济的发展，还会为新产业的形成创造环境。

3. SIP – adus 项目

2013 年，日本启动"跨部门战略创新促进项目（Cross – Ministerial Strategic Innovation Promotion Program，SIP）"，它是由日本内阁政府推进的日本复兴计划，聚焦于联合产业界、学术界以及政府机构，促进先进技术的研发和应用。SIP 共有 11 个研究主题，其中的自动驾驶研究主题又被称为"为全员服务的自动驾驶（Innovation of Automated Driving for Universal Services，SIP – adus）"。

SIP – adus 于 2013 年由日本内阁办公室牵头发起，旨在发展和提升日本自动驾驶技术，实现自动驾驶系统的实现与推广、确保道路安全和减少交通拥堵，实现先进的下一代交通服务。至今已开展两个阶段的研究内容。2014 年制定的第 1 期 SIP，重点开展了与自动驾驶有关的协调领域研究开发。2017 年启动第 2 期 SIP，命名为"SIP 自动驾驶（扩展系统和服务）"，包括多元目标设置、研究项目制定、实施组织搭建、项目评估管理、知识产权管理五大部分。SIP – adus 以确立世界最安全的交通体系以及服务社会为目的，采取官民合作措施，着重推进自动驾驶基础技术研究，是日本促进自动驾驶产业发展的重要手段。

SIP – adus 从顶层设计了日本自动驾驶技术体系和发展蓝图。该技术体系将自动驾驶系统分为车辆和人机交互两大部分。车辆部分包括感知、决策、执行三个方面，尤其在感知方面，强调了传感器、地图、ITS 的不同作用，即对车辆自身位置的高等级自主评估主要依赖于车载传感器和地图，对邻近环境的感知识别，主要依赖于 ITS，譬如 V2X 等技术。HMI（人机界面）部分关注三个层次，分别是人类（驾驶员）、机器（自动驾驶车辆）以及人与机器的交互（见图 18）。

从日本自动驾驶技术体系划分中可看出，地图是实现自动驾驶必不可少的一环。而自动驾驶需要的地图不是普通电子地图，为此，SIP – adus 促成组建了面向全日本的高精度三维地图产业联盟，并且推动日本相关 OEM 和供应厂商发起成立了动态地图计划公司（Dynamic Map Planning Co.，Ltd，

DMP 公司），作为高精度地图数据平台的建设主体，专注于高精度三维地图数据采集和制作，以及动态信息的关联与融合（见图 19）。

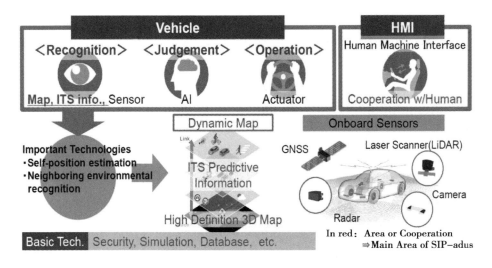

图 18　日本自动驾驶技术体系

资料来源：根据公开资料整理。

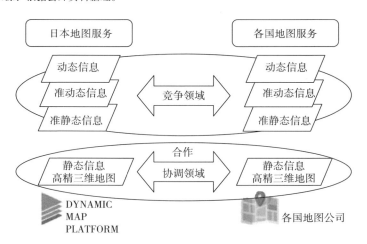

图 19　日本地图服务与他国对比

资料来源：根据公开资料整理。

DMP 公司清晰界定了合作领域和竞争领域，合作领域作为一个高精度地图数据平台，汇聚了日本官产学研全部的资源，同时避免了内部竞争。高精度地图质量将更具公信力以及国际竞争力，参与企业可以共享资源，均摊成本。

（六）产品技术分析

在汽车智能驾驶相关的法规标准制订和推进上，日本要落后于欧美，但在智能安全技术的应用上较为领先，到 2013 年已有多项车用智能安全技术全面地推向了市场（见图 20）。

在技术路线上，与欧美相比，日本的智能驾驶更加关注实用化和效果。ADAS 产品的产业化应用方面，日本与欧洲类似，两者一定程度上要优于美国。目前国际上主要车企 ADAS 产品的应用情况如表 19 所示。

表 19　ADAS 产品应用情况

车企	主要 ADAS 产品				车型
	ACC	AEB	障碍物检测	LKA	
丰田	●	●		●	Corolla，Crowr，Estima，Land Cruiser，Lexus ES/GS/ES/LS
本田	●	●		●	Accord，AcuraTSX，Civic，CR－V，Odyssey，Stepwgn
日产	●	●		●	Fuga，Infiniti Skyline/G35/G37/M35/M45

资料来源：根据公开资料整理。

日本整车企业竞争力较强，汽车制造商在技术层面重视以提升人工智能的技术实力为核心。但在整体产业链的打造上还有待进一步加强，逊色于美国和欧洲。其产业链主要供应商及竞争力如表 20 所示。

Year	1998	1999	2000	2001	2002	2003	2004	2005	2006	2007	2008	2009	2010	2011	2012	2013–
Active Safety	• Inter–vehicle distance warning															
			• Adaptive cruise control		(• With low–speed following mode)					(• Full–range)						
				• Lane–keeping assist												
				• Blind–corner monitoring												
					• Night vision monitoring											
						• Navigator–based gearshift control (ATs only)										
						• Adaptive front–lighting system (AFS)										
						• Park assist										
							• Collision–mitigation braking system (pre–crash safety)									
												• Vehicle proximity warning				
												• Automatic high–to–low–beam headlamp control				
												• Accelerator suppresion for pedal misapplication				
Passive Safety	• Active head restraints															
		• Curtain airbags														
			• Rollover curtain airbags						• Motorcycle airbags							
		• Pedestrian protection vehicle design														
				• ISOFIX anchorages (for child safety seats)												
				• Advanced compatibility vehicle structure												
					• Knee airbags											
					• Pre–crash seatbelts											
									• Automatic pop–up hood						

图 20　日本智能安全技术应用时间

资料来源：根据公开资料整理。

表 20　日本产业链主要供应商及竞争力

产业链		主要供应商	国际竞争力
上游	芯片/计算平台	瑞萨、东芝	
	雷达/视觉传感器	日立、先锋、松下、电装、索尼	3 星
	地图与定位	ZENRIN、三菱电机	
	车载操作系统	—	
	V2X 通信	OKI	
	ADAS/自动驾驶系统	电装、日立、松下、软银、三菱电机、ZMP	3 星
	汽车电子系统	电装、三菱电机、爱信精机	
	车载信息系统	先锋、电装、阿尔派、松下、日立	
中游	传统车企	丰田、日产、本田	5 星
	新兴车企	—	
下游	出行服务	丰田、日产	
	信息服务	NTT	4 星

资料来源：根据公开资料整理。

值得注意的是，丰田、本田和日产等已在高精度三维地图等领域展开合作研究，推进自动驾驶技术研发，确立技术标准。电装、瑞萨电子和松下等零部件厂商也在地图、通信和人机工程等领域展开合作。自动驾驶科技公司有 ZMP、DeNA、PKSHA 等，数量相对较少，大部分是通过智能软件算法切入自动驾驶领域，其资金来源于本国汽车主机厂，步伐相对稳健。目前，日本已经允许在驾驶位无人的状态下进行自动驾驶汽车上路测试，并将自动驾驶发生的交通事故列入汽车保险的赔付对象，这对日本自动驾驶的测试应用将起到巨大的推动作用。

四、对比分析

从国外 ITS 系统发展的历程和现状来看，尽管各国对车路协同称谓不一，内容也不尽相同，但都是以道路和车辆为基础，以传感技术、信息处理、通信技术、智能控制为核心，以出行安全和行车效率为目的，车路、车车协同系统与自动驾驶已经成为现阶段各国发展的重点。

从发展模式来看，欧、美、日智能网联汽车技术的发展主要由政府推动，均出台国家战略规划，明确目标、时间表、技术路线，并形成一定共识（各国发展规划对比如表 21 所示）。尤其是与交通环境、网联化相关的领域，政府从更大的交通环境构建的角度，为智能网联汽车的发展和快速应用建立了良好的环境。如今，随着网联化、智能化更多地与车辆技术融合，国外真正形成了政府主导，汽车、通信、电子等多领域企业、高校、研究机构深度协作的局面。

表 21   美国、欧洲、日本的智能网联汽车发展规划对比

国家或地区	规划	关键时间节点	主要技术动向
美国	美国交通部 US DOT，《美国 ITS 战略研究计划》（ITS Strategic Research Plan），2015－2019	①2016 年提出车－车通信 V2V 交互的数据要求；②2019 年前进入 V2V 市场应用；③自动驾驶汽车根据实际情况分级进行市场部署	①确立两大优先战略目标：实现网联汽车市场应用；推动汽车自动化；②重点支持六大技术领域：网联化汽车；汽车自动化；新兴应用；大规模数据采集与应用；互用性；加速市场应用
	国家高速公路交通安全管理局 NHTSA，2013 年《自动驾驶汽车政策》（Preliminary Statement of Policy Concerning Automated Vehicles）		①提出 4 级（Level 0～Level 4）汽车自动化等级分类；②提出自动驾驶汽车三大重点研究领域：人为因素、电控系统安全性、自动驾驶系统性能要求；③提出无人驾驶汽车测试、认证、应用的建议
	欧盟委员会，Europe 2020		①提出智能、可持续以及包容型增长战略；②欧洲数字化计划

续表

国家或地区	规划	关键时间节点	主要技术动向
美国	欧盟委员会，2011年《欧盟一体化交通白皮书》	①2050年相比1990年，减少温室气体排放60%；②2020年交通事故数量减少一半，2050年实现"零死亡"	①重点发展：车辆智能安全、信息化以及交通安全管理；②重点技术研究：信息安全与可靠性、大规模示范应用与验证
	欧盟委员会，2012《欧盟未来交通研究与创新计划》		①加强路－路、车－路、车－车通信及安全应用；②推动人－车－路的一体化道路安全系统、道路紧急救援开发，通过政策法规引导，快速推动产业化；③加速推进交通信息化的研究与应用
欧洲	欧洲委员会，HORIZON2020	2020年，根据技术情况决定自动驾驶市场应用	①加速推动合作式ITS系统构建；②加速推进汽车自动化、网联化研究、标准化及产业应用；③加速推进通信网络标准化及安全性研究，实现欧洲交通一体化；④加速推进商业运输车辆网联化及应用
日本	内阁府，《世界领先IT国家创造宣言》，SIP《战略性创新创造项目——自动驾驶系统研究开发计划》	①2018年，实现交通事故死亡人数在2500以下；2020年，实现世界上最安全的道路交通社会；②2017年实现半自动驾驶系统（Level 2）的市场化；③21世纪20年代前期，实现半自动驾驶系统（Level 3）市场化；④21世纪20年代后期，实现完全自动驾驶（Level 4）市场化	

资料来源：根据公开资料整理。

从标准法规来看，从 2010 年开始，美国、欧洲、日本等国开始相继制定智能汽车相关法规，形成了相对较为完善的标准法规体系（各国标准法规对比如表 22 所示），预计 2020 年前还会出现与 V2X、自动驾驶技术相关的法规。

表 22　美国、欧洲、日本的智能网联汽车标准法规对比

	日本	美国	欧洲
ISO TC204	WG3，WG14	WG8，WG16	WG1，WG4，WG5，WG10，WG18
自动驾驶系统的标准化	WG14 结构中日本讨论自治系统标准化		
	在 WG14 结构中开始自动运行系统线索的 CACC 标准化		
自动化级别的标准化	在日本汽车工业会、国土交通省讨论	定义 NHTSA 为 5 个阶段、SAE 为 6 个阶段	德国联邦道路交通研究所定义为 3 个阶段
合作系统的标准化	在 WG14 进行日本提案的合作系统标准化		
		SAE 实施标准化	CEN 主导 WG18 合作系统标准化
		US - DOT 和 EC 共同签订 Task Force	
设置信息标准化	国土交通省汽车局和警察厅个别标准化，并在 WG14 讨论	SAE 的 J2735、J2945	ETSI 的 TS102637 系列
		关于消息格式与数据质量调整的合作在 WG18 和 WG16 制定标准	
安全标准化	作为 WG17 的国内分科会，由 JEITA 负责	在 SAE、IEEE 工作	在 ETSI 工作
		EU - US Task Force 未达一致	
通信标准化	ITS 频段：700MHz 频段、5.8GHz 频段	ITS 频段：5.9GHz 频段	ITS 频段：DSRC（5.9GHz 频段）
地图标准化	在 WG3 结构中讨论国内合作系统标准化、在事务委员会讨论对 LDM 的 WG14 的见解	在 WG18 中讨论 Local Dynamic Map 的国际标准化	

资料来源：根据公开资料整理。

从技术演变来看，欧、美、日自 20 世纪 60 年代开始，立足于智能交通大领域，分别从交通信息化、车辆智能化的角度进行了大量的研究，并已形成大量产业化成果；进入 21 世纪，尤其是 2010 年以后，随着通信技术、电子控制技术、人工智能技术的快速发展，车辆网联化、智能化逐渐从 20 世纪的独立研究，走向融合型研究与应用，汽车将更多地通过连接与环境融合协同，从欧、美、日各国制定的战略情况来看，这将是未来 20 年交通领域最重要的技术变革。

从市场形势来看，目前智能网联汽车只形成了初级的网联化和智能化，网联化主要体现在基本的信息服务（Telematics）领域，智能化主要体现在如今大量产业应用的先进驾驶辅助系统（ADAS）领域，真正的深度网联化、智能化还在酝酿阶段，预计 2020 年将真正实现人 - 车 - 路的网联化、中级自动化驾驶；2025 年，实现高级自动驾驶汽车的应用。

从行业技术水平来看，目前欧、美、日在智能网联汽车技术领域形成了三足鼎立的局面。美国重点在网联化，其通过政府强大的研发体系，已快速形成了基于 V2X 的网联化汽车产业化能力；欧洲具有世界领先的汽车电子零部件供应商和整车企业，其在自主式自动驾驶技术方面相对领先；日本的交通设施基础较好，自动驾驶技术水平方面也在稳步推进。

从企业发展来看，奔驰、宝马、沃尔沃、福特等一流整车企业 ADAS 产品技术相对成熟。车辆网技术方面，大众、奔驰、沃尔沃、福特大多集中于车载信息的互联，IT 厂商入局智能汽车领域的主要举措包括开发车载信息系统，并与汽车厂商合作推广开发导航、语音识别、娱乐、安全等方面的应用程序和应用技术。自动驾驶技术方面，奔驰、谷歌、日产等企业取得重大成果，奔驰立体图像系统技术领先；谷歌则在环境三维建模、地图方面领先。

从产业链竞争力来看，美国目前在智能网联汽车产业上、中、下游实力均衡，世界领先，德国在上、中游有较强的竞争力，日本依托几大整车厂占据一定优势。

五、借鉴与思考

（一） 持续更新顶层规划

自动驾驶产业不仅涉及传统的汽车零部件，同时集成先进的汽车传感器以及人工智能、大数据等新兴技术，特别是人工智能和大数据等技术的发展日新月异。美国的 AV1.0 至 AV4.0，日本的《创造战略性革新规划》和《官民 ITS 构想及路线图》都是持续的，通过不断的更新完善来适应技术的快速变化。作为借鉴，我国不但应该对一些重大的产业政策进行及时的更新，还要对实施效果进行跟踪和评估，及时发现问题，并提出对策。

（二） 加快完善法律法规

当前，美国自动驾驶汽车的立法处于统一技术标准和规范管理阶段，自动驾驶汽车的安全、创新、发展、测试和运行由联邦法律统一规范。作为借鉴，为避免我国多样化的地方规范性文件对自动驾驶技术发展造成不必要的阻碍，以推动自动驾驶汽车的创新和发展，保护社会公众的安全，我国应充分征求相关领域的专家和社会各界意见，并进行深度研究后，制定统一的自动驾驶汽车规范标准。

（三） 推进关键技术研发

相比美日欧，我国对智能网联汽车关键技术的掌控能力仍须进一步提升，需更深层次地推进智能网联汽车核心技术研发和产业化进程，并按计划择机择时进行部署。我国智能网联汽车制造及配套体系仍需完善。在我国传统汽车制造领域范围内，智能网联汽车技术产品研发和制造能力方面仍存在很多不足，相关配套体系仍需进行全方位完善。

（四）形成社会普遍共识

美国、日本等通过策划、举办相关活动，一定程度上使民众对自动驾驶有一个正确的认知，避免过度信任或不信任。比如日本以 2020 年东京奥运会、残奥会作为日本自动驾驶技术向世界传播的契机，在一定程度上打通技术、法规、社会接受度三项难关从而实现实用化，形成国际影响力。作为借鉴，我国可以重大国际赛事项目为契机（2022 年北京冬奥会），制定切实有效的实施方案，向世界展示中国自动驾驶的研发实力与产业化进程，从而提升国际影响力。另外，我国也需要精确研究自动驾驶对社会发展的影响，以及对特殊群体的益处，将研究成果向公众公开，以提升社会效率与民众保障。

（五）调整相关配套机制

1. 保险责任

目前我国现行汽车责任方面的保险是对驾驶员驾驶技术和过失责任的审查，随着自动驾驶技术的发展，驾驶员的角色发生了改变。为交通事故购买保险的角色（汽车生产商、系统供应商、车主或是乘客）也需要相应地进行改变。当保险责任从社会大众转移到汽车生产商或系统供应商时，以分摊意外事故损失为基础的保险机制需做出相应调整。

2. 信息安全

在自动驾驶时代，消费者的家庭信息、生活习惯、日程安排和活动范围等个人隐私被泄露的风险越来越大。如何规范智能汽车生产商、系统供应商对消费者个人信息的处理和使用，有效防范网络黑客对消费者信息的非法获取，也是自动驾驶汽车发展中不容忽视的组成部分。

第八章 企业案例

★ 十年铸剑探索前行，一朝出鞘再创辉煌

——一汽智能汽车发展历程

★ 以"北斗天枢"为指引，向智能出行科技公司转型

——长安汽车智能化发展之路

★ 电动＋自动驾驶将开创汽车的未来

——蔚来的智能电动车

★ 小鹏汽车智能化之路

★ 以"四化一高"为指引，向智慧交通运输解决方案提供者转型

——一汽解放智能化发展领航之路

十年铸剑探索前行，一朝出鞘再创辉煌*

——一汽智能汽车发展历程

　　一汽的智能汽车发展历史悠久，其发展历程基本上代表了国内智能驾驶技术和产业化的进程。一汽的智能汽车产业化研究最早可以追溯到 2004 年，至今已有 16 年的历史，研发历程丰富多彩、曲折多致、辉煌生动，这段历程彰显了一汽员工不忘初心、砥砺奋进的精神。本案例将以发展的视角，按照历史的进程将一汽智能汽车研发的历程以三个历史阶段进行全方位的展现。

一、第一阶段——创业/探索阶段（2004～2008 年）

　　新千年开始，人类正式迈入信息化世纪，传统工业化时代必将向信息化时代转变，只有先声夺人，出奇制胜，不断创造新产品、开拓新市场，企业才能立于不败之地。为此，一汽率先开启了智能汽车这一崭新篇章，实现了对智能汽车技术的探索。

　　早在 2004 年，一汽集团就洞悉到汽车智能化、信息化发展的未来趋势，率先与国防科技大学展开技术攻关，在当时红旗旗舰 CA7460 的基础上，开发出了全自动驾驶汽车，并率先在高速公路通过了近百千米的试验获得了成功。由此，一汽成为国内最早开展互联智能汽车技术研究的企业，也率先开

---

　　* 本文资料和数据来自一汽智能汽车。

启了我国智能汽车产业化的序幕。这款完全由国人自主开发的红旗牌无人驾驶轿车能实现 130 千米/小时自动驾驶能力,并具备安全超车功能,控制系统实现小型化(见图 1)。为此,新闻媒体把它称为中国汽车界的"神舟号",各级领导、中外来宾、新闻媒体和各界观众慕名而来。但互联智能汽车关键部件(如车载雷达传感器)、核心控制技术等长期被外资垄断,故国内互联智能汽车未形成应有的产业规模。那时的无人驾驶车只有一辆,且系统的硬件成本为 300 万元人民币,其控制技术包含了一汽研发人员和国防科大多年的投入和积累,价值很难估量。虽然总体技术性能和指标已经达到世界先进水平,然而从理论基础研究到商品化应用还有很长的一段距离。

图 1　一汽无人驾驶车辆红旗 HQ3 实际道路体验

经过近四年的技术升级和产业化研究,2008 年,一汽又推出了基于红旗 HQ3 改装的无人驾驶汽车,该产品无论从车辆传感器的选型还是布置都更加接近量产形态。随着探索的不断深入,一汽清楚地意识到要发展好智能汽车,必须要有系统性的规划,做到规划先行,谋定而后动。为此,由技术总监牵头,十多名经验丰富的专家历经一年左右的时间制定了一汽也是国内最早的智能驾驶发展技术路线:以司乘人员安全为己任,通过主动安全、被动安全技术为主要手段，逐步实现驾驶辅助、智能避撞、零伤亡汽车社会三阶段发展技术路线（见图2）。

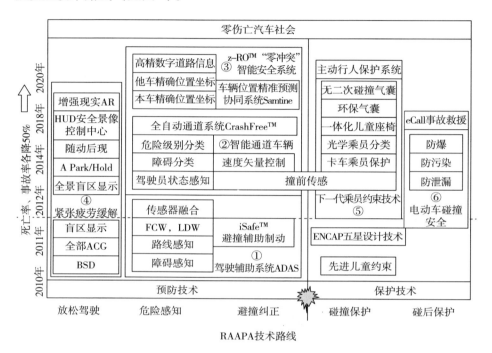

图2　一汽最早提出的智能汽车发展技术路线

经过五年的不断探索，一汽红旗智能汽车研发团队在创业阶段实现了零的突破，除搭建了两代智能汽车原型外，还首次在行业内完成了智能汽车技术发展战略规划，为后续一汽智能汽车良性发展和腾飞打下了重要基础。

二、第二阶段——发展/量产阶段（2009～2016年）

经过第一阶段的创业探索，一汽智能汽车研发团队继续潜心钻研，率先将智能化技术应用在了红旗 H7 高级轿车的量产中，实现了将智能化技术导入国内并实现量产的目标。

按照一汽智能战略规划，2009 年全新开发的红旗 H7 高级轿车（内部代号 C131）聚焦在了汽车智能安全领域，并将目标锁定在当时国外最先进的驾驶辅助系统上，率先将车载摄像头、车载毫米波雷达这些智能化装备配置在汽车上，在机电一体化技术、车内网络技术、车与互联网技术、车车/车路网络技术等五项技术的研究中均取得了重大突破。同时，搭建了当时国内最大最完整的 HIL 整车测试台架、国内最早的智能驾驶高精度定位测试装置 VBOX，实现了从开发到验证全方位破冰，带动了国内智能汽车行业的迁跃性发展。历经四年的开发、测试和验证，应用了具有先进驾驶辅助技术的电子电气网络架构研发成果，红旗 H7 高级轿车于 2013 年正式投放市场，成为国内首款具备智能巡航、紧急制动、偏道预警、防撞预警等 L1 级智能化功能的汽车。全车配备 4 路 CAN 和 2 路 LIN，并在车机上嵌入了一汽的 D-Partner 车联网服务平台（见图 3）。经欧洲权威认证中心 IDIADA 测评，认为其智能化性能与当期国内市场占有率最高的德国某高级轿车水平相当，在个别性能上领先，车辆表现达到与国外先进技术同步。

- 人性化LDW：仅当驾驶员非主观意图变道时给予提醒
- LKP：间接监控驾驶员疲劳状态，及时给予告警
- 全速ACC：提供0~180千米/小时舒适体验
- 双级FCW：可对静止障碍物发出警示
- 智能AB：25千米/小时以下避免碰撞发生
- 主动NV：80米范围内行人显示
- 双模PGS：可实现平行/垂直泊车引导

缩写和全称：
ACC：主动巡航控制系统
FCW：前碰撞预警系统
ABP：主动预制动系统
AEB：主动紧急制动系统
LDW：车道偏离预警系统
LKP：驾驶员状态监测系统
NV：夜视系统
PGS：倒车引导系统
HUD：抬头显示系统
BSD：盲区探测系统

图 3　红旗 H7 智能化功能一览

2015 年 4 月，中国一汽在上海车展上正式发布智能网联"挚途"技术战略，这是立足未来十年、着眼长远发展的一汽互联智能汽车技术战略规划。"挚途"战略的目标为："挚途"1.0 实现基于传感融合的先进辅助驾驶；"挚途"2.0 实现基于"互联网＋"的短时自动驾驶；"挚途"3.0 实现智能汽车的长时自动驾驶；"挚途"4.0 实现基于智慧城市的全自动驾驶。"挚途"战略的发布标志着中国一汽红旗智能汽车已驶出"实验室"，开始向产业化、商品化行进（见图 4）。

挚途技术战略 ——技术路线			中国一汽
	信 息	智 能	服 务
2025+ 挚途4.0	多网融合	自主驾驶零伤亡	智慧服务 D-Partner4.0	FA
2020 挚途3.0	车际互联 车与社会互联	高速代驾 街景导航 人机共驾 状态感知	智慧城市 智能诊断 D-Partner3.0	HA
2018 挚途2.0	在线娱乐 移动互联	手机叫车 自动泊车 编队跟车 预测节能	远程控制 定制服务 D-Partner2.0	PA
2013 挚途1.0	离线娱乐 车内局域网	智能巡航 紧急制动 偏道预警 防撞预警	车队管理 智能配送 D-Partner1.0	DA

图 4 "挚途"战略技术路线

为落实"挚途"战略目标，一汽迅速组建了智能汽车研发团队。这是包括整车设计、系统开发、电控功能开发、试制、试验、信息搜集分析、后台及服务等跨部门多专业组成的联合团队，有清晰的组织架构和任务分工。参与人员近百人，专职人员约 20 人。

有了清晰的战略和稳定的队伍，一汽智能汽车发展按下了快进键。2016

年开始，同步开展"挚途"2.0量产开发和"挚途"3.0技术研发工作，开启了一汽智能驾驶技术快速发展阶段。践行中国制造业发展，实现"两化"融合，"完成转型升级"是一汽"挚途"战略的核心目标。"蓝途"与"挚途"战略的融合，构建了中国一汽"低碳化、信息化、智能化、高品质"的"三化一高"技术创新体系，持续驱动了中国一汽自主品牌创新发展。

基于第一代互联智能汽车"挚途"1.0的研发储备，研发团队面向产品化突破了复杂环境感知、典型路面可通行区域识别、基于人工智能的路径设计、基于大数据的拥堵规避、面向车联网的安全防火墙等关键技术壁垒，梳理了智能驾驶相关子系统的功能架构和信息交互接口，顺利打通了智能汽车由感知到控制再到执行的完整技术链条，并取得了突破性进展——研制出拥有"手机叫车、自动泊车、拥堵跟车、编队行驶"四大功能的红旗"挚途"2.0互联智能概念车（见图5至图7）。

图5　一汽红旗"挚途"战略研发车辆（一）

图 6　一汽红旗"挚途"战略研发车辆（二）

图 7　一汽红旗"挚途"战略研发车辆（三）

"挚途" 2.0 通过对车载传感系统和信息终端的控制实现了人、车、路信息互联，使车辆具备智能的环境感知能力，能够自动分析车辆行驶的安全及危险状态，并使车辆按照人的意愿自行到达目的地。同时探索"车辆 – 道路"设计互动结合的最佳点，并确立传感器最简化设计准则，据此提出 AV 社会专用"智能高速公路网"建设概念，为全社会提升高速公路交通效率和降低油耗做出贡献。

2016 年是"挚途"战略落地的重要阶段，在研产品均新增了智能化 L2 级功能。先后推出红旗 HS7、红旗 EV 等互联智能车型，使广大消费者真正感受到智能汽车技术带来的全新出行体验。

产品化的同时，技术方面也全面发力。一汽先后承接国家级智能汽车科研课题近十项，设立专项课题 20 余项，涉及经费近亿元，极大支撑了智能汽车技术自主攻关。累计形成相关标准 20 余份，申报相关专利 30 余项（授权 1 项），培养了几十名智能化相关人才。同时，积极推进行业交流，进行演讲和论文交流上百次，与国际知名合作商，如博世、西门子、电装、德尔福、美国密歇根大学、IDIADA 等进行了多维度、多层次的交流与合作。此外，为国家领导、国家各部委以及地方各级领导进行智能汽车演示活动百余次，得到了各级领导的一致好评，为推动行业进步和智能汽车发展做出了积极贡献。

一汽集团在积极推进智能汽车产业化发展和技术进步的同时，也注重行业推广：分别与四川省政府、吉林省政府等进行智能网联汽车研发、制造、产品投放与推广战略合作；与中国联通、中国电科、华为技术有限公司等知名央企和民企联合开展智能汽车协同创新技术，共同探索新业务增长点；以产品导向方式，培育了恒润科技、上富电技等一大批质量过硬的自主供应商；与吉林大学、清华大学、国防科技大学、电子科技大学、北京航空航天大学等共同攻克智能网联汽车核心控制技术。

自此一汽红旗智能汽车在产品与科研两个维度实现了全面发展，扎扎实实为下一阶段全面自主开发和智能技术腾飞奠定了重要基础。

三、第三阶段——布局/腾飞阶段（2017 年至今）

2017 年对于一汽来说是意义非凡的一年，作为中华人民共和国第一台汽车的发源地，经过几代汽车人的不懈努力，一汽见证了新中国发展壮大的历史进程。一汽的振兴、红旗的复兴不仅是老一辈汽车人的梦想，更是中国人的梦想。为此，一汽集团的管理者明确提出要抓住全球汽车产业变革和新时期全面深化国有企业改革的机会，坚决做到扛红旗、抓自主、强合作、狠创新、快布局、勇改革，努力实现"打造中国第一、世界一流的出行服务公司"的新要求。

2018 年 10 月 30 日，红旗品牌发布了围绕五化的 R. Flag"阩旗"技术品牌，将打造面向未来的超级绿色智能汽车技术平台，将一汽智能汽车发展规划推向了新的高度。R. Flag"阩旗"技术品牌战略是由红旗 i. RFlag"旗偲计划"、红旗 e. RFlag"旗羿计划"、5f. RFlag"红旗五觉体验"和红旗 m. RFlag"旗麟计划"四大技术规划组成的。其中"旗偲计划"是红旗在智能网联化领域的技术品牌，旨在为用户提供智能的驾乘安全、极致的人机交互、伴侣式舒适体验，不断推出更加智能化、高度自动化、完全自动化驾驶的新红旗产品。一汽红旗智能汽车以旗偲·微笑技术战略为指引，实施"1356"战略，以坚持自主开发不动摇为首要原则，聚焦高速公路、城市道路和泊车三类典型场景，掌控规划决策、协同控制、算法算力、传感融合和高精定位五大核心技术平台，逐步完善 L2 到 L5 级智能驾驶系统、泊车系统和底盘控制系统 6 个产品平台，实现可持续的、迭代升级的创新发展。自此，一汽迈入布局/腾飞新阶段。

一汽不断攻克新技术。在感知融合技术方面，一汽充分利用各种传感器的感知特性，通过不同传感器的信息融合来提高自动驾驶系统的感知覆盖度和感知精度；在规划决策技术方面，通过与地图供应商和导航公司合作，引入成熟的全局路径规划技术，对于局部路径规划技术，采用大数据、V2X、AI 等开发手段，重点突破目标运动趋势的预测；在高精定位技术方面，采取多种定位手段融合的技术路线，在卫星定位信号被遮挡的隧道和室内车库也能获得车辆位置信息；在协同控制技术方面，在实现分布式线控冗余系统的基础上，策划开发整车运动系统的协同控制技术，通过制动、转向、悬架、动力等各子系统的协同控制，来保障自动驾驶的稳定性、舒适性、通过性和安全性。

在全力攻克新技术的同时，基于成熟技术开发的 L2 级自动驾驶车辆已开始大规模量产，L3 和 L4 级自动驾驶通过不断的示范摸索，产品形态也越来越清晰，落地产品纷纷上市。

2019 年 5 月，红旗 HS5 HQ Drive 车型上市，红旗 HS5 的智能主要涵盖辅助驾驶和舒适应用两个方面，开发了 SACC 高级巡航、自动泊车、语音交互等智能化功能。车主只需通过简单的连接操作，就能享受到智慧科技带来的舒适与便利。

同年 7 月，红旗 HS7 车型上市（见图 8），搭载 L2.5 级智能驾驶技术，技术处于国内领先水平。在驾驶辅助方面，自主开发的自动泊车、高级巡航、拥堵跟车等功能可在一定情况下取代驾驶员实现部分自动驾驶功能。2019 年 8 月 18 日，一汽红旗推出了旗下首款纯电 SUV E－HS3，增加了手机一键遥控出/泊车功能，实现了无人驾驶功能首次量产落地。

同年，作为一汽 L4 级无人驾驶技术代表的红旗电动小巴、红旗 H7－PHEV 和红旗 Robotaxi 原型车在博鳌亚洲论坛亮相，邀请与会的国内外人士共同体验了"自动泊车""行人横穿提醒及避让"等"黑科技"功能。其中，红旗智能小巴是一汽专门为类似智能网联示范区开发的一款封闭特定区域使用的 L4 级自动驾驶旅游观光车。它最大的特点是取消了驾驶区，实现了真正意义上的无人驾驶。经过对机舱的优化，使乘员舱的空间最大化。同时设置了 AI 机器人，可与乘客进行语言交互，还能轻松地为嘉宾提供讲解。红旗智能小巴为了保障乘员安全，融合了卫星、雷达、图像等多种定位方式使车能在正确的车道内行驶，配置了多重冗余的制动系统保证车辆全程安全可控（见图 9）。

图 8 红旗 HS7 车型

图 9 红旗电动智能小巴园区运行

红旗 Robotaxi 搭载了多线激光雷达、智能摄像头、毫米波雷达、高精度定位等 20 多个传感器，最远可探测到 200 米以上距离。可自动识别红绿灯，感知车辆周边环境，检测识别障碍物。组合导航能精准定位车辆和航向，车内配备 3 台触控平板，汽车尾箱放置车载数据处理器。车载设备将感知到的信号传入数据处理器，数据处理器计算后向汽车发布相应指令，以实现高度自动驾驶。一汽在该车型基础上，打造了国内首个量产 L4 级自动驾驶出租车 Robotaxi 红旗 E·界，并投放使用（见图 10）。

图 10 红旗 Robotaxi 实车试验

2020 年上市的红旗 H9 车型具备了 L2.5 级智能驾驶功能，能够实现 APA 自动泊车、SACC 高级巡航等 19 项智慧功能，创领网联交互新体验。其中的全自动泊车系统在 E - HS3 的基础上进行了全面升级，实现了系统优化、功能提升与软件升级：在原有方案的基础上增加两个长距超声波雷达；实现了自动识别车位模式、倒车出车、一键式泊入泊出等功能，给用户提供了更加精简的操作流程与便捷的泊车体验；自主研发了轨迹动态规划、车位闭环监测等算法，使整体泊车成功率提高 15%，泊车精度提高 20%，可泊入最小车位尺寸缩小 10%，达到国内领先水平。红旗 H9 车型荣获国内首批智能网联汽车产品 CL2 级智能泊车认证证书，助力红旗打造成民族豪华品牌（见图 11）。

图 11　红旗 H9 车型

2020 年 9 月，红旗 E－HS9 车型 HQ AutoDrive 自动驾驶系统全功能产品璀璨上市（见图 12），它是世界首款具有全冗余电子电气架构和全冗余底盘的 L3 级自动驾驶系统，搭载 26 颗高性能异构传感器组成多传感器数据融合系统，自动驾驶控制器达到功能安全最高等级 ASIL－D。自主攻克智能换道轨迹规划技术、行驶路径冗余判断技术、基于地图定位的驾驶行为规划与预测技术等 30 余项核心技术，累计申请相关专利超过百项。HQ AutoDrive 自动驾驶系统统筹了 40 余个相关控制器，每 10 毫秒收发信息超过 4000 条，处理指令超过 160 万条，可为用户带来极致性能体验的自动驾驶技术，也是一汽智能汽车划时代的产品。

图 12　红旗 E – HS9 车型

一汽智能汽车研发团队攻坚克难是被行业甚至国际所肯定与认可的，团队荣获新一代人工智能产业创新重点任务入围揭榜单位称号、i – VISTA 自动驾驶汽车挑战赛 – 城市交通场景挑战赛优胜奖奖励、第三届智能驾驶挑战赛 – 无人驾驶高速公路赛领先奖励等多项荣誉。通过四年的努力，团队申请智能汽车相关专利近 300 项，其中发明专利 227 项。

一汽历经岁月沉淀与技术革新，目前已构建了"七院七司"的研发体系，形成了"三国六地"全球研发布局，在智能汽车方面以一汽红旗总部为核心，建立一汽美国分公司和一汽南京分公司共同努力突破新技术。对于尚在研发阶段的 L4 级 HQ AutoDrive Pro 系统及车辆，一汽采用小批量示范运营的方式，进行技术成熟度和商业模式接受程度的验证，并同时培育和推动智慧出行产业生态建设。一汽与长春市政府正在共建的"旗智春城"示范区，一期工程已完工，投入智能驾驶车辆 10 余台；二期工程也即将开始，规划了近百千米的示范道路和几百台车。

按照"十四五"规划，一汽力争用五年左右的时间在智能网联领域全面引领，实现从单车智能到车路协同智能以及智慧出行的全面提升，突破包括高精定位感知、识别、V2X 车路协同、人工智能、SOA 架构与软件等在内的 12 项核心技术，联合产业资源，共同搭建智能网联产业生态，力争在 2025 年左右实现 L4 级全面量产普及，努力支撑一汽转型发展的要求，也为社会提供更加安全、更加智能、更加便利的出行方案。智能驾驶技术的蓬勃发展和新基建的持续推进，为自动驾驶的发展和城市的升级改造提供了千载难逢的机遇，一汽智能汽车开发团队愿与同行、供应商、政府抓住机会，秉承开放、合作、共享、共赢的原则，打造智能驾驶的优良产业生态，同心协力推进自动驾驶技术早日落地！

以"北斗天枢"为指引，
向智能出行科技公司转型 *
——长安汽车智能化发展之路

1885 年，世界第一辆汽车诞生。在漫长的百年历程中，汽车的形态经历了通过内燃机、传动轴等机械装置，实现能源的转化和驱动力的传导的机械化时代；经历了自动变速箱等自动化装置在汽车上大量应用的电气化时代。迈入 21 世纪，随着移动互联网、大数据、人工智能等前沿信息技术的不断植入，汽车已经开始进入第三个时代，即智能化时代。

以自动驾驶技术为核心的智能网联汽车，则是国际公认的未来发展方向和关注焦点之一，不仅可以升级汽车产品与技术，更将重塑汽车及相关产业全业态和价值链体系。智能汽车也是中国汽车产业实现"换道超车"、由大变强的重要发展方向，是智慧城市、绿色交通等颠覆性业态的基础载体。国家《智能汽车创新发展战略》和《车联网（智能网联汽车）产业发展行动计划》等政策已明确了智能汽车的战略地位和重大意义。

一、以远见卓识，起航智能化之路

早在 2009 年，长安汽车已经意识到了自动驾驶技术的重要性，就在这一年，长安汽车开始了自动驾驶的整体布局和规划，并开始组建团队，立项

---

* 本文资料和数据来自长安汽车。

研发智能网联汽车。第一代车辆平台是基于长安志翔平台，2011 年实现了自适应巡航控制（ACC）、自动紧急制动（AEB）、车道偏离预警（LDW）等功能的原型开发，掌握了这些系统的基本原理和控制算法。

在原型开发完成后，长安汽车在国内率先开展产业化应用，从标准解读、行业对标、验证体系建设三个方面展开量产设计和验证的准备工作。通过团队的不懈努力，长安汽车快速建立了国内首个车道偏离暗箱测试台架，从无到有建立起智能网联汽车测试评价体系。到 2015 年，建成了能面向 Euro NCAP 测试和量产验证的驾驶辅助系统的测试验证体系。

二、快速量产，实现国际一流水准

2013 年，长安汽车在睿骋上搭载标清全景（AVM）。2015 年，长安汽车在 CS75 上实现了并线辅助（LCDA）车道偏离预警（LDW）量产。2016 年，长安汽车在睿骋上实现了全速自适应巡航控制（ACC）量产。随后在多个车型上实现自动紧急刹车（AEB – C/I/P）、前碰撞预警（FCW）、半自动泊车系统 APA2.0、追尾预警（RCW）、交通标志识别（TSR）、行车记录仪（DVR）、高清全景（AVM）等 14 项以上技术首次量产开发，其中并线辅助（LCDA）、追尾预警（RCW）、交通标志识别（TSR）、高清全景（AVM）、行人自动紧急制动（AEB – P）等六项技术做到了中国品牌首发，各系统性能均达到国际一流水平。

2018 年 3 月 20 日，长安汽车在 CS55 上国内首次量产 L2 级集成式自适应巡航控制 IACC，成功实现单车道自动辅助驾驶，并有交通拥堵辅助驾驶、车道保持辅助、自动减速过弯、智能限速辅助等功能。紧随其后，2018 年 4 月，长安汽车在 CS75 上首次量产了 L2 级自动驾驶核心技术 APA4.0 代客泊车系统。该系统全程基本不需要驾驶员操控车辆，可实现主动搜索车位、一键泊车、遥控泊车等功能，适用于水平泊车、垂直泊车、斜列式泊车、水平泊出等场景。

在中国汽研2018年发布的i–VISTA中国智能汽车指数中，长安汽车CS75凭借先进的技术、优异的表现，在自适应巡航控制（ACC）、自动紧急制动（AEB）、盲区监测（BSD）、自动泊车辅助（APS）等多个测试环节均获得了四加"＋＋＋＋"优秀评价，以总分42.7分，超越奔驰C级、宝马3系等车型，在25款测试车型中，排名第一！并且在2019年的i–VISTA中国智能汽车指数中，CS75 PLUS更是以总分48.1分、五项全优的成绩获得测评第一。

三、勇于探索缔造历史成就

目前在智能驾驶领域，长安汽车已经取得了长足的发展，创造了令人瞩目的成就。其中，L1级驾驶辅助技术已在长安汽车得到普及应用，L2级自动驾驶核心技术IACC则实现了中国首发量产，并已搭载CS55、CS35 COUPE、CS95等产品上市。而最新开发的APA5.0系统，也在CS75 PLUS、UNI–T等车型上得到搭载。相比此前，APA5.0可实现划线车位泊车、遥控自动泊车、近距离自动搜索车位、倒车自动辅助制动等更多功能，便利性和智能化程度极大提高。

2016年4月，长安汽车睿骋无人驾驶汽车完成从重庆到北京的2000千米无人驾驶测试，实现中国首个长距离汽车无人驾驶。在此次测试中，融合多个毫米波雷达、摄像头、激光雷达、超声波传感器和地图的单车道自动驾驶和自动换道等多个自动驾驶功能在真实的环境中得到有效检验，为后续工程开发和性能匹配提供宝贵的实践经验。

2017 年 7 月，长安汽车完成国内首次远程代客泊车系统展示，驾驶员只需要通过手机 APP 就可以实现车辆自动寻找车位、自动停车、锁车及自动取车，也可通过手机或者平板电脑远程控制寻找车位、自动锁车。

2018 年 1 月，长安汽车通过感知定位和决策控制升级，国内首次将自动驾驶、自动泊车、远程控制、V2X 技术深度融合，完整实现网联式城区自动驾驶的全功能。凭借领先的技术优势在 i－VISTA 中国自动驾驶汽车挑战赛中，长安汽车获得 APS 自动泊车挑战赛和自动驾驶商业化进程挑战赛 2 枚金牌、AEB 自动紧急制动系统挑战赛 1 枚银牌，综合成绩排名第一。同年 11 月，55 辆搭载长安自动驾驶技术的 CS55 车队以自动驾驶模式巡游 3.2 千米，创下全球首次"最大规模的自动驾驶车巡游"吉尼斯世界纪录。充分验证了长安汽车自动驾驶的稳定性和可靠性。

2020 年 3 月，长安汽车再次创造历史，实车发布了中国首个达到量产状态的 L3 级自动驾驶核心技术——交通拥堵自动驾驶（Traffic Jam Pilot，TJP）。长安汽车完全自主开发 L3 级自动驾驶系统，包括系统工程、感知融合、规划决策、控制执行、功能安全、人机交互、测试评价七大领域，对系统需求、设计、开发和验证相关文档、技术和代码拥有全部自主知识产权，系统、软件、管理和支持等所有过程达到 ASPICE CL2 水平。目前，长安汽车 L3 级自动驾驶技术已具备量产能力，待相关法律法规开放后进行量产。

不止于此，在更为复杂的 L4 级网联式城区自动驾驶领域，长安汽车也处于国内领先。2018 年 8 月重庆智博会期间，长安汽车在国内首次完整实现新"四化"（电动化、智能化、网联化、共享化）下的 L4 级自动驾驶示范运营。2019 年 7 月，长安汽车携新一代 L4 级自动驾驶车辆在仙桃数据谷启动公共道路 Robo Taxi（自动驾驶出租车）示范运营，成为首个入驻 5G 自动驾驶公共服务平台的车企。长安汽车首次实现在公共道路场景下的自动驾驶。

在运营区域，可提供 Robo Taxi（自动驾驶出租车）服务和公交化运营服务，实现实时线路行驶、停车避撞、信号灯 V2X 互联及控制、跟随行驶、室外全自动泊车、公共交通流变更车道、公共交通流静态绕障、公共交通流路口转弯、掉头等功能。目前已有 1.2 万人次乘坐和体验，总行驶里程达到10 万千米，收集 30 万条数据。未来，长安汽车还将在全国布局 L4 级自动驾驶示范运营，比如乌镇、雄安新区等。

除在智能驾驶领域的卓越成就，长安汽车在智能交互以及智能网联领域也收获颇丰，不仅在国内首发智能语音 3.0——"小安"智能语音秘书，实现主动唤醒、个性化设置、语音打断、天窗控制等功能，已在 CS95、新CS75 等车型上搭载；并且长安汽车还与腾讯深度合作，在 2019 年智博会完成了车载微信的全球首发。

长安汽车还研制出具有自主知识产权的车联网系统样机，其中 inCall3.0（智能车载娱乐系统）与 T－box（智能车载联网系统）已实现远程控制、手机互联等 50 项功能，inCall 系列产品实现全平台车型搭载。2019 年 4 月，inCall APP 和音频平台喜马拉雅、酷我音乐携手合作，为注重品质的消费者带来智能控车的出行体验。同时，长安汽车还率先在国内实现智能人－车－生活功能量产，以云端为中心，打通长安、京东、科大讯飞后台建立三端互联，通过三个语音入口（手机、车机、智能家居）实现集人、车、智能家居为一体的智能人车生活体验。

四、设立软件中心建设协同研发

2018 年，长安汽车正式对外发布"北斗天枢"智能化战略，通过"4 +

1"行动计划助推长安汽车从传统汽车制造企业向智能出行科技公司转型。2020年6月，"北斗天枢"智能化战略核心板块，长安汽车软件中心正式落户重庆。这是长安汽车创新发展的又一里程碑，也是首家国有大型车企设立的独立软件公司。根据规划，长安汽车软件中心将高度聚焦智能驾驶、智能座舱、智能车控、智能车云等软件研发，致力于革命性地为用户提供极致的驾乘体验，从而实现人、车、生活完美互联。

未来，长安汽车软件中心将集中资源打造整车操作系统平台，建立"5＋1＋5＋1"的核心能力，即：5大应用对象（驾驶、车身、座舱、云平台、大数据和人工智能）、1个整车操作系统、5大软件基础能力开发（软件需求设计、软件架构与接口设计、软件迭代开发及测试、操作系统的编译集成、操作系统定制化开发）、1个软件体系，并应用AI、大数据、5G/车联网、自动驾驶等领域新兴技术，建设云服务集成、大数据管理、车软硬分离、AI算法开发等技术能力。

预计到2020年底，长安汽车将率先实现自动驾驶L3级的量产，完成长安标准化座舱操作系统的开发和搭载；2021年，将实现基于服务的智能车控软件平台的量产，以及云端学习成长平台的开发，提升软件复用度，降低开发成本；到2025年，将实现自动驾驶L4级的量产，将软件能力打造成公司核心竞争力。未来，长安汽车全球软件中心将和智能网联汽车产业链企业深度合作，带动人工智能、大数据、5G等相关产业快速发展。实现将软件能力打造为核心竞争力，助力公司实现智能出行科技公司转型，最终实现"软件定义汽车"的目标。

而早在软件中心成立之前，长安汽车智能化就已形成以中国重庆本部、美国中心两国两地的研发布局，支撑长安汽车"六国九地"的全球协同研发格局。重庆智能化研究院与美国底特律智能化研发中心分工定位明确，中国重庆本部主要进行系统整合、工程化开发及试验验证，美国中心进行前瞻技

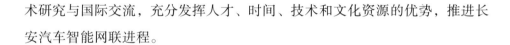

术研究与国际交流，充分发挥人才、时间、技术和文化资源的优势，推进长安汽车智能网联进程。

五、制定标准打破长期垄断

行业贡献方面，长安汽车完成了国家 V2X 应用层标准《合作式智能运输系统　车用通信系统　应用层及应用数据交互标准》的制定工作，该标准已经在各整车厂、各终端和芯片商开始实施。牵头国家标准《汽车驾驶自动化分级》，完成 ADAS 和自动驾驶工作组意见征集。牵头《乘用车紧急转向辅助系统性能要求和试验方法》，并参与 ADAS 术语、交通拥堵辅助、泊车辅助、全景、全速自适应巡航等 20 项国家标准的编制工作。

2020 年 9 月，由长安汽车主导的首个中国汽车多媒体国际标准《汽车多媒体网络用例及要求》在瑞士日内瓦国际电信联盟（ITU）第 16 次研究组全体会议上顺利审议通过，将在经过全球公示后正式发布。长安汽车作为汽车自主品牌领军企业，深入研判汽车产业发展趋势，致力于智能网联汽车领域关键、前沿技术研究，始终代表国家，在国际对应领域发挥影响力。

作为中国自主原创、主导制定的汽车多媒体领域首个国际标准，该标准核心采用中国自主创新的"5G＋卫星天地一体"网络深度融合技术，打破了欧美日韩在汽车电子领域的长期垄断，标志着中国多媒体融合技术开始走向世界，积极参与国际分工与协作、逐步取得领先。

六、强强联手共谋发展

在取得众多成绩同时，长安汽车还联合华为、腾讯、百度、恩智浦、博世等世界一流企业打造北斗天枢战略联盟，通过打造开放式共享智慧研发平台，构建涵盖智能驾驶、智能网联两大产业生态的北斗天枢智能化联盟，实现合作共赢。2017 年 3 月 14 日，长安汽车与科大讯飞签署战略合作协议，双方在智能语音与人工智能领域开展全面合作；4 月 9 日，长安汽车与蔚来汽车签署战略合作协议，将与蔚来汽车在智能网联新能源汽车领域开展全面且深入的合作；4 月 19 日，长安汽车与英特尔签署战略合作协议，双方将在计算、感知、通信、存储和交互等多方面展开合作，共同促进汽车智能化领域的科技创新与战略发展；8 月 25 日，长安汽车与恩智浦签署战略合作协议，双方将在新技术研发与应用方面展开深度合作，共同定义芯片设计，推动行业标准的制定与新技术的应用，打造具有行业持续竞争力的长安车载智能化平台；10 月 13 日，长安汽车与阿里巴巴在 2017 杭州·云栖大会上签署战略合作协议。双方将结合各自技术优势，资源共享，树立智能网联、智慧出行和智能交通等领域的新标杆，共同促进智能化领域的科技创新与战略发展。

2018 年 1 月 11 日，长安汽车与中国移动、中移物联、华为签署战略合作协议，全面开展 LTE－V 及 5G 车联网联合开发研究；4 月 12 日，长安汽车与腾讯签署智能网联汽车合资合作协议，成立梧桐车联合资公司，致力于在车联网、大数据、云计算等领域打造开放平台，为全行业提供成熟、完善的车联网整体方案。这是继 2017 年 6 月，双方战略合作以来的进一步深层次合作，促进了智能网联汽车的快速发展；8 月 23 日，长安汽车与百度就自动驾驶、车联网等方面签署战略合作协议。这是继 2016 年双方达成"智慧汽车"战略合作、2017 年长安汽车加入阿波罗计划后，双方在智能化出行领域的再次深度聚焦合作。

2019 年 1 月 15 日，"长安—华为联合创新中心"正式揭牌成立，这是 2018 年 7 月双方签署战略合作协议后的阶段性重大成果落地。双方将在智能化领域，就 L4 级自动驾驶、5G 车联网、C－V2X 等 10 余项前瞻技术开展全面深入合作；在新能源领域，共同打造国际一流、中国领先的智能电动汽车平台，共同打造全新的用车生态；4 月 9 日，"长安－腾讯联合创新中心"正式揭牌成立，双方将围绕车主生态、自动驾驶、网络安全、大数据、新零售及后市场等多个领域开展深入研究，探索互联网和汽车产业链的新合作模式，建立产品智能网联能力、新零售直通直联能力、千万级客户经营能力、车生活价值升级能力四大核心能力。

同时，长安汽车以国家创新平台为基石，与一汽、东风等整车企业共同推进战略合作，在前瞻共性技术创新、汽车全价值链运营等领域开展全方位合作；深化产学研合作，融合清华大学、北京理工大学、重庆大学、中国汽研等高校和科研院所，在自动驾驶、大数据等领域开展创新合作；建立面向自动驾驶的协同创新供应商体系，带动驾驶安全、传感器、线控底盘等传统领域供应商进行升级，共同推动中国汽车向智能化方向发展。

七、开放融合 创智能未来

自 2018 年发布第三次创业－创新创业计划以来，长安汽车以打造世界一流汽车企业为目标，以创新为驱动，将效率和软件打造为组织核心竞争力，着力推动四大转型，助力向智能出行科技公司转型。如今，长安汽车以智能驾驶、智能网联、智能交互三大领域技术为支撑，分阶段打造智能汽车平台。当前，长安汽车已掌握三大领域 200 余项智能化技术。同时，已实现 IACC、APA5.0、智能语音、飞屏互动等 70 余项智能化功能在量产车型上的搭载，其中 21 项为国内首发。未来，长安汽车将以更加开放的心态拥抱合作伙伴，以更加务实的态度推动跨界融合，在智能化领域，积极与各方开展合作，实现价值共享，着力打造更加网联化、共享化的智慧出行生态圈，助推中国品牌坚定向上。

电动 + 自动驾驶将开创汽车的未来[*]

——蔚来的智能电动车

一、关于蔚来

蔚来是一家全球化的智能电动汽车公司，于 2014 年 11 月成立。蔚来致力于通过提供高性能的智能电动汽车与极致用户体验，为用户创造愉悦的生活方式。蔚来在上海、合肥、北京、圣何塞、慕尼黑以及牛津等全球多地设立研发与生产机构；在中国市场初步建立了覆盖全国的用户服务体系（见图 1）。

图 1　蔚来智能电动汽车

2015 年，蔚来车队获得国际汽联电动方程式锦标赛历史上首个车手总冠军；2016 年，蔚来发布全球最快电动汽车之一的 EP9，创造了纽博格林北环

---

[*]　本文资料和数据来自蔚来。

等国际知名赛道最快圈速纪录以及最快无人驾驶时速世界纪录；2017 年，蔚来发布了概念车 EVE；2018 年 6 月 28 日，蔚来开始正式向用户交付智能电动旗舰 SUV 蔚来 ES8；2018 年 9 月 12 日，蔚来在纽约证券交易所上市；2018 年 12 月 15 日，智能电动全能 SUV 蔚来 ES6 正式上市；2019 年 6 月 18 日，蔚来 ES6 正式开启用户交付；2019 年 12 月，蔚来正式发布了智能电动轿跑 SUV 蔚来 EC6，全面升级后的智能电动旗舰 SUV 蔚来 ES8 焕新登场；2020 年 4 月 19 日，全新蔚来 ES8 正式开启用户交付；2020 年 4 月 19 日，全新蔚来 ES8 正式开启用户交付；2020 年 4 月 29 日，蔚来中国总部落户合肥经济技术开发区。

蔚来拥有独立研发的三电及智能化六项核心技术，包括电池包、电机、电控、智能网关、智能座舱、自动辅助驾驶系统（见图 2），是目前全球"唯二"、中国唯一的独立研发"三电"和"三智"的整车厂商。

图 2　独立研发三电和智能化六项核心技术

二、智能驾驶

（一）蔚来智能驾驶团队介绍

蔚来汽车在中国上海和美国圣何塞设立了智能驾驶研发中心。全球有近三百名顶尖的智能驾驶工程师，开展环境感知、数据融合、路径规划、车辆控制、深度学习、高精地图定位、仿真模拟及数据平台等智能驾驶系统技术研究，旨在自主开发面向全球市场的、给予用户自由空间、融入驾驶环境的电动车智能驾驶系统。

蔚来智能驾驶研发中心的工程师具有丰富的行业经验，来自苹果、特斯拉、WAYMO、通用、INTEL 等企业。

（二）自主开发的理念与路径

蔚来在电池、电机、电控、智能驾驶、数字座舱、智能网关方面均采用正向开发的模式，掌握核心科技是蔚来至关重要的战略选择。在智能驾驶方面，如果蔚来仅是使用一级供应商的技术（如博世、Conti），蔚来或许可以稍早交付使用，但这个系统不属于蔚来，对于蔚来是一个"黑盒子"，蔚来永远不可能领先行业水平或提供超越用户期待的使用体验。因此蔚来选择了正向开发的技术路线。

蔚来将掌握核心科技作为重要战略选择，智能驾驶的控制算法、底层软件、域控制器、三目摄像头等均为蔚来中国和北美团队正向研发。

相比于"汽车厂商 OEM ＋智能驾驶整体解决方案提供商"的合作模式，蔚来自主开发的智能驾驶系统会用更高的效率迭代出更符合用户体验的智能驾驶系统（见图3）。

图3　自动驾驶技术的不同研发路径

（三）NIO Pilot 硬件简介

蔚来目前量产的 ES8 和 ES6 车上已经具备了 SAE L2 级别的高级辅助驾驶能力——NIO Pilot。

蔚来自主研发的 ADAS 域控制器，是国内首个整车厂量产 ADAS 域控制器，集成了全球首发的 Mobileye EyeQ4 视觉识别处理 SoC 平台，执行深度处理图像数据、运行识别算法和高速传输信号等任务，具有极强的计算性能，其处理能力相当于目前搭载于奥迪 A8 上的 EyeQ3 芯片的 8 倍，响应时间为 20 毫秒。该控制器经过了大量实车验证，既能满足每秒超过 2.5 万亿次浮点运算的超高强度要求，还符合车用系统芯片 5 瓦左右的低能量消耗标准（见图4）。

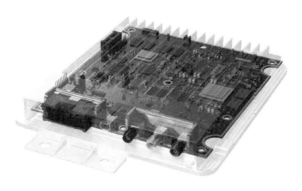

图 4　蔚来自主研发的 ADAS 域控制器

蔚来全系车型标配全球领先的高性能感知系统，包括自主研发的三目摄像头，遍布在车身周边的 5 个毫米波雷达和 12 个超声波传感器等，形成全方位的感知系统。其中，三目摄像头由负责一般道路状况监测的 52 度主摄像头、负责探测远距离目标的 28 度远距摄像头、负责探测短距离插队车辆的 150 度广角摄像头组成，在识别目标过程中视觉感知更广、更精确。雷达采用博世第四代中距毫米波雷达，探测距离 150 米。NIO Pilot 通过传感器融合算法融合不同传感器的信息，优势互补的同时带来一定的冗余，获得更强的环境感知，即在毫米波雷达对纵向信息比较敏感、摄像头对横向信息比较敏感的情况下，结合两者信息输出更精确的目标车辆运动姿态（见图 5）。

图 5　NIO Pilot

（四）NIO Pilot 功能简介

NIO Pilot 可实现如高速自动辅助驾驶、拥堵自动辅助驾驶、转向灯控制变道、全自动泊车系统、全速域自适应巡航、道路自动保持、道路标识识别、前方两侧来车预警等 20 余项功能，帮助驾驶者进一步提升了出行体验的安全感和舒适性，实现了具有行业领先的高级辅助驾驶体验。

此外，NIO Pilot 支持 FOTA 远程升级传感器、控制器、执行器，使高级辅助驾驶功能可以持续学习，性能始终保持世界先进水平。自 2018 年 10 月至 2020 年 7 月，NIO Pilot 共迭代了九个版本，并且将在未来释放更多更具吸引力的功能。

截至 2020 年 7 月，NIO Pilot 在中国、美国、德国做的性能优化及专项验证已超过 150 万千米，整车测试超过 300 万千米，Mobileye 视觉验证超过 4000 万千米。

高速自动辅助驾驶和拥堵自动辅助驾驶上线一年后，用户行驶里程累计超过 6000 万千米，行驶时间累计超过 85 万小时，单车行驶最长里程高达 6 万千米。

蔚来会坚定地走自主正向开发的路线，从辅助驾驶到无人驾驶是一个比较长的过程，当前随着技术的进步，NIO Pilot 的功能适用的场景会越来越多，逐步向更高级别的无人驾驶前进。

图 6 为 NIO Pilot 重要功能迭代历程。

（五）适应中国场景

蔚来的 NIO Pilot 自动辅助驾驶系统和合资或外资品牌不同点在于，蔚来的系统是基于中国道路和驾驶环境进行开发的，针对中国大部分的场景进行了深入的分析和优化。比如，道路中有汉字干扰：NIO Pilot 测试中曾在广州遇到地上写了"佛山"二字，"佛"字的单人旁会被误识别为车道线，导致本车异常转向，NIO Pilot 针对这种情况做了优化；有些不规范的道路：例如地上有乱线，NIO Pilot 会过滤一部分，尽量避免受其干扰；有些分道的选择：根据当前交通流，选择一个主交通流方向，NIO Pilot 根据国内车道做了些特别处理（见图 7）。

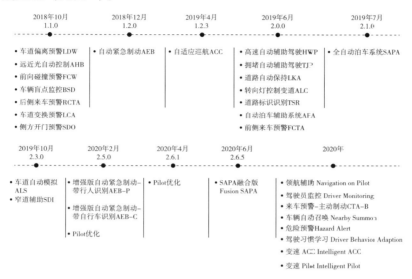

图 6　NIO Pilot 重要功能迭代历程

图 7　NIO Pilot 适应中国场景（一）

再比如中国的十字路口，左转弯车道通常有延伸出来的待转线，这种标线容易对跟车过路口的自动辅助驾驶车辆产生误引导，出现方向乱打的情况。NIO Pilot 针对此类场景特别做了优化处理，使在无车道线跟车过路口的情况下，车辆的控制更加稳定（见图8）。

图8　NIO Pilot 适应中国场景（二）

在即将释放的领航辅助功能中，NIO Pilot 也根据中国交通流的特点，在确保安全的原则下，适当提高上下匝道、连接道路的控制速度，与大多数周边车辆保持相近车速，更符合中国人驾驶习惯。在高速主路行驶时，针对存在的低速车长期占据最左侧超车道的现象，NIO Pilot 会尝试向右变更车道，以避开不文明行车的情况。另外，针对城市高架、环路某些车道拥堵、大车排队的现状，在贴近拥堵车道的一侧，NIO Pilot 也会根据右方车流低速排队行驶的情况，在经过此类路段时，适当降低本车车速，使自动辅助驾驶车辆更加符合驾驶员预期。

（六）蔚来无人驾驶简介

2016 年 10 月，蔚来获得由美国加州政府颁发的无人驾驶汽车测试牌照，与谷歌、特斯拉等企业一道，成为早期获得该牌照的公司。蔚来汽车的无人驾驶技术能力获得认可，跻身硅谷无人驾驶技术研发第一阵营。

2017 年 2 月，蔚来 EP9 创造得克萨斯美洲赛道 257 千米/小时的无人驾驶速度纪录，成为全球最快无人驾驶汽车，成功验证了 EP9 所应用的前瞻性整车电控架构及传感器系统布局，即使在超高速情况下依然可以实现无人驾驶系统对车辆的精准操控，证明了无人驾驶是未来的趋势。

2018 年 3 月，蔚来获颁中国首批智能网联汽车道路测试号牌（见图 9）。

图 9　蔚来获颁中国首批智能网联汽车道路测试号牌

2018 年 11 月，蔚来获颁北京首张整车企业 T3 级别智能网联汽车道路测试号牌。

获颁牌照是对蔚来无人驾驶技术研发实力的认可。同时，也为蔚来的道路测试提供了法律保障和法规依据，大大促进了蔚来无人驾驶系统的研发。

蔚来汽车无人驾驶系统是在量产车上加装了多个激光雷达和环视摄像

头，融合车辆自身的传感器，利用多传感器融合及深度学习技术实现复杂场景下多种类、多目标的环境感知，并对障碍物进行行为预测，同时配备 V2X 设备，与云端路端进行信息交互，进行实时自适应路径规划，通过车辆控制单元、电子助力转向等控制器进行实时控制，从而可以实现各种复杂场景下的无人驾驶功能（见图 10）。

图 10　蔚来汽车无人驾驶系统在量产车上加装多个激光雷达和环视摄像头

基于深度学习的感知算法能够快速准确地感知环境中的车辆、行人、自行车等物体的位置、速度、航向等信息，多源传感器信息的融合充分发挥了不同传感器的优势，保证了环境感知的准确性和可靠性。利用高精度传感器采集的数据结合定制化的特征定位图层，以及提取的道路元素、车道级几何和拓扑完成高精地图系统的创建。所得到的高精度地图可以为车辆提供大范围的精确详细的全局道路信息，通过融合高精度组合惯导和基于传感器融合的感知定位，获得可靠的厘米级定位信息，为车辆规划和控制提供保障。

蔚来搭建了强大的仿真测试平台，可以通过构建虚拟测试场景，回灌现实采集数据等方式模拟场景，进行大规模快速的软件性能测试，提高了开发效率，降低了测试成本（见图 11）。自主研发的测试数据平台完成了所有智能驾驶测试车辆和量产车辆的数据收集和管理，利用车辆在线标记和分析后的数据进行统计，可以有针对性地进行开发以及进行数据标注和训练。

图 11　蔚来搭建仿真测试平台

（七）无人驾驶演示项目

在 2019 年 3 月的博鳌亚洲论坛期间，蔚来汽车展示了无人驾驶技术，与华为合作进行 5G 与 V2X 功能的示范展示，成为国内首个使用 5.9G 5G 网络实现无人驾驶的成功案例，期间接待了包括省部级领导在内的各级领导的试乘。

2019 年 4 月至 10 月，蔚来与 EVCard 合作开展"最后一公里"示范项目，针对自动泊车新技术和分时租赁新模式相结合的应用，建设了"自动泊车 + 自动充电 + 分时租赁"智能交通示范项目，实现了远程召唤租车、便捷点还车等示范运行。

无人驾驶车辆可实现在园区内手机 APP 下单召唤车辆、车辆无人驾驶至取车点、代客泊车、自动充电等先进功能（见图 12）。

在 2019 年 9 月世界智能网联大会上，蔚来展示无人驾驶车辆及在半封闭园区的无人驾驶演示，上海市吴清副市长参观蔚来无人驾驶车辆（见图 13）。

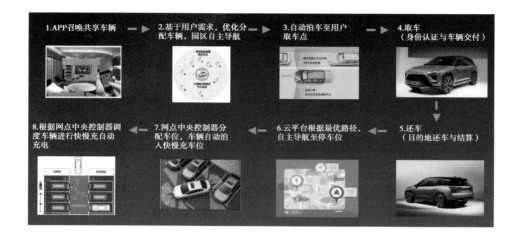

图 12　无人驾驶车辆 APP 使用

图 13　蔚来无人驾驶车辆展示

在 2019 年 10 月全球未来出行大会上，蔚来无人驾驶车辆作为接驳车辆，为参加大会的各位领导嘉宾提供无人驾驶接驳服务（见图 14）。

2019 年 11 月，蔚来无人驾驶汽车 ES8 在武汉进行了演示活动，武汉首批蔚来车主体验了一把最新的蔚来无人驾驶技术（见图 15）。在长达 6 千米的试乘体验中，无人驾驶可以实现自动识别红绿灯和行人以及障碍物进行刹车变道等功能，同时可以监控车辆周围 200 米范围内的一切事物。准确对道路上的情况进行识别和采取行动，受到了蔚来车主的一致好评。

图 14　蔚来无人驾驶车辆提供接驳服务

图 15　蔚来无人驾驶汽车 ES8 在武汉的演示活动

三、智能座舱

（一）蔚来对智能座舱的理解

智能座舱承担了绝大部分汽车与用户的交互任务，蔚来的理念是为车主创造愉悦生活方式，座舱产品设计也是以体验为导向——打造精致且富有科技感的移动生活空间。具体来说，蔚来汽车从视觉、听觉、嗅觉、触觉、情感五个维度来创造愉悦的体验感：

（1）视觉：11.3 英寸，1400×1600 分辨率的高清中控大屏，1000nit 亮度，窄边框视网膜屏。1600×600 分辨率的高清仪表盘。480×240 分辨率的 HUD，以及小 NOMI 440×372 分辨率的"脸"。

（2）听觉：在线音乐支持无损音乐播放，结合车内 12 个扬声器营造上乘的听觉体验。

（3）嗅觉：蔚来独创的智能香氛系统，并有多种气味可供用户选择。

（4）触觉：方向盘在高配版采用 Nappa 真皮包裹，握感饱满。肢体能触碰到的门板、座椅、中控台也都是 Nappa 真皮。另外还有女王副驾，包括脚托、腿托、座椅按摩，提供更舒适的乘坐体验。

（5）情感：NOMI 语音助手注重与车主的情感联结，语音助手不再是一个冰冷的机器，而是有互动有关爱的好伙伴。

蔚来自主研发智能座舱的原因：汽车行业的趋势是自动化、智能化、网络化。一旦智能驾驶发展到可以商用的程度，比如 L4 及以上，司机将从枯燥疲劳的驾驶中解放出来，汽车也将正式向移动智能终端的方向迈进。届时智能座舱将成为汽车用户体验中举足轻重的一环，就好比如今手机的系统和操作对用户体验及选择的重要性一样。蔚来从企业成立之初就选择自研智能座舱，一方面是将这一块技术的主动性掌握在自己手中，方便大家已经看到的各种功能设计和迭代，更重要的是为将来的市场竞争做准备，形成竞争壁垒。

（二）蔚来在智能座舱里面的亮点

1. NOMI

NOMI 作为蔚来自研的车载智能语音助手，研发目标是成为"有生命、有情感的伙伴"，为了达成这一目标，蔚来在造型、动作、表情和软件功能上投入了远超传统车企的研发资源，最终诞生的 NOMI 不负众望，用户体验超越绝大多数同类产品，包括车载助手及家用语音助手产品。

2. 跨国合作，正向研发

德国团队设计造型、表情，美国团队开发硬件，中国团队开发软件。ASR、NLP 技术都是中国团队自主正向研发。

3. 拟人化硬件

与大多数语音助手不同，NOMI 语音助手在车上是一个活泼会动的拟人化硬件。NOMI 注重与车主的情感联结，不再是一个冰冷的机器，而是有互动有关爱的好伙伴。比如上车时会打招呼；下车的时候可爱的 NOMI 会面对下车人的方向挥手致意；在车内乘客叫 NOMI 的时候；NOMI 会转头看向乘客所在位置；等等。在我第一次带女儿上车的时候，她刚上车就被 NOMI 可爱的形象、萌萌的表情吸引住了，看到 NOMI 的表情被逗得哈哈大笑。最后下车看到 NOMI 在转向她向她招手的时候，我的女儿兴奋地告诉我 NOMI 跟我说再见了，离开车往家走的时候还会不时地回头看。NOMI让这辆车真的活了。

——车主和NOMI的故事：NOMI. 心灵的寄托［EB/OL］. https：//app. nio. com/share_ comment？id＝591593&type＝essay&from＝timeline.

4. 多轮对话

对于NOMI来说，来自车主的指令大致可以分为三种：单任务、多任务和多轮对话。

单任务是最简单的一环，比如"NOMI，把车窗打开"，或者"NOMI，把播放器音量调高"等指令，NOMI可以自动判断并执行操作。此外，对于一些模糊的指令，NOMI也可以分析识别用户隐藏意图。当车主提出："NO-MI，太阳太刺眼了"，NOMI会自动打开遮阳帘；车主提出"NOMI，车快没电了"，NOMI可以理解车主的充电需求，并自动寻找周边的充电站。

多任务则涉及一句话中的一连串指令，比如"打开副驾驶座椅加热和按摩功能"。

NOMI面对的真正挑战其实是多轮对话，以驾驶过程中的温度调节为例：用户query："Hi，NOMI，主驾温度调到20度。"结果反馈："好的，主驾温度即将调到20度。"用户query："再高点儿。"结果反馈："好的，马上调整主驾温度到22度。"用户query："还是关了吧。"结果反馈："正在关闭前排空调。"

NOMI的语义理解系统对用户的指令（query）进行建模，并能通过多层次的表示学习提取用户指令中隐藏的信息，其中包括域信息（domain）、意图（intent）、槽位（slot）、句式信息（ques_ type）等抽象信息。除此之外，NOMI还保留了上一轮对话的指令信息（query），通过两轮更加丰富的信息输入，让NOMI具有了联系上下文的能力。

后续还会支持连续对话，对话与对话之间如果间隔时间不长，不需要每次都使用唤醒词唤醒。

5. 离线对话系统

NOMI 的另一个挑战是：工程师需要把依赖强大算力的 NOMI 塞进汽车里。在实际运用过程中，NOMI 在云端和本地的两个大脑会并行进行计算。云端部署完整模型，计算能力较强，本地部署压缩模型，算力相对有限，在本地连接云端超时的情况下，计算会自动转入本地进行使用车机有限的算力支持离线对话系统。

6. 情景答复

不同时间和场景下的答复不同，比如不同时间段的招呼语，驾驶员和乘客语音打开座椅加热执行的操作不同。

NOMI 的答复是会根据时间变化的，比如问"现在有什么新闻"，不同时间答复的内容是不一样的。

7. 段子手

NOMI 的玩笑段子，比如"把副驾的人弹射出去"，NOMI 会答复"好的，弹射模式准备中，请打开天窗，系好安全带，祝你一路顺风"。

比如"祝你生日快乐"，NOMI 根据心情可能会答复"我的生日蛋糕呢？还有我的礼物！"

8. 数据

- 近 90 个表情

每个表情都基于人的情绪来设计，动作的节奏和力度都经过仔细考量。

- 16000 句常用语句录音

国内顶尖配音专家录制的超过 16000 句常用自然语句，语音不再冰冷。

- 700 个控制指令

700 个语音控制指令几乎覆盖所有车辆控制功能和部分驾驶辅助功能。

- 4500 万对话语料

4500 万对话语料中挖掘信息，提升理解能力。

- 70000 条用户反馈

用户提供了 70000 条热情的反馈，帮助继续成长。

- 4000 万次对话

NOMI 与用户之间已经有了超过 4000 万次对话。

9. 地图导航

随时随地提供路线指引：
- 支持在线 & 离线双导航
- 支持蔚来中心、充换电站的在线 & 离线搜索
- 支持离线地图下载
- 中控、仪表、HUD 多屏联动

10. 车控

多样化操作，便捷控制车辆：

- 右滑唤出快捷控制。任何应用界面可右滑唤出快捷控制面板（解决与应用内滑动操作冲突的问题）。

- 语音、触屏、按键操控融合。语音、触摸屏、实体按键相结合。将来支持语音设置车辆后，一键触摸完成后续关联操作，缩短操作路径。

11. 整车 FOTA，快速迭代

智能座舱可以在线全量升级多个操作系统软件，将来可以支持差分升级。NOMI 可以独立在线进行资源升级，更快获得新的离线对话体验。图 16 为过往重要功能迭代历程：

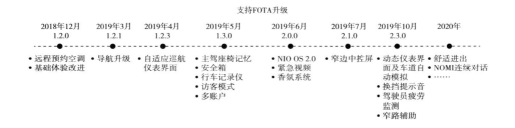

图 16   支持 FOTA 升级过往重要功能迭代历程

12. 作为用户企业

（1）多种反馈渠道。NIOAPP，Nomi，专属服务群。

（2）问题反馈直接触达研发。内部系统直接可触及研发人员手机上的企业 IM 软件。

（3）反馈转化为产品改进。NOMI 离线对话，换挡提示音，窄道辅助激活环视影像，后排静音，后排空调儿童锁，自定义驾驶模式等。

13. 展望智能座舱的未来方向

（1）更智能的伙伴。学习车主行为、习惯和喜好，感知座舱内环境，结合车辆当前位置，在需要的时候主动提供信息和功能提示。

（2）从以驾驶员为中心向以乘客为中心进行体验和技术演进：语音交互，触控交互，手势交互融合；多屏幕信息呈现；沉浸式增强现实体验。

（3）移动生活空间，家的延伸。智能家居；语音助手延伸。比如车内环境与家庭环境的同步和预约启动（温度等）。

小鹏汽车智能化之路[*]

一、智能化的框架体系

小鹏汽车创始人何小鹏认为，从产品上来说，汽车的智能化分为"车内智能""车身智能""车外智能"。

（1）车内智能指的是车载智能大屏、仪表和其他车内硬件，基于这些硬件实现的车辆控制、网络控制与娱乐功能，从技术层面是最早可以去突破、去实现的。

（2）车身智能指的是汽车的自动驾驶、无人驾驶技术，这是汽车智能化的核心。在何小鹏看来，真实实现 A 点到 B 点的全自动驾驶技术，将是汽车行业变革的一个分水岭。而目前行业还处于辅助驾驶阶段，正在向这一分水岭逐步逼近。

（3）车外智能指的是车与车、车与路、车与其他交通设施之间的互联，类似 V2X 的概念。何小鹏认为，短期内，车外智能将是一个缓步前行的状态，当自动驾驶到达了分水岭附近的技术水平，将会爆发出极大的能量，迅猛发展起来。

---

[*]　本文资料和数据来自小鹏汽车。

二、小鹏遇到的困难

然而，当前智能化还处于很早期的阶段，整个产业链、生态仍存在诸多亟待完善之处。

2016 年，当小鹏第一款 G3 车型开始研发时，整个汽车行业的电子电器架构，还处于 Can 总线架构一统天下的阶段，当时市面上最好的车载娱乐芯片，还是 iMX6、T8 这类算力与小米 1 手机相当的比较老的芯片，Tesla 还使用 Mobileye 的视觉能力做出了视觉 + 雷达比单纯雷达好得多的辅助驾驶体验；在软件侧，没有人知道用户真正在车内需要怎样的交互和服务，最简单的方式就是把 Pad 上的应用平移照搬，没有人知道自动驾驶还需要多长时间才能走到分水岭，技术的发展似乎有些跟不上人们过于热情的期待，于是有了特斯拉的诸多事故，以及开始更改自己的自动驾驶策略与宣传。

而小鹏汽车，只是一家创业的小公司，一帮人怀揣梦想兜里却没有多少钱。但最初团队的想法很简单，饭要一口一口地吃，路要一步一步地走；两点之间直线距离最短，即使"走直线"能用到供应商成熟的技术少一些，自己要干得多一些，熬得更苦一些，小鹏汽车也毅然选择了坚持走直线。

三、小鹏的起步

2016 年，小鹏汽车开始了大屏主板、车载娱乐系统、自动驾驶技术的自主研发，一边打研发基础，一边积累最必要的经验。经过不断地摸索和尝试，同年，小鹏汽车点亮了内部 1.0 版大屏，完成了极客风格的第一版车载系统界面，直接将 Pad 版的导航和音乐 sdk，与车机进行适配，将自动泊车做到了可以 demo 演示的水平。

四、小鹏的发展

2017 年，何小鹏正式加入小鹏汽车，公司的发展速度急剧提升，智能化按照公司既定目标，迈入了大踏步的阶段。在 G3 和 P7 两代车型上，小鹏汽车实现了智能化技术架构基础的完整搭建，也逐渐具备更多独具特色的亮点功能，为未来发展打下了良好基础。

从地基往上看，首先在车载硬件上，小鹏汽车从单纯的 Can 总线架构，成功进化到了分域控制架构，将车载网络分为车控域、自动驾驶域、娱乐域，并且对于大数据传输部分，采用了车载以太网；将娱乐芯片从 T8 升级到了高通 820A，自动驾驶中央处理芯片从无到有，升级到了有 30Tops 算力的 Nvadia Xavier；此外，还自研了一整套的集硬件、软件、网络、服务器于一体的整车安全系统 PSO。这些基础能力的建设，保障了小鹏汽车许多基础能力的建设，以及许多上层功能的构建。

一个很典型的功能，就是小鹏汽车的 OTA 能力，小鹏汽车在 G3 实现了多数 ECU 的可 OTA，以及 P7 绝大多数 ECU 的可 OTA，并在 2019 年完成了 7 次 OTA，这种强大的 OTA 能力，帮助小鹏汽车可以快速修正问题，改善用户体验。例如在 2019 年 7 月，小鹏汽车接到了车主的投诉，理由是车在国家电网的一个充电桩上没法充电，经过远程诊断发现，国家电网对充电桩进行了充电协议的升级测试，与车辆存在兼容性问题。小鹏汽车快速与国家电网沟通协调，完善了兼容性问题，并快速 OTA，在两周的时间内，帮助大多数用户把小鹏汽车升级到了最新版，赶在国家电网全面升级新协议前，就解决了充电桩兼容的问题。

基于硬件基础，小鹏汽车搭建了自己的大数据网络，构建了自己的 XMart OS 车载操作系统，以及 XPilot 自动驾驶系统。特别是大数据平台，可以说是智能化的基础构建。良好地解决数据的采集、数据的存储、数据的标注、数据的分类、数据的学习、数据的应用、数据的可视化，通过几年的努力，小鹏汽车搭建起了一套完整的自闭环数据体系系统，为未来小鹏汽车的发展打下了坚实的基础。在自动驾驶、智能语音这两个 AI 领域，数据的价值毋庸置疑，而它们，也仅仅是小鹏汽车数据应用的一部分。

此外，小鹏汽车还将数据应用于车辆的远程诊断上，实现了小鹏汽车超过 60% 的故障，是通过远程诊断发现与定位、远程诊断进行了排障与 OTA 进行修正或兼容的闭环。

小鹏汽车还将数据应用于用户服务，如何根据数据来智能推荐，给用户推荐最顺路的充电桩、最方便的服务点、最喜欢的音乐；如何根据数据来辅助决策，充电桩应该建在哪个地段才可以更好地服务用户，售后店应该如何布局，才能离更多的用户距离更近。

小鹏汽车还将数据应用于产品功能体验的改善，在何小鹏看来，小鹏汽车不但要把功能做出来，还要把功能做成非常好用的，用户喜欢的，每天都会使用的功能。所以，日渗透率就成为每个功能最核心的判断标准；用户喜不喜欢，会不会每天使用，工作完成的好坏，数据说了算。

由图 1 可见，小鹏汽车 Xmart OS 系统是一个构建在自研硬件基础上的云 + 端的操作系统；左边是云 + 端的整体技术架构，最底层的是大数据网络，基于大数据，小鹏构建了云端服务平台、自然语言处理引擎、智能推荐引擎。再往上构建了各种各样的小鹏云端服务，这些云端服务与小鹏车载大屏、小鹏手机 APP 连接，完成了对于用户的服务提供，以及小鹏的数据闭环。而图 1 右边是小鹏车载大屏系统的体系架构，最底层的是小鹏自研的电子电器架构、自研的安全保障体系、深度定制的安卓 OS 系统。在此之上，小鹏自研构建了汽车应用接口程序（Car API），将汽车网络信息流转的数据状态与命令流模式，封装为更适合上层人机交互的事件、命令与响应逻辑；同时小鹏构建了小程序引擎，让支付宝小程序可以良好地运行于小鹏的系统之上；并创造了 GUI & VUI 融合引擎，将语音从一个 APP 下沉为一种能力，提供给所有的 APP 使用，这是小鹏汽车新一代语音交互技术的基础；此外，小鹏建立了完善的数据引擎，实现了数据在端上的采集、缓存、上报逻辑。基于 SDK 层，小鹏搭建了非常丰富、好用的各种车载应用。

由于拥有了完善的技术架构，小鹏汽车的车内智能目标就越来越可实现。谈到车内智能，小鹏认为，车内人机交互的核心应该是语音，当人在开车时，通过触屏进行人机交互，是非常麻烦和危险的，所以小鹏车内智能的第一个核心目标就是以语音交互为核心的感知融合交互方案。小鹏自己组建了 NLP 自然语言处理团队，并且发挥出小鹏汽车具有的闭环研发能力，让小鹏所有的自研 APP，都具有了语音交互的能力。

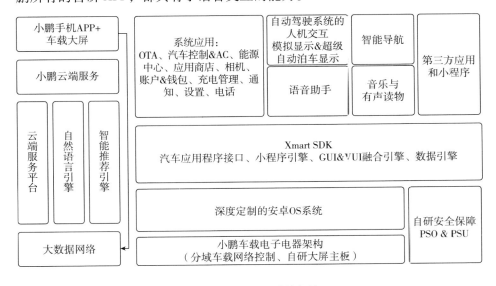

图 1　Xmart OS 系统架构

由图 2 可见，基于小鹏汽车的技术基础，小鹏率先实现车载连续对话能力，小鹏的语音助手可以持续地、非常自然地和用户对话。传统的单轮对话语音助手每次接受完一个命令，就会退出，需要反复激活；同时由于无法打断语音助手的回复，在某些时候，会出现语音助手说它的，用户说用户的，谁也不理谁的尴尬局面；小鹏汽车的全场景车载声控，良好地解决了这些问题，并且，通过小鹏所有自研应用的支持，小鹏汽车的全场景语音，所见即可说，只要是在大屏上看到的功能，都可以通过语音来控制，并且，小鹏还实现了声源锁定和声源抑制，让多人用车时，后排想捣乱的熊孩子怎么也捣乱不起来了，进而提升车辆行驶的安全性。

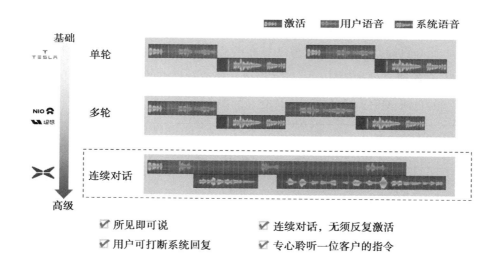

图 2　全场景车载声控

这里的技术难点，核心在于闭环的研发能力和数据的应用。一个好的连续对话系统，需要整体硬件的配合：麦克风阵列、车厢空间的声场标定（麦克风降噪）、车载网络的延迟标定与稳定性保障，需要软件的配合：声音播放数据输入进行对比消噪，用户位置的声源锁定与抑制，各个车载 APP 接入 GUI &VUI 融合引擎，也需要对数据的理解：大量的用户行为数据，在云端的自然语言引擎进行训练，让语音助手越来越聪明。自然语言处理，是一个非常前沿的技术领域。小鹏汽车集中优势兵力、优势数据重点突破，仅在导航、音乐、车控、车辆相关知识问答四个垂域做了非常深入的研究，对于更多的广域的自然语言处理，还是利用了行业上供应商的能力。

解决了人机交互问题，接下来小鹏汽车又要面对另外两个问题。一个是小鹏汽车认为互联网汽车都应该是联网的，一个是小鹏认为只靠小鹏汽车一家公司，不足以给用户提供足够丰富的服务与体验，而是要建立一个良好的生态。

关于联网问题。小鹏汽车设计的联网，不仅是有个 4G 卡，车就可以上网。而核心一个是车与手机的连接，一个是车与其他交通设备的连接，逐步从智能汽车走向智能交通，也就是小鹏定义的从车内智能，走向车外智能。

小鹏第一个突破点选择的是手机。因为小鹏认为，在其他的更方便的便携式数字设备出现并普及前，手机都是用户最重要的个人信息操控中心；而汽车是用户在开车、乘车过程中最重要的信息操控中心（见图 3）。所以将两者连接起来，将会让汽车成为 24 小时实时在线的信息设备。

小鹏核心做了两件事情，一件是数字车钥匙。小鹏相信，数字车钥匙会像手机支付一样，逐步地改变用户的习惯，未来手机当车钥匙的出行方式，会成为主流。所以小鹏汽车很早就加入了 IFAA，并担任数字车钥匙焦点组的副组长单位，与蚂蚁金服一起打造了一套金融级别的基于蓝牙的数字车钥匙解决方案。同时，为了更加方便用户使用（不用打开 APP），小鹏又和小米金融合作，在小米设备上实现了 NFC 的数字车钥匙解决方案，把手机靠近 B 柱，就可以打开车门并开走了。数字车钥匙的核心难点是安全性，小鹏汽车本身在车端就具有非常完整的安全体系，借助支付宝、小米金融在手机与云端的金融级安全能力，小鹏就形成了一个良好的安全闭环。

图3　车内智能操作系统——Xmart OS

　　小鹏做的另一件事情，就是手机 APP。小鹏汽车拥有非常丰富的车辆控制功能，比如空调、充电，以及小鹏非常特色的哨兵模式，当用户的车辆遇到碰撞时，小鹏汽车的震动传感器就收到信号，给手机 APP 发送通知，同时开启摄像头，进行影像录制；用户会在手机 APP 上看到一条消息，"检测到您的车辆异常震动"，用户打开消息后，可以看到碰撞发生后的影像。然而，这些特色功能的实现，其实也有不少技术难点。首先，就要解决能耗问题，汽车作为一个非常昂贵的用户资产，为什么多数汽车远程车控功能一直做得差强人意，核心不是没有用户需求，而是在熄火后，汽车需要下电，进入非常低的能耗状态；而整车的电子电器管理，一般都是统一上电、统一下电的；所以要解决能耗问题，就要解决不同器件的分别上下电问题，以及后台不下电的器件超低能耗、下电器件快速唤醒等问题。只有解决好了能耗问题，才能让远程车控变得好用。目前小鹏汽车的手机 APP 日使用率已经达到了 60% 以上，如此高使用率的核心原因，还是用户体验好，好用。

　　除了手机，小鹏汽车与充电桩的连接，与自动洗车机的连接，与停车场的连接，与高速 ETC 的连接都在努力，也在预研车与车的连接，智能路灯、智能交通灯等智能交通设备与车的连接等。例如与充电桩的连接，目前小鹏汽车自建的所有超充桩，充电桩自身的信息、当前的状态等都会与车进行数据的连接，并且可以实现插上就可充，充完即可走的自动扣费。

　　在生态上，小鹏汽车从自己的第一款车 G3 开始，就非常重视生态，在低算力的芯片上，小鹏汽车就已经尝试将唱吧、微视等软件引入小鹏 G3 中，因为算力的原因，效果也差强人意（见图 4）。

图 4　车内应用程序生态系统

　　到了 P7，小鹏拥有了算力提升的高通 820 平台（也是目前市面上最好的车规级娱乐芯片之一了），借此小鹏将生态进行了大幅度的升级。一方面，小鹏大量地接入第三方应用，预计到 2021 年，P7 应用市场会接入超过 100 款第三方应用；另一方面，小鹏在保证安全的前提下，开放了一些车的能力给第三方应用使用，例如开放了氛围灯的能力给 K 歌软件使用，开放了方向盘的能力给赛车游戏使用，可以用 P7 的方向盘来玩赛车游戏。另外，小鹏也通过和支付宝的合作，把支付宝的小程序，全面内置到了车上，给用户提供停车缴费、代驾、点餐等服务。

通过以上这些努力，小鹏汽车逐步地在改变用户的车内交互，丰富车内服务的多样性，给到用户一个与众不同的车内智能体验，还有逐步增强的车外智能体验。

关于小鹏的车身智能、自动驾驶。从小鹏汽车成立起，就把自动驾驶作为了小鹏汽车最核心的智能化目标，把先行者特斯拉作为小鹏学习的目标。同时，在不断学习特斯拉的过程中，小鹏也发现，特斯拉在许多技术点上，其实并不是太懂中国，并没有为中国人的实际需求特殊考虑。而作为一家中国企业，做更懂中国的自动驾驶技术就成为了小鹏必须的追求。

在 2016 年小鹏立项 G3 时就在讨论，在小鹏自己技术底蕴还不够强的时候，如何快速打好扎实的基础，并且做出一些更符合中国用户需求的特色来。经过反复讨论，最后小鹏选择了先实现技术相对成熟的 L2 级别的自动驾驶（ACC、LCC）功能，并且在自动泊车上下大功夫，切实解决泊车的自动驾驶问题。

在中国，大量的车位特斯拉是没法识别、没法泊入的。例如连续性的几个空车位，只靠雷达进行识别的特斯拉就没有办法发现车位。而小鹏汽车通过引入视觉识别系统，形成了雷达、视觉双 360 识别系统，极大地提高了车位的识别率，车位的有效识别率超过 80%。中国的车位很复杂，有些有很强的反光看不清停车位的边框，有些长出了青草盖住了边框，有些为了省地是斜列式车位。为了更好地实际解决各种复杂车位的识别和泊入、泊出问题，小鹏采用的是最笨的但也是最有效的办法。小鹏开着测试车，去到了广州几乎所有的停车场采集数据，标注数据、机器学习、改进算法，然后又开一遍到几乎所有的停车场进行测试。识别率的提升来源于不断的反复打磨，不断的数据积累与算法的改进。

　　小步快跑，不断的打磨功能，让小鹏达到足够的安全再推出市场，一直都是小鹏的研发逻辑。

　　由图5可见，小鹏一直在持续努力，快速迭代。从2018年12月，L1级别的自动驾驶发布，到2019年6月，L2级别自动驾驶功能量产，到下半年的自动变道、疲劳分神预警量产等，小鹏汽车一直在努力，加速往前跑。

图5　自动驾驶与 AI 智能在产品化快速演进

　　而为了跑得更快，小鹏也很早就在自动驾驶技术高地——美国的硅谷建立了小鹏自动驾驶的团队，目前小鹏整个自动驾驶中心汇聚了超过300人的技术精英，来把小鹏汽车的自动驾驶技术从L2级别向L3级别迅猛推进。在P7上，小鹏采用了30Tops算力的强大芯片，多达14个摄像头、5个毫米波雷达、12个超声波传感器、高精定位与高精地图支持，在这套强大的硬件支撑下，小鹏自研了一整套的自动驾驶视觉识别算法，传感器融合算法，物体的行为与运动和车、车辆的行为与运动规划、运动控制等开发，在2020年底、2021年初，就将发布L3级别的自动驾驶功能NGP（自主导航驾驶）功能，在高速场景实现连续辅助驾驶，在驾驶员的有效监控下，车辆根据导航目的地以及道路环境，实现自动的纵向控制与横向控制功能，完成高速上的连续自动驾驶，包含自适应巡航、自适应弯道巡航、车道居中保持、自动道路限速调节、自动变道超车、360 模拟环境显示、施工道路安全辅助等一系列功能。

五、小鹏的未来

小鹏汽车将沿着车外智能、车身智能、车内智能的智能化产品规划，一路向前。在未来，小鹏要逐步让语音交互成为车内的核心交互模式，让用户的用车更加方便，享受的服务更加丰富，实现车内智能；小鹏要逐步推进自动驾驶能力，由 L3 级别逐步升级到 L4 级别，实现车身的智能；小鹏要继续深化手机与车的连接，推进更多的智能交通设备与车的连接，逐步实现车外智能。

以"四化一高"为指引，向智慧交通
运输解决方案提供者转型*

——一汽解放智能化发展领航之路

一汽解放汽车有限公司（以下简称一汽解放）是中国第一汽车股份有限公司的全资子公司，成立于 2003 年 1 月 18 日，是在原第一汽车制造卡车业务的基础上组建的中、重、轻型（民用及军用）卡车制造企业，总部位于吉林省长春市，员工近 2.58 万人，整车年生产能力 31 万辆。2019 年，一汽解放共生产整车 36.97 万辆，销售 33.6 万辆，成功实现中重卡市场份额持续领跑、行业第一。

一汽解放拥有中国最为强大的自主研发体系。设有国家重点实验室，院士、博士后工作站，拥有产品策划、工程设计、性能设计、试验试制、试验认证五大核心能力，打造了节能环保、可靠耐久、电子智能、工艺材料、安全舒适五大技术平台，是中国唯一掌握世界级整车及三大动力总成核心技术的商用车企业。

一、研发经历

中国明确智能网联汽车发展目标，2025 年基本建成自主的智能网联汽车产业链与智慧交通体系。一汽解放以特定区域应用场景为切入点，基于客户

---

* 本文资料和数据来自一汽解放。

需求，快速实现智能商用车产业化推广。解放智能车产品布局包括港口、矿区、园区、干线运输、物流园区及城市公交，智能驾驶实现了 L2 ~ L4 等级全覆盖。一汽解放正向着智慧物流、绿色物流、智能生态的方向发展，建立全球范围内的广泛合作，整合优质资源。

一汽解放作为中国汽车工业的责任担当，率先垂范，抢占汽车制造的"智"高点，从 2015 年就启动了智能驾驶技术研究。

2017 年 3 月，一汽解放行车联网功能正式上线，以云平台为依托，打造"汽车数据＋"应用模式，是汽车信息化、智能化、多协议、多网络的大数据平台。为车主、物流车队、经销商、服务站提供车辆全生命周期的应用服务；同时构建车联网生态圈，既满足用户在用车生活中的各种需求，又通过数据运营为用户带来优惠，创造汽车生活全新的快乐体验。

2017 年 4 月，在长春农安试验场，一汽解放发布"挚途"战略，与此同时，由其自主研发的无人驾驶智能卡车完成了首次开放演示，这也是国内商用车行业第一次智能驾驶的实车演示。"挚途"战略，迎合了汽车行业智能网联的发展趋势，满足用户安全、高效、舒适的运营需求，使一汽解放在第四次工业革命中，实现两化融合、转型增值、创新发展。

2017 年 10 月，一汽解放在长春进行解放智能卡车高速公路实车测试，测试了包括自适应巡航（ACC）、紧急自动刹车（AEB）、车道保持辅助（LKAS）在内的三项功能，并再次获得圆满成功。此次演示采用了"牵引车头＋集装箱挂车"的模式，更接近实际工况。本次路测标志着一汽解放立于潮头，为国家发展智慧交通、创建智慧城市又迈出坚实的一步。

2018 年 4 月，"智行天下·勇无止境"解放 J7 下线暨 L4 级系列智能车发布活动在青岛港前湾港区集装箱码头隆重举行，L4 级港口智能车重磅登场，一汽解放的人工智能系统也正式亮相。卡车编队行驶，必将是未来无人驾驶卡车一个非常重要的功能。一汽解放展示了智能车编队行驶。作为国内首家演示编队行驶、车辆跟驰的企业，一汽解放为物流发展提供完美的人性化运营管理方案，不仅可以减少运输企业对于司机的需求，还可以降低车队驾驶员劳动强度、车辆油耗，极大提高运输效率。

2018年10月，一汽解放在上海汽车会展中心举行哥伦布品牌战略发布及J7上市，这也意味着历经七年磨砺的全新一代智能重卡即将征战国内卡车市场。解放第七代智能重卡在设计之初即按照智能化平台架构设计，目前量产车型已选装搭载L2级智能化系统。智能化系统、车联网系统也将逐步搭载于量产车型中。2019年1月，一汽解放正式发布了"哥伦布智慧物流开放计划"，向外界全面展示了解放对于未来的憧憬和规划。

2019年8月，一汽解放"挚途"战略落地实施的重要里程碑是由一汽解放筹备孵化的苏州挚途科技有限公司正式成立。这也是国内首个由OEM车企发起并组建的智能车公司。挚途肩负着一汽解放智能车核心技术、产品研发，以及探索一汽解放智能车落地运营的责任使命，挚途的成立标志着一汽解放智能车发展迈入了崭新纪元。

2019年9月，解放L2量产级智能卡车正式发布；该车具备四大智能功能，分别为车道中心线保持（LCKS）、主动智能巡航（ACC）、智能主动刹车（AEBS）、新解放行车联网。卡车驾驶安全性将大幅提升，运输人的驾驶体验也将空前优化。作为中国卡车第一品牌，解放在全球率先将L2级别智能驾驶技术量产且投放商用市场，这标志一汽解放的智能驾驶商用车技术向前迈进了一大步。在智能网联发展上，一汽解放已经走在了商用车行业最前列。

2020年3月，新解放行上线，以全新一代"解放行"车联网平台为基础，以"一路行车，一路赚钱"为理念，开发解放行个人APP、车队行FMS管理系统、物流行TMS管理系统三大产品，为用户提供找货行、找车行、找路行、找悦行、找人行、找钱行的全生命周期智慧物流运输解决方案，为合作伙伴搭建智慧商用车生态平台。国内商用车首次 100% 标配车联网，平台已有 80 万辆中重卡接入，每天新增 7000 万千米里程数据，数据量达到 1TB。

2020 年 5 月，一汽解放宣布成立新公司鱼快创领，这是一汽解放加速其战略落地的又一创举，不仅标志着一汽解放开展商用车车联网业务、开拓商用车后市场的脚步进一步加快，同时也预示着一汽解放向 "'中国第一、世界一流' 的智慧交通运输解决方案提供者" 战略目标迈出了坚实一步。

二、开发经验

经过五年多的智能网联车研发过程，产品实现了从无到有，在智能驾驶和车联网开发方面积累了一定经验：

（一）场景分析

一汽解放在多年的自动驾驶车辆研发过程中积累了深厚的场景分析及功能定义经验。根据智能车辆运行工况，解放将常见自动驾驶场景分解为九大场景，包括干线物流、港口、矿山等主要运营场景，并针对不同场景对基础设施条件、驾驶操作限制、周边物体、互联条件、环境条件、行驶区域等因素进行深入分析，形成了一整套详细的场景分析文件，并根据场景分析文件进行针对性功能定义。在功能定义方面，形成了不同场景下的功能定义全景图，涵盖 L0 到 L4 所有等级的自动驾驶功能。

（二）整车开发

一汽解放依托强大的自主创新实力，已形成了包含 "基于 '互联网＋' 的设计、制造、服务一体化技术平台；节能与新能源汽车动力总成与底盘机电一体化技术平台；整车和总成电子控制嵌入式软件技术平台；汽车智能移动技术平台；D‑Partner+信息服务技术平台"在内的五大技术支持平台。依托技术平台，一汽解放发布了一系列针对不同应用场景的智能卡车，既有无驾驶室能够实现无人驾驶的港口水平运输专用智能车（Inteligent Container Vahicle，ICV），也有以解放最新一代的J7重卡为基础打造的智能J7港内运输车，除此之外还有一款J6F的无人驾驶智能清扫车。可以看出，一汽解放在智能卡车方面已经实现智能卡车的平台化、系列化布局，积累了深厚的智能整车开发经验。

（三）系统开发

在智驾系统开发方面，一汽解放深度自主、广泛合作，形成了完善的智能驾驶解放打法。在针对不同场景的智能驾驶系统开发过程中，积累了解放在智能驾驶应用层软件、底层软件、控制器硬件、传感器选型及部署等方面的开发经验，具备完整的软硬件开发能力。在与合作伙伴的深度合作过程中，不断提高自身集成能力，紧紧围绕一汽解放的智能驾驶生态，探索合作开发路线。

（四）测试验证

智能驾驶运行环境复杂，投入使用前需要投入大量测试，一汽解放针对不同运行场景，建立了完整的测试体系，包括场景分析及功能定义文件解读，测试方案及测试用例设计，MIL、SIL、HIL、实车测试环境搭建及测试结果评估反馈等各个环节，应用carmaker等优秀虚拟测试工具、并行测试等先进测试方法，大大减少了测试周期，积累了大量虚拟场景搭建、场景库搭建、传感器仿真、车辆动力学仿真、并行仿真加速等方面经验，为一汽解放智能驾驶系统测试验证打下了坚实基础。

（五）车联网开发

自主开发车辆数据＋场景数据的多种数字化应用，实现人、车、货智慧互联；多生态接入，高信息安全防护，创新性技术国内领先。围绕集团"互联网＋产品"战略，主导开发商用车车联网服务平台，推动解放车联网业务，引领解放商用车朝着信息化、智能化的方向发展。车联网技术属于新型细分技术，技术内容较为前瞻，技术储备、经验水平能力要求较高，需要快速适应开发方案制定等工作。在相关的开发工作中充分利用行业相关的资源，深度参与生态伙伴的设计开发工作，整理总结过程问题，迭代评估技术方案，提高开发和分析能力。

三、技术路线

（一）整车开发

一汽解放实践由简单到复杂的渐进式技术路线，坚实迈出每一步。

在场景应用方面，全面梳理智能商用车应用场景，持续修订产品线规划。已梳理完成三大类九个细分场景，规划了 21 个基本车型。基于场景复杂度和市场容量，制定开发策略和计划，虽然公路货运场景复杂度高，但市场容量大，而且是解放的传统优势市场，所以率先开发，但采用分级递进的方式进行，L2 产品于 2019 年 9 月发布，L3 产品将于 2020 年 9 月发布。港口车速低，场景复杂度低，作为 L4 首选场景进行开发，目前已经商业化示范运营。矿山、环卫、工厂物流等相对复杂应用环境作为第二批开发场景，目前正在进行产品和技术开发；园区、公交场景目前正在进行产品和技术策划。

1. 公路场景

近年来，中国物流行业飞速发展，物流市场急速扩增。然而在发展的背后，同时也出现了一些不容我们忽视的问题，比如：长期存在的安全隐患、难以提升的运输效率、逐年增高的运营成本，以及亟待改善的从业环境等。这些日益凸显的行业问题，使市场和客户都迫切地需要一款具有更高安全性、更高运输效率、更高经济性、更高舒适性的卡车产品。

面对这样的需求，一汽解放秉承"客户第一、技术引领"的发展理念，于 2019 年率先推出 L2 级"挚途领航"智能驾驶辅助系统，它搭载于 J7 高端重型牵引平台，通过车道居中控制（LCKS）、主动智能巡航（ACC）、智能主动刹车（AEBS）、新解放行车联网四大功能，实现保障安全、高效运输、智能节油、舒适驾驶的核心理念，全面提升客户的产品价值体验。

一汽解放在同步开发 L4 级自动驾驶产品，L4 级自动驾驶产品的设计理念旨在使车辆能在高速公路上完成自主驾驶，驾驶员仅作为安全员监控车辆。产品采用 L4 级自动驾驶技术栈，具备自动驾驶模式与辅助驾驶模式可供驾驶员选择。自动驾驶模式具备多车道自动驾驶的能力，在电子围栏范围内，自动驾驶系统可实现 0～100 千米/小时全速度范围的自适应巡航，可自动识别变道需求并完成自动变道，同时兼顾节能与运行效率的需求。辅助驾驶模式提供驾驶员更多的驾驶模式选择，在所有工况下均可实现单车道的自适应巡航。自动驾驶模式与辅助驾驶模式可一键切换，灵活应用。产品重点打造智能、安全、节油、可靠、互联五大产品属性，进一步提升客户的产品价值体验。

为了确保自动驾驶产品的可靠性、安全性、适应性、精准性，一汽解放在智能驾驶产品开发过程中通过多种复杂场景的虚拟验证和全国范围内针对高速公路、山区、雨雾、夜晚等多种路况和工况的实车测试，确保产品满足用户使用需求。

高速公路场景 L2、L4 级自动驾驶产品的陆续落地，是一汽解放哥伦布智慧物流开放计划落地的重要节点，也是中国商用车行业智能化发展的重要一步，它必将重新定义卡车的驾驶模式。未来，随着解放自动驾驶技术研发的不断进步，一汽解放会以更多智能化的系统和智能化的产品，为用户持续提供最有价值的智慧交通运输解决方案，为商用车行业贡献最尖端的科技技术，承担起中国商用车第一品牌的责任和使命。

2. 港口场景

在港口内从船舶侧桥吊至堆场侧轨道吊之间的集装箱水平运输：可装载 20'/40'/45' 集装箱；远程启动，接收后台指令执行任务；自定位；船舶旁桥吊至堆场旁龙门吊之间自动规划行驶轨迹无人驾驶（自动加减速、转弯、穿行）；自动行驶时自动检测障碍物避障；可精准停车，满足配合其他设备装卸集装箱精度要求；自动监测装载状态；自动监测油量，规划轨迹自动行驶至加油区加油；自动灯光控制，根据工况控制灯光和报警装置工作；具有自动故障诊断及处理功能；可遥控驾驶，紧急情况可遥控制动，保证安全。

在集卡车辆平台基础上搭载摄像头、雷达、GPS/IMU、高精地图、智能运算器等智能化设备，实现针对港口的无人驾驶集装箱自动运输，节省驾驶员，提高行驶安全和运输效率，降低运营成本。集卡平台可在现有车型上改造，快速实现港口自动驾驶产品实际使用。

3. 园区场景

无人驾驶园区扫路车为一汽解放致力于解放一线劳动力、提高作业安全性、支撑国家智慧城市的智能网联纯电动环卫产品，兼备无人驾驶和有人驾驶两个工作模式，可充分满足客户使用要求。该车以高可靠、高安全、高节能的 J6F 解放纯电动平台为基础，以整车功能性能为目标进行一体化设计，整车架构及各总成系统专为智能驾驶而全新打造。该车不仅配备了整套自车感知定位及智能控制系统，可实现智能运行及智能作业任务，而且增加了可实时通信的多模式 V2X 车车/车路网联协作系统，在为自车感知系统提供安全冗余的同时，扩大了视线范围外的安全感知以及提高总体路径规划的合理性。整车无人驾驶模式下，可实现自动清扫、自动洒水、自动倾倒垃圾、智能补电补水等多种功能，而且可以进行夜间作业，避免白天作业增加交通负荷，既可单车作业也可多车协作，尤其适合有后台调度的大型公园、园区场所，根据使用需求，整车可转换为传统有人驾驶模式以满足转场、维修等特殊场景需求。随着国家宏观政策的导向、社会环保意识的提高、人们对生活环境和品质的追求，科技与工业结合的无人车产品正在落地开花，城市建设者们眼中的智慧城市正在漫步而来。

（二）系统开发

在智驾系统开发方面，一汽解放采用自主研发与合作开发相结合的技术发展路线。依据《智能汽车创新发展战略》中突破关键基础技术的要求，一汽解放构建五大技术平台，分别为云端基础平台、高精度地图基础平台、车载终端平台、车控平台及信息安全基础平台，支撑一汽解放在智能车领域保持领先。一汽解放从自身优势出发，重点布局车控平台技术，建立核心竞争力，支撑一汽解放九大场景依次商业化落地。车控平台技术主要包括智能车电子电气架构技术、智能驾驶软件技术及智能域控制器硬件技术三部分。

1. 智能车电子电气架构

为了解决现有电子电气架构老化及硬件性能不足无法支撑未来智能驾驶车辆数据安全快速的通信，大规模功能软件部署应用等功能的落地，一汽解放构建基于高速车载以太网的智能车电子电气架构，提高带宽降低延迟，为智能车大数据量交互提供支撑。除此之外，一汽解放的智能车电子电气架构设计符合功能安全和信息安全技术要求，为一汽解放智能车产品落地提供安全保证。

2. 智能驾驶软件技术

一汽解放在智能驾驶软件技术方面，自主开发信息融合、决策规划、车辆控制等应用层软件，基础软件以合作开发和集成应用为主。信息融合技术目前已经实现了目标级融合，未来将开展多传感器特征级融合。决策规划方面，一汽解放除了开发单车的路径规划、任务规划及动作规划算法，还针对港口、矿山等特殊场景开发了多车任务规划及路径规划算法。在车辆控制方面，将同步开展横向控制、纵向控制、车辆综合控制等控制算法。除了开发自主式智能驾驶软件之外，一汽解放还积极布局网联式智能驾驶技术，基于5G 和 V2X 技术，开发车路协同感知、决策及控制技术。

3. 智能域控制器硬件平台

在智能域控制器硬件平台方面，一汽解放根据 L2 到 L4 级智能驾驶对于控制器硬件要求的不同，采取了不同的实现方式。对于 L2 级智能域控制器，主要以采购集成应用为主，对于 L3 级以上要求较高的智能域控制器，一汽解放采用前期采购应用后期自主开发的技术路线。

4. 无线互联通信技术平台

智能通信技术：采用业界领先的多核异构处理器架构，高性能算力和存储可以支持各种应用集成，全网通基带模组助力各种智能网联场景、处理器硬核隔离安全架构，确保网联通信安全可靠。

5. 信息安全基础平台

全场景信息安全防御技术：采用国内商用车信息安全先进防御体系，硬件安全加密芯片支持 20 种加密算法，数据传输采用专用安全通道，"端－端"通信双向认证覆盖率 100%，达到国内领先水平。

国内商用车首次实现基于试验室环境模拟真实通信全场景仿真测试技术，采用 MC/DC、等价类、边界值及经验分析等用例方法，涵盖 3 种无线通信制式，4 种信道模型，8 种异常场景，150 种整车信号，测试用例 2000 余条，测试覆盖度大于 90%。

自主开发网联控车技术，4 项安全校验措施，远近程控制 6 个 ECU，实现 54 项远程操作，功能覆盖度达到国内领先水平。

（三）车联网开发

智能化网联技术：以全新一代"解放行"车联网平台为基础，以"一路行车，一路赚钱"为理念，开发解放行个人 APP、车队行 FMS 管理系统、物流行 TMS 管理系统三大产品，为用户提供找货行、找车行、找路行、找悦行、找人行、找钱行的全生命周期智慧物流运输解决方案，为合作伙伴搭建智慧商用车生态平台。

生态融合技术：解放车联网生态合作伙伴包括博世、大陆、京东在内的50 余家企业，向所有生态合作伙伴开放接口，共享车联网数据。

四、发展战略

针对 2020 年 2 月国家 11 部委联合发布的《智能汽车创新发展战略》，一汽解放已层层落实并针对未来产业链布局、智能车产品、车路协同、车联网云控中心、大数据等制定相应工作方案。一汽解放既定战略已提前布局首阶段 2020～2025 年智能车发展战略规划：

2020 年全面实现限定区域各场景下的 L4 级智能车运营落地；具备智能 5G 定位导航、智能 5G 环境感知、智能 5G 决策规划等功能，并初步实现 5G 环境下的自动驾驶示范区建设；2023 年全面实现高速公路 L4 级智能车商业运营；2025 年实现全工况开放区域下 L5 级智能车运营，具备全工况自动驾驶功能，并完成解放挚途开源设计平台建设，针对关键技术逐步向全行业开放。

一汽解放将自主掌控智能驾驶商用车核心技术，建立技术和产品差异化优势；设计智能移动平台，智能物流营运车辆产品，保持市场领先优势；搭建智慧物流生态圈，实现物流运输无人化、高效化。解放将全面支撑智能网联汽车产业链与智慧交通体系发展目标达成，全面推动智能车商业落地和向智慧交通运输解决方案提供者的战略转型。

（一）产品战略

2019 年 1 月一汽解放正式发布哥伦布智慧物流开放计划，针对港口、矿区、封闭园区、工厂物流、干线运输、快速公交、城市环卫、同城物流、微循环九大应用场景，已开展了系列智能车型开发，并完善智能车产品系列化型谱，探索产业链布局，全面推动智能车商业落地和向智慧交通运输解决方

案提供者的战略转型。

一汽解放将基于解放车联网平台，研究建立解放智能网联的云控中心、大数据、解放智能网联车运营监管、远程诊断、软硬件升级更新、售后服务等能力。

基于对未来新能源、物联网、大数据、人工智能、区块链等新技术的加持，一汽解放将以开放共享的理念、科技创新的产品，为物流行业智能化发展赋能，为智慧城市升级赋能。

（二）技术战略（业态创新）

一汽解放始终坚持自主研发，同时坚持合作共赢，聚焦智能商用车应用场景，打造智能车开发平台和智能车运营平台，联合各应用场景的运营合作伙伴，建立多元化、开放性的商业合作模式，联合推进智能商用车运营落地。

通过智能加（Ai＋）计划，由一汽解放为客户提供系统性智能运输解决方案及开放的线控车辆平台，完成端到端智能化解决方案。以挚途科技作为实施载体，聚焦干线物流、港口、矿山、园区等首批商业场景，全面推进解放智能车产业化落地。

通过互联加（Connect＋）计划，一汽解放将为合作伙伴开放车联网数据、车联网系统以及车联网生态。以鱼快创领作为实施载体，依托各自在商用车与智能网联技术方面的行业优势，携手打造新业态商用车车联网产品。

在车联网数据开放方面，一汽解放将为合作伙伴提供行业最有深度的车联网数据，用车辆数据＋场景数据赋能中国智慧物流的发展，为行业研究、金融保险、物流管理等领域提供强大支持。

在车联网系统开发方面，一汽解放为 C 端用户、B 端用户、经销商、服务商分别开发了多款数字化应用系统，涵盖车机端、手机端、车载电视端、穿戴设备端等触点，让行业用户享受到便捷全面的服务体验。

未来一汽解放将逐步建立限定区域 L4 级自动驾驶、开放道路 L4 级自动驾驶、物流干线 L5 级自动驾驶能力，围绕智能车辆、智能硬件、智慧算法、智能制造四大核心要素，构建一个完整的智能化生态圈，通过更新的体验、更高的价值、更好的服务继续领航商用车智能化发展。

（三）合作战略

一汽解放除自身的研发实力外，还广泛利用外部优质资源，实现智慧全球、开放共享。

一汽解放与博世（中国）投资有限公司达成战略合作，合作领域为整车智能化及汽车电子产品，主要内容是开展电控智能转向和常规液压转向系统、ADAS 传感器、中央网关、V2X 技术等领域合作；一汽解放与采埃孚达成战略合作，合作领域为智能网联商用车产品、运营模式、关键技术，主要内容是联合开发智能网联商用车产品，共同开拓智能网联商用车市场，推进联盟的智能网联核心关键技术能力提升；一汽解放与威伯科达成战略合作，合作领域为整车智能化及汽车电子产品，主要内容是联合开发智能网联商用车产品；一汽解放与克诺尔达成战略，合作领域为整车智能化及汽车电子产品，主要内容是联合一汽解放开发智能网联商用车产品，目前为一汽解放提供完整制动系统技术；一汽解放与爱立信达成战略合作，合作领域为智能网联商用车运营模式探索，主要内容是联合开发智能网联商用车产品、共同开拓智能网联商用车市场、推进联盟的智能网联核心关键技术能力提升。

在车联网生态开放方面，一汽解放欢迎合作伙伴调取解放的服务，并希望这种开放能让中国的物流行业更加数字化、智能化。解放车联网生态合作伙伴包括博世、大陆、京东在内的 50 余家企业，向所有生态合作伙伴开放接口，共享车联网数据。

　　一汽解放致力于成为"中国第一、世界一流"的智慧交通运输解决方案提供者，为用户创造财富、为员工创造幸福、为社会创造价值。持续创造和引领用户需求，为其创造最大价值和最佳体验，成功地肩负起建设智慧交通运输体系和汽车强国的历史重任。

图书在版编目（CIP）数据

中国智能汽车科技强国之路/建投华科投资股份有限公司主编 . —北京：经济管理出版社，2020.12

ISBN 978 - 7 - 5096 - 7614 - 1

Ⅰ . ①中… Ⅱ . ①建… Ⅲ . ①智能控制—汽车工业—产业发展—研究—中国 Ⅳ . ①F426.471

中国版本图书馆 CIP 数据核字（2020）第 223794 号

组稿编辑：张丽原
责任编辑：梁植睿
责任印制：黄章平
责任校对：张晓燕

出版发行：经济管理出版社
　　　　　（北京市海淀区北蜂窝 8 号中雅大厦 A 座 11 层　100038）
网　　　址：www. E - mp. com. cn
电　　　话：（010）51915602
印　　　刷：河北赛文印刷有限公司
经　　　销：新华书店
开　　　本：720mm × 1000mm/16
印　　　张：21
字　　　数：278 千字
版　　　次：2020 年 12 月第 1 版　　2020 年 12 月第 1 次印刷
书　　　号：ISBN 978 - 7 - 5096 - 7614 - 1
定　　　价：98.00 元